Ursprung und Ideologie der Salzburger Festspiele
1890–1938

Michael P. Steinberg

Ursprung und Ideologie der Salzburger Festspiele 1890–1938

Aus dem Amerikanischen
von Marion Kagerer

szene pustet
Herausgeber: Andres Müry

Die Herausgabe dieses Buches wurde unterstützt von den Kulturämtern des Landes und der Stadt Salzburg.

Wir danken den Salzburger Festspielen für die kostenlose Bereitstellung von Fotomaterial aus ihrem Archiv.

Das Buch erschien erstmals unter dem Titel
Michael P. Steinberg, The Meaning of the Salzburg Festival. Austria as Theater and Ideology, 1890–1938. Cornell University Press: 1990.
© 1990 by Cornell University
Lizenzausgabe mit freundlicher Genehmigung des Verlags.

Die Deutsche Bibliothek – CIP-Einheitsaufnahme

Steinberg, Michael P.:
Ursprung und Ideologie der Salzburger Festspiele 1890 - 1938 / Michael P. Steinberg.
Aus dem Amerikan. von Marion Kagerer. - Salzburg ; München : Pustet, 2000
    Einheitssacht.: The meaning of the Salzburg Festival ‹dt.›
    ISBN 3-7025-0410-9

© der deutschen Ausgabe by Verlag Anton Pustet, Salzburg – München, 2000
A-5020 Salzburg, Bergstraße 12
Sämtliche Rechte vorbehalten.
Gedruckt in Österreich.
Lektorat und Bildredaktion: Andres Müry
Druck: Salzburger Druckerei
ISBN 3-7025-0410-9

INHALT

„Jedermann"-Montage, ca. 1930

VORWORT ZUR DEUTSCHEN AUSGABE

Die vorliegende Studie untersucht die Stellung, die die Salzburger Festspiele innerhalb der kulturellen, intellektuellen und politischen Geschichte Österreichs einnehmen. 1920, zwei Jahre nach dem Zusammenbruch des Habsburgerreiches gegründet, entstehen sie nicht aus einem Geist von Überfluss und Unterhaltungsbedürfnis, sondern in einer Zeit wirtschaftlicher und kultureller Bedrängnis. Ihr Zweck ist die Restauration eines transzendenten österreichischen Kulturerbes, das eine Brücke schlagen soll zwischen dem zerbrochenen Kaiserreich und der österreichischen Restrepublik. Ihrer Intention nach wollen die Festspiele an der Schaffung einer neuen österreichischen Identität mitwirken. Daher liefern sie dem Historiker ein Paradebeispiel zur Erforschung der gesellschaftlichen Funktionsweise von Repräsentation und Ideologie von der späten Kaiserzeit bis zum Ende der Ersten österreichischen Republik.

Mich interessiert vor allem die historische Bedeutung der Festspiele. Leser, die wissen möchten, „wer wann was" gesungen hat, finden diese Informationen in Josef Kauts Darstellung *Die Salzburger Festspiele* und in Stephen Gallups *Geschichte der Salzburger Festspiele*.[1] Die vorliegende Studie nimmt den Anspruch der Gründer ernst, mit den Festspielen ein Modell österreichischer Nationalidentität zu liefern, und untersucht diesen Anspruch zugleich kritisch; die historische Dimension scheint immer dort auf, wo Text und Kontext – künstlerische Formen und gesellschaftliche Prozesse – zusammenfallen. Die Festspiele selbst haben eine Form, die sich in der Verbindung von – wörtlich – Texten (Spielplan) und einem höchst ritualisierten Aufführungsrahmen realisiert. Theater und Ideologie dienen darin als Mittel, die österreichische Identität neu zu formieren. Im katholischen Barock soll auf der Bühne Gottes Welttheater *(theatrum mundi)* als sinnhaft und begreifbar dargestellt werden. Diese theatrale Kosmologie hat religiöse Ursprünge, aber durchaus weltliche Konsequenzen, die in der säkularen Moderne in den Vordergrund rücken. Im religiösen Gewand repräsentiert das Theater Österreich, und Österreich repräsentiert eine göttliche Ordnung und Mission. Indes, es ist ein Österreich, das zum Selbstzweck geworden ist. Barocke Theatralität wird zum Vehikel einer nationalen Kosmologie, die sich durch Theatralität erst als formale, in sich geschlossene und absolute Totalität behaupten lässt. Daher bestimmen Theatralität und Totalität die Salzburger Festspielideologie. (Ich verwende den Begriff „Ideologie" durchgehend im engen Sinne, das heißt als Diskurs – bewusst oder unbewusst – verschleierter Interessen, der sich als Wahrheitsdiskurs präsentiert.) Indem die Salzburger Ideologie Österreich als Totalität darstellt, täuscht sie über das reale österreichische Dilemma politischer und kultureller Zersplitterung und Auflösung hinweg. Bei genauerer Betrachtung treffen sich in den Festspielen selbst auf konfliktreiche, vielschichtige Weise Strömungen der österreichischen Kultur des Fin de siècle.

Wie Carl Schorske gezeigt hat, ist die österreichische Kultur zwischen 1890 und 1918 kein in sich geschlossenes System, sondern geprägt vom Konflikt zwischen einer kritischen Moderne und einem vorrückenden politischen, gesellschaftlichen und kulturellen Konservativismus.[2] Wenn „Moderne" allgemein zukunftsgerichtete Offenheit meint und „konservativ" den Wunsch bezeichnet, die Vorstellung einer kohärenten, abgesicherten Vergangenheit ins Recht zu setzen, so beinhaltet der Begriff „kritische Moderne" im vorliegenden Zusammenhang die für die Entwicklung zahlreicher Diskurse (einschließlich denen der atonalen Musik und Psychoanalyse) entscheidende Dimension kritischen Veränderungswillens. Darüber hinaus setzt die kritische Moderne nichts absolut und versteht den Prozess gesellschaftlicher und formaler Veränderung als nie abgeschlossen. Auch konservative Denker streben nach Veränderung, doch zumeist in Form einer Rückkehr zu absoluten Werten, mithin zum Stillstand.

Nach 1918 steht die österreichische Kultur vor der Aufgabe, den Kategorien nationalen Selbstverständnisses, die mit dem Untergang des Kaiserreichs entwertet wurden – Nation, Sprache, Religion, Geschichte – neuen Stellenwert und neue Bedeutung zu verleihen. Der Konservativismus der späten Habsburger-Gesellschaft, der umso militantere Formen annimmt, je dringlicher sich die Aufgabe nationaler Neudefinition und Repräsentation stellt, dominiert auch in der Ersten Republik; die Intellektuellen der überlebenden wie der neuen Generation stehen vor der Wahl, sich entweder mit der kritischen Moderne in die Isolation zu begeben oder sich der Bewegung eines allgemeinen kulturellen und politischen Wiederaufbaus anzuschließen. Die Kategorie „Österreich" beinhaltet eine ruhmreiche Vergangenheit; daher tendiert der Wiederaufbau zum Konservativismus. Hugo von Hofmannsthal, der geistige und institutionelle Gründervater der Salzburger Festspiele, wird aus dem konservativen Bestreben zum Politiker, eine transzendente österreichische Kulturidentität und Kulturtradition zu rekonstituieren.

Die Wirklichkeit soll mittels Repräsentation neu formuliert werden. Das Salzburger Festspielprogramm (im doppelten Sinne des Wortes) soll ein Kulturerbe verkörpern, das seinerseits das Bild einer rekonstituierten österreichischen Identität entwirft. Diese Totalität, so meine These, ist eine falsche und verfolgt einen ideologischen Zweck. Will man zu einem analytischen Verständnis der Salzburger Festspiele gelangen, ist es daher nötig, zwischen einem „manifesten" und einem „latenten Inhalt" zu unterscheiden, also zwischen der an der Oberfläche präsentierten Kohärenz und Totalität und den anhaltenden kulturellen, intellektuellen und politischen Konflikten im Österreich der Jahre vor und nach 1918.

Die Begriffe „manifester" und „latenter Inhalt" gehen auf Freuds Traumanalysen zurück. Ich verwende sie aus zwei Gründen. Erstens müssen Bedeutung und Bedeutungserzeugung sorgfältig an den Intentionen und Interpretationen der historischen Akteure gemessen und nicht selten von diesen getrennt werden. Würden sich historische Vorgänge und ihre Akteure aus sich selbst erklären, könnte Geschichtsforschung reiner Vergangenheitsjournalismus sein. Die Existenz unterschiedlicher Bedeutungsebenen macht indes eine Tiefenanalyse notwendig; hier sind die Prinzipien von Psychoanalyse und Textkritik für die Kulturgeschichte äußerst hilfreich. Somit ist die Zuverlässigkeit einer solchen historiografischen Praxis danach zu beurteilen, ob die gefundenen Bedeutungsmuster ihrerseits neue historische Erkenntnisse hervorbringen. Der zweite Grund für meinen Rückgriff auf Freud ist die Überzeugung, dass die Prinzipien der Traumanalyse im Grunde ideologiekritische sind, Prinzipien also, mittels derer sich die unterschiedlichen und miteinander konkurrierenden Bedeutungsmuster aufzeigen lassen, die unter der als Totalität präsentierten Darstellung persönlicher und kultureller Erfahrung verborgen sind. Des weiteren halte ich die These für legitim, dass Freud in seiner kritischen Analyse von Repräsentation und Totalität anhand psychoanalytischer Kategorien österreichische Probleme des Fin de siècle aufgreift. Wenn Wien eine Stadt der Träume ist, dann im Freudschen Sinne: als ideologisch geprägte („manifeste") Oberflächenkultur, unter der eine konfliktreiche, schwer zu fassende („latente") Realität liegt.

Das Buch verbindet Geistes- und Kulturgeschichte mit Textanalyse und Ideologiekritik. Die spezifischen Komponenten der hier gemeinten Ideologie sind Theatralität und Totalität. Die analytische Absicht bestimmt Aufbau und Stil des Buches, aber auch den behandelten zeitlichen und geografischen Rahmen. Ich liefere keine chronologische oder strukturelle Analyse, die eine gewisse Kohärenz meines Gegenstandes voraussetzen würde; meine These ist gerade, dass bereits die Kategorie „Österreich" künstlich ist und oft in einem ideologisch-totalisierenden Sinn verwendet wird. Ich verstehe bereits die Vorstellung von Kultur als einem ganzheitlichen System, dem eine ganzheitliche Kulturanalyse entspricht, als Bestandteil der Sorte von Kulturideologie, die kritisiert werden soll. Ebensowenig kann ich eine österreichische Geschichtsschreibung betreiben, in der zeitliche und räumliche Grenzen, die ihrerseits auf dem totalisierenden Verständnis einer historischen Epoche oder eines Staatsgebietes beruhen, als selbstverständlich gelten. Daher operiert diese Studie mit mehreren zeitlichen und räumlichen Ebenen. Da ich den Kampf um die österreichische Identität als Kampf zwischen Vertretern des konservativen Lagers und denen einer kritischen Moderne darstelle, orientiere ich mich zeitlich an der Dauer dieses Kampfes: von den 1890er Jahren, als sich die österreichische Moderne zu formieren beginnt, bis zum Jahr 1938, als der Anschluss an das nationalsozialistische Deutsche Reich erfolgt und sich die Frage der Etablierung und Darstellung österreichischer Identität mit einem Schlag erübrigt. Die Festspiele selbst behandle ich von der Gründungssaison 1920 bis zu der für 1944 geplanten Spielzeit, die im letzten Moment auf Befehl von Josef Goebbels abgesagt wird. (Nach 1945 operieren die Festspiele, wie Österreich selbst, unter völlig veränderten Bedingungen, die nicht mehr Gegenstand meiner Untersuchung sind.) Auf Seiten der Moderne wie auf konservativer Seite entstehen intellektuelle und kulturelle Muster, die beispielsweise auf die 1860er Jahre (die „Ringstraßenepoche"), die deutsche Aufklärung, das Habsburger- und das Bourbonen-Barock rekurrieren. Eine ähnliche Vielschichtigkeit existiert in Bezug auf den Raum: Die österreichische Geschichte versteht sich immer in Bezug zu und in Konfrontation mit dem großdeutschen Reich und anderen europäischen Zusammenhängen.

Die Salzburger Festspielideologie deckt sich in weiten Bereichen mit der Kulturideologie Deutschlands und Österreichs von der zweiten Hälfte des 19. bis zur ersten Hälfte des 20. Jahrhunderts: mit der Verneinung von Mehrdeutigkeit und Vielfalt im Interesse von Homogenität und Totalität. Dem stellt mein Buch, sowohl methodisch wie im Kapitelaufbau, die Analyse des ideologischen Prozesses entgegen und beleuchtet die zugrundeliegenden Muster und Fragestellungen von kultureller Identität und Mehrdeutigkeit, mit denen er verwoben ist. Das einleitende 1. Kapitel stellt die besagte Ideologie in den Kontext des europäischen Historismus im 19. Jahrhundert mit seinem Rückgriff auf die Barockkultur. „Die Ideologie des Barock" entsteht als Versuch einer Wiederaneignung: Ein vorgeblich goldenes Zeitalter soll mithilfe seiner charakteristischen Prinzipien der Repräsentation – Theatralität und Totalität – rekonstituiert werden. Das 2. Kapitel stellt den „manifesten" Festspieldiskurs vor: wie die Festspiele institutionell, intellektuell und ideologisch geplant und organisiert werden.

Die vier mittleren Kapitel versuchen, die Muster und Widersprüche im „latenten Inhalt" aufzudecken. Zwar machen barocke Theater- und Kulturmodelle das Salzburger Unternehmen erst möglich und prägen sein Gesicht, doch es ist auch Ziel der Festspiele, Österreich zu den kosmopolitischen Prinzipien der deutschen Aufklärung zurückzuführen. So ist die Festspielideologie zugleich von barock-nationalistischen wie von kosmopolitisch-aufklärerischen Ansprüchen geprägt. Kapitel 3 versucht, Licht in dieses Paradox zu bringen, indem es beide Seiten ernst nimmt; es stellt die These auf, dass die konservativen Anhänger der deutschen Aufklärung und ihres Erbes zu Beginn des 20. Jahrhunderts nicht zu Unrecht aufklärerische Prinzipien als mit dem eigenen Nationalbewusstsein vereinbar betrachten. Sie verkennen die deutsche Aufklärung keineswegs: Die Geisteshaltung, die sie mit ihren aufgeklärten Vorbildern teilen, nenne ich „nationalistisches Weltbürgertum".

Weil Kapitel 3 klarmacht, dass die Salzburger Ideologie (trotz ihres katholisch-barocken Gewands) auf weit verbreiteten deutschen Traditionen fußt, untersucht Kapitel 4 die deutsch-österreichische Frage unter dem Aspekt der Parteipolitik zwischen 1918 und 1938. Ich behaupte, dass in dieser Zeit ein sprachlich begründeter Kulturnationalismus – und nicht ein religiös begründeter Partikularismus – die politische Ideologie in Österreich beherrscht. Ein aus barocker Weltanschauung und aufgeklärten Prinzipien zusammengesetzter Begriff von Österreichertum bringt einen Nationalismus hervor, der sich im Kern mit dem zum Widersacher erklärten großdeutschen Nationalismus als vereinbar erweist.

Kapitel 5 untersucht, wie sich diese Fragen in der Biografie Hugo von Hofmannsthals niederschlagen. Hier zeigt die literarische Textanalyse am anschaulichsten die empfindliche Balance der Gegensätze: Nationalismus und Weltbürgertum, deutsche und österreichische Identität, Konservativismus und Moderne, Katholizismus und Judentum. Ich behaupte, dass das zunehmend hermetische Spätwerk Hofmannsthals dem Wunsch entspringt, Mehrdeutigkeit zu unterdrücken und ein kontrolliertes allegorisches Universum zu schaffen, das eine immer starrer werdende politische Ideologie bekräftigt.

Hofmannsthals weit zurückliegende jüdische Abstammung und die Tatsache, dass diese anlässlich der Salzburger Festspiele zu unerwarteten antisemitischen Attacken führt, ist das letzte und vielleicht schwierigste kulturelle Paradox, das ich in Kapitel 6 behandle: „Die katholische Kultur der österreichischen Juden." Hier versuche ich, die Gemeinsamkeiten und Reibungen zwischen Moderne und Konservativismus in Österreich einerseits und zwischen jüdischer Identität, Assimilation und Opposition und der herrschenden katholischen Kultur andererseits aufzuzeigen.

Kapitel 7 schließt die in Kapitel 2 begonnene chronologische Darstellung der Festspiele ab. Wurden dort Modelle und Pläne vorgestellt, so berichte ich hier, was davon realisiert und wie es rezipiert wurde. Vor allem aber beleuchte ich Meilensteine in der Geschichte der Festspiele zwischen 1920 und 1943 vor dem Hintergrund der Ergebnisse aus Kapitel 3 bis 6.

Dies ist Geistesgeschichte im engeren wie im weiteren Sinne; im weiteren, weil außer Theorien auch bildliche und musikalische Darbietungen, politische Prozesse und die Geschichte einer Institution untersucht werden. Diese Bandbreite gibt mir die Gewissheit, Geistesgeschichte als Geschichte von Bedeutungen definieren zu können. Zugleich ist es Geistesgeschichte im engeren Sinne: Ich halte die Textanalyse und ihre Modelle für die produktivste Methode und behaupte, je intensiver man sie betreibt, umso mehr – und nicht umso weniger – rücken politische Aspekte in den Mittelpunkt. Wenn Textanalyse und Modelle der Textualität dem Historiker wie dem Kritiker das ergiebigste Instrumentarium zum Studium und Verständnis der Objektwelt liefern, so taugt dieses Verständnis nur, wenn es den politischen Charakter der Objektwelt anerkennt. Anders ausgedrückt: Bedeutungsgeschichte ist immer auch Geschichte von Bedeutungserzeugung, Geschichte – bewusster und unbewusster – ideologischer, alternativer oder oppositioneller Strategien, die um die Macht über Bedeutung, mithin über Realität und Erfahrung konkurrieren.

Dieses Buch kam durch viele gute Ratschläge zustande. Aber „guter Rat ist teuer", und daher bedanke ich mich zuallererst beim Deutschen Akademischen Austauschdienst für ein Stipendium, das mir die ersten Recherchen in Frankfurt, Marbach, Salzburg und Wien 1983, sowie dem National Endowment for the Arts, das mir die abschließenden Recherchen im Sommer 1987 ermöglicht hat. Von den vielen Mitarbeitern der vier Institute nenne ich hier den inzwischen verstorbenen Dr. Rudolf Hirsch von der Hugo von Hofmannsthal-Gesellschaft, Frankfurt am Main; Dr. Werner Volke vom Deutschen Literaturarchiv, Marbach; die Professoren Fritz Fellner und Ernst Hanisch von der Universität Salzburg; Hans Jaklitsch vom Festspielhausarchiv, Salzburg; Dr. Heinz Lunzer von der Dokumentationsstelle für neuere österreichische Literatur; Dr. Otto Biba vom Archiv des Musikvereins, Wien; und Dr. Jarmila Weissenböck von der Theatersammlung der Österreichischen Nationalbibliothek, Wien.

Schließlich hatte ich im Spätsommer 1987 die Gelegenheit, mit meinem Lehrer Carl Schorske, Leon Botstein und Peter Haiko ein zweiwöchiges Colloquium beim Salzburg Seminar in Max Reinhardts Schloss Leopoldskron über Wien im Fin de siècle abzuhalten – eine glückliche Fügung, die für sich selbst spricht.

Das Buch ist zuerst 1990 unter dem Titel „The Meaning of the Salzburg Festival: Austria as Theater and Ideology, 1890–1938" in der Cornell University Press erschienen. Wenn die deutsche Ausgabe nun zehn Jahre später in Österreich herauskommt, so in einem historischen Augenblick, in dem, wie ich glaube, die politischen und kulturellen Resonanzen seiner Thesen besonders stark sind. Speziell danken möchte ich dem Verlag Anton Pustet, der Übersetzerin Marion Kagerer und dem Herausgeber Andres Müry für ihre Sorgfalt und ihr großes Engagement.

Michael Steinberg
Juli 2000, Ithaca, New York

Jedermann, 1927

DIE IDEOLOGIE DES BAROCK
1860–1938

I

Im Jahr 1947 erklärt sich Hermann Broch bereit, einen Aufsatz über Hugo von Hoffmannsthals Prosaschriften zu verfassen, ein Projekt, das sich schon bald über die ursprüngliche Absicht hinaus zu einer breit angelegten Kritik der europäischen Kultur zwischen 1860 und 1920 auswächst.[1] Als Romancier, der zum Historiker und Kulturkritiker wurde, als zum Katholizismus konvertierter Jude und Österreicher im amerikanischen Exil hat Broch zu Hofmannsthal eine zwiespältige Haltung – zwischen Sympathie und Distanz. Hofmannsthal war der Österreicher par excellence – vielleicht gerade deshalb, weil er die kulturelle und intellektuelle Ambivalenz des Katholiken jüdischer Abstammung verkörperte: In seinen Anfängen ein der herrschenden Kultur der „Dekorativität" verhafteter Ästhet, wurde er zum Vertreter kultureller und gesellschaftlicher Restauration.[2] Das Österreichische erweist sich für Broch somit als das Nichtidentische. Die ambivalente Figur Hofmannsthal und das zwiespältige Verhältnis, das Broch zu ihr unterhält, bilden den Ausgangspunkt für eine historisch-kritische Untersuchung, in der die empfindliche Beziehung zwischen Historiker und historischem Gegenstand erhalten bleibt; der historische Gegenstand weitet sich indes von der Person Hofmannsthals auf das späte Habsburgerreich und schließlich auf die Kultur des europäischen Fin de siècle aus, ein Begriff, in dem der für die österreichische Perspektive typische apokalyptische Ton mitschwingt. Wenn Hofmannsthals Entwicklung vom solipsistischen Ästhetizismus über die Revolte der Moderne zu einem erneuerten, nunmehr politisierten Ästhetizismus verläuft, konzentriert sich Brochs kritische Betrachtung der europäischen Kultur zwischen 1890 und 1920 auf den Kampf zwischen alteingesessenen Denkweisen und Kunstformen und den Erscheinungsformen einer kritischen Moderne.

Auf kulturellem Gebiet behält der Traditionalismus jedoch die Vorherrschaft; daher beginnt Brochs Studie mit einer Verurteilung

Das Österreichische als das „Nichtidentische"

Hermann Broch, 1950 in New Haven

Neobarock als „erfundene Tradition"

der historisierenden österreichischen Architektur als Inbegriff des „Un-Stils" der Kultur im ausgehenden 19. Jahrhundert.[3] Die Wiener Ringstraße bietet alle Spielarten der „Neo"-Architektur: ein neugotisches Rathaus als Ausdruck der Wiedergeburt der freien mittelalterlichen Stadt, eine Universität im Stil der „Neorenaissance", ein klassizistisches Parlament, ein neopalladisches Opernhaus und ein neobarockes Hoftheater. In Hofmannsthals Biografie wie auch in der Geschichte Österreichs insgesamt hat das Neobarock größte Bedeutung, da die historischen Vorbilder, auf die es sich bezieht, politisch und kulturell in höchstem Maße national oder nationalistisch definiert sind. Vom Österreicher Broch am Beispiel seines Landsmannes Hofmannsthal herausgearbeitet, wird das Neobarock oder die Ideologie des Barock, wie ich es nenne, in seiner historisch-konservativen Ausprägung zum österreichischen Phänomen par excellence. In Brochs Europastudie wird es darüber hinaus zum kritischen Prinzip, mit dem sich Erscheinungsformen konservativer Ideologie in verschiedenen, verwandten europäischen Zusammenhängen identifizieren lassen.

Das Neobarock ist ein kultureller Stil des ausgehenden 19. Jahrhunderts, der sich teils materiell, wie etwa in der Architektur, teils durch Verhalten und Habitus, wie etwa im für das Burgtheater charakteristischen Inszenierungsstil oder den höfisch geprägten gesellschaftlichen Umgangsformen, manifestiert. Das Neobarock will die Gegenwart, in unserem Fall das späte 19. Jahrhundert, nach dem Bild einer goldenen Vergangenheit rekonstituieren. Es ist somit, in Eric Hobsbawms Formulierung, eine „erfundene Tradition", die im Rückgriff auf eine passende historische Vergangenheit Kontinuität herstellen soll. Indes, so Hobsbawm, haben „‚erfundene Traditionen' es an sich, dass die Kontinuität … weitgehend künstlich ist".[4]

In unserem Zusammenhang bezeichnet der Begriff „barock" weder eine Epoche noch lediglich einen künstlerischen bzw. architektonischen Stil, er benennt mit seinen theologischen, kulturellen und politischen Prinzipien den kosmologischen Anspruch der Gegenreformation. Schon der katholische Anspruch, die hierarchische Seinskette, über die die Welt mit Gott verbunden ist, sei darstellbar, wird vom Protestantismus abgelehnt (und durch die Gegenreformation neu bekräftigt). Somit verbindet das Barock ein bestimmtes Darstellungssystem mit der Überzeugung, dass der Akt der Darstellung (Repräsentation) als solcher möglich ist. Das Barock als kultureller Stil ist das verbindende Element im katholi-

1. Kapitel: Die Ideologie des Barock

schen Europa, das im habsburgischen Österreich, dem (ehemals habsburgischen) Spanien, Frankreich und Italien seine Hauptkoordinaten besitzt.

Da das Barock als paneuropäische und parochiale (das katholische vom reformierten Europa trennende) Geisteshaltung entstanden ist, lässt es sich im 19. Jahrhundert im Sinne einer modifizierten Dialektik von Kosmopolitismus und Parochialismus (jetzt Nationalismus) rekonstituieren. Das Barock erhob den Anspruch, einen ganzen Kosmos aus dem Blickwinkel einer katholischen Mitte darzustellen, die die Kontrolle über Prinzip und Prozess der Repräsentation innehatte. An diesem Punkt konvergiert im ausgehenden 19. und beginnenden 20. Jahrhundert die Kulturgeschichte des Barock mit der Geistesgeschichte des Begriffs „barock".

Hugo von Hofmannsthal, 1924

In dem 1943 entstandenen Aufsatz „Das spanische Barock" untersucht der in Österreich geborene Literaturhistoriker Leo Spitzer die Geschichte des Begriffs „barock". Danach fand er erst in Spitzers Generation, also zwischen 1915 und 1940, Eingang in die akademische Terminologie, und zwar als Produkt eines für diese Zeit spezifischen geistig-kulturellen Programms. Der historische Ursprung des Begriffs, schreibt Spitzer, sei nicht bekannt, doch im Französischen des 17. Jahrhunderts habe „baroque" soviel wie „bizarr" oder „phantastisch" bedeutet. Heinrich Wölfflins *Prinzipien der Kunstgeschichte* von 1915 hätten den Begriff vom negativen Beigeschmack, den er von je her gehabt habe, befreit und ihn stattdessen als Bezeichung für eine legitime, von der Klassik zu unterscheidende Form des „Kunstwollens" verwendet. Von Wölfflin stamme die Vorstellung, „die deutsche Seele" – gemeint sind die Akteure der Kulturgeschichte – habe „den Mythos des barocken Menschen" geschaffen.[5] Literaturhistoriker wie Karl Vossler, Ernst Robert Curtius, Josef Nadler und Hugo von Hofmannsthal hätten den Mythos als Kennzeichen eines „tiefen katholischen Glaubens" übernommen, der die „gewaltige Dynamik" der spanischen Literatur und Malerei bilde. Daraus lasse sich erklären, fährt Spitzer fort, „warum es für einen Österreicher wie mich, aufgewachsen neben der barocken Architektur der Wiener Karlskirche, erzogen mit Grillparzers Studien zum spanischen Theater und Hofmannsthals Nachdichtungen, nie problematisch schien, dass der mediterrane (spanische oder italienische) Katholizismus den Ausdruck des Transzendenten ausgerechnet im Sinnlichen gefunden hatte."[6] Nach Spitzer machten moderne Historiker und Bewunderer in der Kultur des Barock zwei Polaritäten aus: die

Der Begriff „barock"

Panorama mit Ringstraßenzone, 1873

Die Karlskirche in Wien

1. Kapitel: Die Ideologie des Barock

von Irdischem und Ewigem, und die von Leben und Traum. Darin habe sich das Bedürfnis konservativer Intellektueller des 20. Jahrhunderts wie etwa T. S. Eliot erfüllt, der „die tragische Spannung zwischen einer verlorenen christlichen Vergangenheit und einer unerträglichen Gegenwart"[7] verspürt habe.

Das ursprüngliche Zeitalter des Barock, auf das sich das Neobarock bezieht, muss in den einzelnen europäischen Staaten unterschiedlich datiert werden. José Antonio Maravall setzt das spanische Barock zwischen 1600 und 1675 an.[8] Dieser Zeitraum mag auch für Frankreich zutreffen, da er in etwa die Regierungszeit Ludwigs XIII. abdeckt sowie die erste, erfolgreichere Hälfte der Herrschaft Ludwigs XIV., für die Colbert und der Bau von Versailles, also eine Politik der Repräsentation steht. In Österreich beginnt diese Epoche später; sie erstreckt sich in etwa von der endgültigen Vertreibung der Ottomanen 1683 bis zur zweiten Niederlage Österreichs gegen Preußen 1763, mit der die erste, erfolgreichere Hälfte der Regierungszeit Maria Theresias zu Ende geht.

Barock in Österreich: 1683–1763

Diese Datierung des österreichischen Barocks scheint sich architektonisch zu bestätigen. Die Karlskirche, Wiens berühmteste Barockkirche, wird zum Gedenken an die Befreiung Wiens von den Türken erbaut. Der von Fischer von Erlach errichtete Bau, Höhepunkt der österreichischen Barockarchitektur, verkörpert das Barock auch als historisch wie politisch spezifische ideologische Kosmologie. Den Namen des Habsburgerkaisers tragend, bildet sie den Mittelpunkt einer politisch-religiösen Totalität. Architektonisch drückt der barocke Baustil diese Totalität aus, indem die von der Renaissance ererbten Formen so komprimiert werden, dass die Kuppel den gesamten Kirchenbau überspannt: Karl, das Haus Habsburg und damit Österreich bilden einen Kreis, der den Kosmos ausfüllt und die Außenwelt bedeutungslos macht. Was „darüber" liegt, hat dagegen weiterhin Bedeutung: Baulich und ornamental lenkt die Kuppel den Betrachter auf das göttliche Geheimnis, durch das sich die irdische Herrschaft der Habsburger legitimiert.

Städtebaulich hat der Bau einen anderen Symbolwert: Mit seinem Standort außerhalb der Stadtmauern kündet er von der neu verbürgten Sicherheit Wiens. Als Verkörperung der Habsburger-Kosmologie bewacht die Karlskirche auch die kreisförmige, noch mit Mauern geschützte Stadt, in der die kaiserliche Hofburg mit dem Stephansdom um die Vorherrschaft konkurriert. Indem sie außerhalb steht und sozusagen auf die Altstadt blickt, absorbiert

sie die symbolische Spannung zwischen Hofburg und Stephansdom, ja möchte sie aufheben. Architektonisch drückt das Karlskir-
chenbarock also eine politische Totalität aus, die sich durch symbolischen Bezug auf das göttliche Geheimnis legitimiert beziehungsweise durch diesen erst geschaffen wird.

Die Kunst- und Architekturgeschichte hat ihre eigenen Kriterien, um Epochen und Stile zu definieren; die Einordnung eines
Gebäudes oder Gemäldes, die Definition dessen, was in unserem
Zusammenhang barock ist, hängt von den jeweiligen Diskursen
der Ausgangsepoche ab wie auch vom Verständnis, das nachfolgende Zeitalter von dieser Epoche hatten, und dazu vom ideologischen Zweck, zu dem sie herangezogen werden. Als diskursiver Stil

**Theatralität und
Totalität**

verkörpert das Barock meines Erachtens die beiden Prinzipien
Theatralität und Totalität, und genau diese Eigenschaften, zusammen mit der „überwölbenden" Idee einer katholisch-imperialen
Vergangenheit, möchte der neobarocke Diskurs des späten
19. Jahrhunderts stilistisch und damit kulturell und politisch für
sich rekrutieren. Mit Totalität meine ich eine Dialektik von Macht,
Identität und Kohärenz, die Nation, Monarch und Gott als Einheit
versteht. Theatralität ist das zweite, nicht minder wichtige Prinzip,
das die genannten, per se keiner bestimmten Epoche zuzuordnen-
den politischen Prinzipien historisch spezifiziert. Theatralität
bezieht sich auf den Anspruch, die erwähnte politische Kosmologie könne und solle durch Repräsentation (Festspiele, Zeremonien,
Rituale, Theater, Kunst, Architektur usw.) nicht nur erfasst werden, sondern entstehe allererst durch sie. Repräsentation konstitu-
iert demnach politisch-kulturelle Identität und Macht eher, als dass
sie sie reflektiert; das Barock bezieht sich gleichermaßen auf einen
Prozess der Repräsentation wie auf deren – physischen oder zeitlichen – Gegenstand. Ähnlich zielt die Wiederaneignungsstrategie
des Neobarock auf kulturelle Erneuerung qua Repräsentation und
Rekonstitution ab, und dies wiederum nach den Leitprinzipien von
Totalität und Theatralität. Die religiöse Dimension der katholischen Totalität und Theatralität löst sich in der Zeit zwischen
Barock und Neobarock auf, der Repräsentationsmodus wird im
Weberschen Sinne „rationalisiert".

Ein weiteres Beispiel aus Wien: Es erscheint mir völlig plausi-
bel, die gesamte Entwicklung der Ringstraße im späten 19. Jahrhundert, die der Epoche zu Recht ihren Namen gab, als Produkt
einer neobarocken Ideologie zu interpretieren, als Neuauflage der
von der Karlskirche eingeführten Raumsprache, und nicht als

Ergebnis eines liberalen Programms. Auch wenn sich Historismus und Moderne nicht notwendig widersprechen, drückt der Ringstraßen-Historismus ebenso bürgerliche Aneignung aristokratischer Macht aus, wie sie auch Feier eines triumphierenden Liberalismus ist.[9]

Das Argument, die Aneignung eines historischen Stils als Mittel, die Sehnsüchte der Gegenwart den Ansprüchen der Vergangenheit zu überschreiben, sei in sich schon ideologisch, bedeutet nicht, dem Stil der Ausgangsepoche oder deren ideologischen Forderungen Absolution zu erteilen. Für Hermann Broch ist jeder Historismus moralisch suspekt, weil er die Unfähigkeit einer Epoche offenbare, eine eigene Sprache zu entwickeln. Dennoch muss der Dialog, der zwischen Stil- und Epochenvorbild einerseits und Zielsetzung und Stil der Nachahmer-Epoche andererseits geführt wird, näher betrachtet werden. Wie Pierre Bourdieu bemerkt: eine Epoche erkennt man an ihren Nostalgien. Als Epoche wie als Stil behauptet das Barock Totalität mit dem Mittel der Theatralität.

II

In Paris, in Wien und unmittelbar anschließend in Bayreuth entstehen in den 60er und 70er Jahren des 19. Jahrhunderts Projekte nationaler Neudefinition, Umstrukturierung und Konsolidierung, die drei Elemente gemeinsam haben: Nationale Identität wird durch barocke Traditionen und das Bestreben, diese wiederzubeleben, theatral repräsentiert; im Mittelpunkt des kulturellen Auftrags stehen Bühnenaufführungen, vor allem Opern; damit wird das Opernhaus über die Aneignung des Barock zum zentralen Vehikel nationaler Neubestimmung. Nicht nur die historischen Ursprünge der Oper als Genre liegen in der Barockzeit; ihr Anspruch, alle Künste in einer einzigen Kunstgattung zu vereinen, entspricht direkt dem ästhetisierenden Anspruch, Nationalkultur als kohärente, mächtige Totalität zu formulieren und darzustellen. In diesem Punkt steht die Opernkultur des 19. Jahrhunderts im Dienste einer konservativen Ideologie. Aber sie bietet auch Platz für Gegenentwürfe, für eine ambivalente Haltung zu den herrschenden kulturellen Praktiken und Normen, ja sogar für Opposition. Die genannten Phänomene sind anhand von Operntexten (Libretti und Partituren) wie auch den institutionellen Rahmenbedingungen zu untersuchen. Die Kulturgeschichte der französischen und italienischen Oper von den 40er bis zu den 70er Jahren

Oper und nationale Identität

des 19. Jahrhunderts zeigt, dass sich die Opposition auf mehreren Gebieten formiert. Widerstand mit den Mitteln der Oper wird traditionell an Wagner festgemacht; in seinen Musikdramen wird die musikalische Moderne jedoch häufig durch einen Kulturkonservativismus konterkariert. Darüber hinaus verrät ein Blick auf den institutionellen Wagner und das Verhältnis Bayreuths zu den dort aufgeführten Musikdramen, dass die Wagnersche Zielsetzung eher bürgerlich-reaktionär und neobarock denn revolutionär ist. Nietzsche, Adorno und Broch beschreiben dieses Spannungsverhältnis.[10]

Geschichte der Oper in Paris und Wien

Das Barock am Anfang und das Neobarock am Ende bilden die Eckpfeiler der Operngeschichte in Paris und Wien. In beide Städte wird die Oper Anfang des 17. Jahrhunderts als exotische und kostspielige Unterhaltung für den Hof aus Italien importiert. Ihre ideologische Instrumentalisierung nimmt indes unterschiedliche Formen an; den Franzosen dient sie zur Selbstdarstellung als Nation, den Österreichern zur Selbstdarstellung als Kaiserreich. In Paris wird die Oper als Genre und Institution schnell französisiert, in Wien behält sie bis hin zum palladischen Entwurf des 1869 erbauten Opernhauses ein ausgeprägt italienisches Element. Diese Wiener Vorliebe resultiert allerdings aus einem Reichsverständnis, das Italien zu den internen, nicht den externen Einflüssen zählt, und nicht aus einem eingefleischten Internationalismus.[11] Aus jedem Blickwinkel jedoch, dem affirmativen wie dem oppositionellen, dient die Oper als Genre und öffentliche Institution der Repräsentation von Nation beziehungsweise Reich. Mit dem Neubau eines Opernhauses anlässlich der 200-Jahrfeier der Französischen Revolution von 1789 wurde ein weiteres Kapitel in der Geschichte der französischen Oper geschrieben.[12] Das neue Opernhaus wäre, wie die jüngste architektonische Neugestaltung von Paris, in die es sich nahtlos fügt, in Wien undenkbar, wo sich das historisierende architektonische Gewand der Hochkultur strikt an den ideologischen Ursprüngen aus dem 19. Jahrhundert orientiert.

In Paris wie in Wien konkurriert die Oper des 17. Jahrhunderts nur selten mit den führenden Institutionen theatraler Selbstdarstellung, der Comédie Française beziehungsweise dem Hofburgtheater. Bis zum Neobarock der 1860er Jahre zieht die Oper von Haus zu Haus, wohingegen die Hoftheater in den königlichen beziehungsweise kaiserlichen Residenzen, dem Palais Royal und der Hofburg, untergebracht sind. Als Colbert dem Impresario Pierre

Perrin 1669 den Auftrag erteilt, eine Opernkompagnie zu gründen, dient die Comédie Française eindeutig als Vorbild. Colbert beauftragt Perrin mit „der Einrichtung von Akademien für Oper oder die musikalische Darbietung französischer Versdichtung in Paris und anderen Städten des Königreichs für einen Zeitraum von zwölf Jahren."[13] Perrin hat vor allem mit einer auch im 20. Jahrhundert anzutreffenden Abneigung gegen das Genre an sich zu kämpfen, wie eine zeitgenössische Schmähschrift auf Perrin und seine neue Institution bezeugt: „Dieser schöne, aber unglückliche Orpheus / oder besser gesagt, dieser Morpheus / da das gesamte Publikum einschlief."[14] Als Perrin wegen Überschuldung ins Gefängnis kommt, übernimmt Lully die Leitung der Pariser Oper, und 1673 gelingt es ihm sogar, die Truppe vorübergehend im Palais Royal unterzubringen, das nach dem Tode Molières leer steht.

Da es mir um den Dialog zwischen dem Neobarock des 19. Jahrhunderts und dem Barock des 17. Jahrhunderts geht, verzichte ich auf eine Darstellung der Ereignisse zwischen den genannten Epochen. Ein paar ausgewählte Aspekte sollen jedoch meine These von der ideologischen Rolle der Oper bei der nationalen Selbstdarstellung illustrieren. Der prominenteste Disput Mitte des 18. Jahrhunderts war der zwischen Rameau und Rousseau, in dessen Mittelpunkt die Kontroverse um die Fortgeltung barocker Theatralität als Repräsentationsprinzip und Rousseaus berühmte Attacke gegen Theater und Theatralität stehen.[15] In den Revolutionsjahren wechselt die Institution fünfmal ihren Namen, von der – verständlicherweise inakzeptablen – Bezeichnung Académie Royale de Musique über Académie de Musique, Opéra, Opéra National und Théâtre des Arts zu Théâtre de la République et des Arts. Die „royalistischen" Opern von Lully, Rameau und Gluck werden aus dem Spielplan entfernt, es entwickelt sich das neue Genre der Revolutionsoper, mit Grétry als ihrem berühmtesten Vertreter.

Am 13. Februar 1820 fällt der Duc de Berry in der Oper einem Attentat zum Opfer. Er empfängt die Sakramente noch im Theater, worauf der Erzbischof von Paris das Haus schließt, da es, einmal geweiht, nicht wieder profanisiert werden darf. Unter anderem illustriert diese Episode, wie weit Oper und Staatsreligion in ihrer Vorstellung von Staatsrepräsentation – zumindest aus klerikaler Sicht – während der französischen Restauration auseinanderklaffen. (Bis zu Wagners Feier des Abendmahls auf einer Opernbühne ist noch ein weiter Weg.) Zwischen 1821 und 1875 ist die Pariser Oper deshalb provisorisch im Theater in der Rue Le Peletier unter-

„Grand opéra"
1821–1870

gebracht; Jane Fulcher liefert in *The Nation's Image: French Grand Opera as Politics and Politizised Art* eine äußerst aufschlussreiche Analyse dieser Jahre. Aufstieg und Niedergang der französischen *Grand opéra* zwischen 1821 und 1870, schreibt Fulcher, habe sich im dynamischen Verhältnis von Staatsproduktion und staatlicher Kontrolle über die Repräsentationsformen einerseits und einer „gefährlich streitbaren Kraft, der Stimme des Volkes" andererseits vollzogen.[16] Anschließend beleuchtet sie die Epoche anhand der Aufführungs- und Rezeptionsgeschichte wichtiger Werke: Auberts *Stumme von Portici* (uraufgeführt 1831) während der konservativsten und kirchenfreundlichsten Jahre der Bourbonen-Restauration, Meyerbeers *Robert der Teufel* (1831), *Die Hugenotten* (1836) und *Der Prophet* (1849) während der Herrschaft Louis Philippes, der Aufstände von 1848 und der Zweiten Republik. Sie macht deutlich, dass die Libretti all dieser Werke eindeutig ein – wenn auch ungenaues und daher anfechtbares – symbolisches Porträt einer Gesellschaft im Umbruch liefern. Indes, die Darstellung des mittelalterlichen religiösen Fanatismus in *Robert*, des Konflikts zwischen Protestanten und Katholiken in den *Hugenotten* und des radikalisierten Revolutionärs John van Leyden in *Der Prophet* ergeben keine revolutionäre Allegorie, und die konservative Einbettung dieser Plots in die Musik Meyerbeers und die Aufführungstradition der *Grand opéra* verschleiern die radikalen Aspekte.

Fulcher lässt ihre Epochenanalyse mit der Eröffnung des Opernhauses 1875 enden; vielleicht geht sie deshalb nicht näher darauf ein, inwieweit das Großprojekt Palais Garnier ein Versuch Napoléons III. und seines Präfekten Baron Haussmann war, die staatlich-kaiserliche Kontrolle über die Oper als nationalen Diskurs zurückzugewinnen und durch eine neobarocke Architektur und Kulturpolitik zum Zweck der Selbstdarstellung des Second Empire nicht nur auf das naheliegende Vorbild des Premier Empire, sondern auch auf das barocke Vorbild der Regierung Ludwigs XIV. zurückzugreifen.

Palais Garnier, 1875

Die volkstümliche Bezeichnung „Palais Garnier" ist eine gelungene Kombination aus dem Namen des bürgerlichen Architekten und der kaiserlich-barocken Bestimmung des neuen Opernhauses (die offizielle Bezeichnung lautet Académie Impériale de Musique). Das Gebäude wird zum Angelpunkt der sogenannten Haussmannisierung. Mit der Gare St. Lazare und den „Grands magasins" verankert es das System der „Grands boulevards", das mit dem Bau der Avenue de l'Opéra komplett ist. Die Avenue de l'Opera verbindet das Palais Garnier ohne Rücksicht auf Verluste für das umliegende Stadtviertel mit dem Palais Royal. Der Symbolgehalt der Straßenführung ist von zentraler Bedeutung: Die Avenue de l'Opéra (ursprünglich Avenue Napoléon) verbindet nicht nur zwei Nationaltheater, sondern zugleich zwei historische Epochen und Stile, die sich durch einen nationalen Diskurs barocker Theatralität und Totalität definieren. Die Tatsache, dass das Palais Royal sowohl Theater als auch kaiserliche Residenz ist, ruft die Einheit von Theater und Monarchie (Theatralität und Totalität) des 17. Jahrhunderts in Erinnerung und proklamiert deren Gültigkeit für das Second Empire.

Gleichwohl bedienen sich große Entwürfe oft aktueller Anlässe. Mit dem Mörder des Duc de Berry, der aus symbolischen und logistischen Gründen die alte Oper als Tatort wählte, hat der Attentäter Orsini ein prominentes Vorbild, als er am 14. Januar 1858 bei Napoléon III. sein Glück versucht. Doch nach der These, dass sich die Tragödie des Premier Empire – in diesem Fall, genauer: der Ersten Restauration – im Second Empire als Farce wiederholt, scheitert Orsini; allerdings ist auch er, wie schon sein begabterer Vorgänger, Anlass für die Schließung der Oper, diesmal aus Sicherheitsgründen. Es wird ein Architekturwettbewerb ausgeschrieben, mit der Vorgabe, der Siegerentwurf müsse eine separate Kutschenzufahrt für den Kaiser enthalten. Charles Garnier gewinnt im zweiten Durchgang mit einem aufwendigen Barockentwurf, der sich symbolisch und topographisch als neues Zentrum von Paris versteht. Mag der Guide Michelin noch heute die Entfernungen vom Westtor von Notre Dame aus messen: im Second Empire ist die Oper der Nabel der Stadt. Oder um ein in seinem Symbolgehalt relevanteres Gebäude heranzuziehen: die Opéra ist die Karlskirche des Second Empire. Die Architekturhistorikerin Monika Steinhauser versteht den neobarocken Stil des Palais Garnier „nicht nur [als] stilistische Haltung, sondern auch [als] Repräsentationsform eines restaurativen Regimes".[17]

Das Farcenhafte, ja Groteske des Palais Garnier offenbart sich schon darin, dass die Eröffnung erst im Januar 1875 stattfindet, über vier Jahre nach dem Zusammenbruch des Regimes, für das es steht. 1867 werden unter großem Beifall die Außenmauern enthüllt, zwei Jahre später die letzten Statuen und Fassadenteile; doch 1870 entdeckt ein englischer Tourist, dass das Gebäude eine leere Hülle ist. Die unglücklichen Ereignisse von 1870/71 verzögern die Fertigstellung, der Innenausbau kann erst 1874 abgeschlossen werden. So erlangt der Bau bereits vor seiner Inbetriebnahme doppelte Historizität: Er bezieht sich auf das französische Barock des 17. Jahrhunderts und auf das Neobarock des inzwischen untergegangenen Second Empire. Bezeichnenderweise wird das Haus mit einem Abend aus Opernfragmenten eröffnet.

Die These, das Palais Garnier führe den theatralen Gestus der Karlskirche fort, ist abstrakt; dass sich das Projekt einer neuen Oper für die Wiener Ringstraße an Paris orientiert, ist unbestreitbar. Wenige Wochen nach der Pariser Ausschreibung von 1860 wird in Wien per kaiserlichem Erlass eine „Concours-Ausschreibung" für den „Bau eines neuen Hofoperntheaters in Wien" ausgerufen. (Es werden 35 Entwürfe eingereicht, verglichen mit 700 in Paris.) Trotz der schweren politischen und militärischen Unruhen der 1860er Jahre ist das neue Hofoperntheater 1869 fertig. Der neopalladische Bau wird von Öffentlichkeit und Presse vernichtend kritisiert, und als die beiden Architekten Edouard van der Nüll und August Siccard von Siccardsburg innerhalb weniger Wochen sterben, der erste durch Selbstmord, der zweite – wie es in der Presse heißt – aus Kummer darüber, ist der Ruf des Hauses endgültig dahin.[18] Schuld an der feindseligen Haltung der Öffentlichkeit ist der italienisch-barocke Baustil; unverkennbar der Basilica Palladiana in Vicenza nachempfunden, wird das Gebäude als fremdländisch abgelehnt. Vielleicht hatte der zehn Jahre zuvor erlittene Verlust der italienischen Provinzen, zu denen auch Vicenza gehörte, zur Rubrizierung venezianischer Formen als „fremdländisch" und „feindlich" geführt. Solange sie jedoch von österreichischer Vorherrschaft zeugen, werden Aufführungen im italienischen Stil akzeptiert: So wird die Oper am 25. Mai 1869 mit einer Inszenierung von Mozarts *Don Giovanni* eröffnet.[19]

Wie das Palais Garnier und die benachbarte Karlskirche setzt das Wiener Hofopernhaus städtebaulich einen neuen architektonischen und symbolischen Schwerpunkt. Carl Schorske hat seinen Stellenwert in der Entwicklung der Ringstraße analysiert. Es sei jedoch noch einmal darauf hingewiesen, dass die eigentliche Ringstraße die Altstadt von der Neustadt, die Hofburg von den neuen, das neue Zeitalter repräsentierenden Bauwerken – Universität, Rathaus, Parlament und anderen –, trennt. An der Straßenseite zur Hofburg hin, links und rechts von ihr, werden das neue Hofburgtheater und das Hofopernhaus errichtet.[20]

Hermann Broch meint, eine aus dem Barock übernommene Theatralität habe die prunkvollen kaiserlichen Festzüge geprägt

Wiener Hofoper, 1880

und so zum identitätsstiftenden Prinzip gemacht. Ein kurzer Blick auf den Kaiser während seiner Fahrt von der Hofburg zum außerhalb der Stadt gelegenen Schloss Schönbrunn habe den Wiener Bürgern das Gefühl gegeben, an der imperialen Glorie hohen, ethischen Anteil zu haben.[21] Von den beiden – nunmehr wortwörtlich – kaiserlichen Eckpfeilern Burgtheater und Opernhaus beansprucht das erste Vorrang und Heiligkeit; zum einen ist das alte Haus an der Seite zum Michaelerplatz Bestandteil der Hofburg gewesen; zum zweiten ist das Theater, das es repräsentiert, deutsch und vertritt somit, im Gegensatz zur monarchischen Tradition des italienisierten Opernhauses, eine nationale Tradition. Die Heiligkeit der Institution Burgtheater wird an der Zusammensetzung des Publikums ersichtlich: Broch vermutet zu Recht, der junge Hofmannsthal habe bei seinen rituellen Burgtheaterbesuchen mit dem Vater nicht nur seine ästhetische, sondern auch seine ethische Erziehung erhalten; der Ritualcharakter bestätigt sich darin, dass es im alten Burgtheater weder Applaus noch ein Hervortreten der Schauspieler gab.[22]

Altes Hofburgtheater

Wenn sich Heiligkeit im Wiener Theater an der Teilhabe an theatraler Repräsentation, mit anderen Worten: an der Aneignung des barocken Stils und Programms misst, dann wird das neue Opernhaus mit seiner goldenen, Franz Josef gewidmeten Giebelinschrift zum Vermittler zwischen der höfisch-barocken Heiligkeit des Burgtheaters und dem durch und durch bürgerlichen Stil des dritten großen Hauses an der Ringstraße: dem Konzertsaal des Musikvereins, gleich um die Ecke gegenüber der Karlskirche. Im neuen Konzerthaus residieren, damals wie heute, die Wiener Philharmoniker, die auch als Opernorchester fungieren. Doch der Musikverein und die zahllosen angegliederten Instrumental- und Chorgruppen beweisen, wie Leon Botstein schreibt, dass sich die ästhetische Unterhaltung mehr und mehr am bürgerlichen Mittelstand orientiert.[23] Instrumental- und Chormusik sind aufgrund fehlender Theatralität, a- beziehungsweise antibarock und damit wirkungsvolle Symbolträger für die Selbstdarstellung eines bis heute ästhetisch orientierten Wiener Bildungsbürgertums. Es existieren jedoch weiterhin Mischformen: Während die bürgerlichen Wiener Philharmoniker im Orchestergraben der Oper sitzen, wird das streng klassizistische Äußere des Musikvereins im Inneren durch plumpe goldene Karyatiden, die die Ränge stützen, konterkariert.

Abschließend möchte ich auf den stilistischen Unterschied bürgerlicher Selbstdarstellung in Wien – in ihrer gesamten Bandbreite

„Barocke Heiligkeit des Burgtheaters"

„Grands magasins" in Paris

vom Burgtheater bis zum Musikverein – und in Paris eingehen. In Paris werden ästhetische Unterhaltung und Warenerwerb (mithin das Eingeständnis, die Kultur sei zur Ware geworden) weitgehend ohne Maske betrieben. So kann das barocke Palais Garnier problemlos in unmittelbarer Nachbarschaft zu den *Grands magasins* und zur Gare St. Lazare gestellt werden, dem Einfallstor für die Konsumgierigen der Vorstädte. Die *Grands magasins* selbst sind barocke Paläste, wie Philip Nord anschaulich beschreibt: „Teure Materialien, Statuen, schmiedeeiserne Gitter, Gold und farbenprächtige Mosaike blendeten den Spaziergänger, den potentiellen Käufer, durch eine Opulenz und eine Pracht, mit der das neue Opernhaus kaum mithalten konnte." Doch es regt sich auch Kritik: in seinem 1883 erschienenen Roman *Au bonheur des Dames* (über ein Kaufhaus gleichen Namens) vergleicht Emile Zola das Kaufhaus mit einer Kathedrale, in der, so Nord, „die Gläubigen unter gewölbten Metallkuppeln die Riten der Warenanbetung vollziehen".[24] In Wien wird jeder Zusammenhang zwischen Kultur und Warenwelt vertuscht. Es existiert zwar eine Kaufhauskultur, doch versteckt in der Mariahilferstraße und zudem durch den Umstand marginalisiert, dass sie zum großen Teil in jüdischen Händen liegt, wie etwa das berühmte Herzmansky. Das vergleichsweise ungenierte Nebeneinander von Kultur und Kommerz in Paris erklärt vielleicht das Spielerische in der kulturellen Selbstdarstellung der Stadt, im Gegensatz zum „Todesernst" und zur „Museumshaftigkeit", die Broch im Wien des Fin de siècle erkennt.[25]

III

Die Jahre der Umgestaltung von Paris im Second Empire (1860–1870) und die entsprechende Zeit der Ringstraßenentwicklung im Wien des Fin de siècle (1860–1914) lassen sich nicht nur im Hinblick auf die herrschende Ideologie des Barock vergleichen, sondern auch darin, wie sich das Barock und eine aufkommende kritische Moderne die Kontrolle des öffentlichen Lebens streitig machen. Wenn sich in Frankreich mit dem Zusammenbruch des Empires 1870 die Voraussetzungen dieses Kampfes ändern, so überleben sie in Österreich bis zum Zusammenbruch des Habsburgerreichs 1918 und tauchen, wie ich behaupte, in der Ideologie der Erneuerung zwischen 1918 und 1938 wieder auf. Die Moderne des Second Empire strebt die Rückeroberung der Straße und des öffentlichen Lebens an (wie die Gemälde Manets und die Gedichte und Essays Baudelaires zeigen); die Wiener Moderne lehnt die Großstadt und ihre Architektur wegen ihres falschen Historismus und ihres verlogenen, oberflächlichen Liberalismus ab – als „durch Reichtum überdeckte Armut", wie Hermann Broch es formuliert.[26]

Die Vorherrschaft des Barock ist an die Existenz der Monarchie gekoppelt. Das dialektische Verhältnis von Hochkultur und Warenwelt, mithin von Bohéme und Bourgeoisie im Second Empire, dazu die augenfällige Präsenz revolutionärer Tradition und politischer Zersplitterung sowie die schwere Krise von 1870–1871: all dies verhindert eine fortgesetzte Hegemonie barocker Formen kultureller und politischer Selbstdarstellung über die Lebenszeit des Second Empire hinaus.[27] Bei seiner Eröffnung 1875 gleicht das Palais Garnier mehr einem Zirkus als einem Tempel. Es wird zur Arena eines fragmentierten und zur Ware mutierten Kulturgenusses, geprägt von einer inneren Distanz, in der Kultur Besitzgegenstand ist und nicht unmittelbare Darstellung individueller und kollektiver Identität. In Österreich hingegen, wo die inszenierte Kontinuität der Regierung Franz Josefs über die Realität räumlicher und zeitlicher Zersplitterung hinwegtäuscht – mit anderen Worten: wo politische Repräsentation die politische Realität kontrolliert –, bleibt die Barockkultur bis zum Zusammenbruch des Habsburgerreichs 1918 vorherrschend und existiert als konkurrierende Form nationaler Selbstdarstellung bis zum Anschluss 1938 weiter. Nach 1890 bietet ihr eine kleine, aber äußerst kritische Avantgarde Paroli, Intellektuelle, die allzu oft mit der von ihnen verachteten Mehrheitskultur in einen Topf geworfen werden. Nach dem Zusammenbruch von 1918 überlebt die Barockkultur als Ideologie einer konservativen Minderheit, die sich jedoch als äußerst beharrlich und rührig erweist. Zu ihrem Vermächtnis gehören die Salzburger Festspiele. Trotzdem darf die Erschütterung durch den verspäteten endgültigen Zusammenbruch von 1918 keinesfalls unterschätzt werden; seine traumatische Wirkung auf die Intelligenz lässt sich an der starken, ideologischen Aufladung des kulturellen Wiederaufbaus ermessen.

Wiener Ringstraße, 1870

Der neobarocke Diskurs, aus dem die Salzburger Festspielidee schließlich hervorgeht, bedeutet somit eine konservative Abkehr vom Gedankengut der Wiener Intelligenz vor dem Ersten Weltkrieg, und der Werdegang des ideologischen Vaters der Festspiele, Hugo von Hofmannsthal, kann einer zunehmenden Marginalisierung der intellektuellen Avantgarde in Österreich zugeschrieben werden. Die Gedankenwelt des Wiener Fin de siècle, die Kulturhi-

Sigmund Freud, 1906

storiker und seit den 1980er Jahren ein Großteil der europäischen und amerikanischen Museumsbesucher mit dem Ursprung der Moderne im 20. Jahrhundert verbinden, reicht von der Sprachphilosophie eines Mauthners, Kraus' und Wittgensteins über Freud und die Stil- und Formkritik von Loos, die Secession und die Wiener Werkstätte bis hin zur literarischen Gesellschaftskritik Hofmannsthals, Schnitzlers, später auch Brochs und Musils sowie Kafkas (der im weiteren Sinne Österreich, nicht jedoch Wien zugeordnet werden kann) und zur Musik der Zweiten Wiener Schule. All diese intellektuellen Trends, Innovationen und Radikalismen ist der Gedanke fremd, sie könnten als in sich geschlossene intellektuelle oder kritische Avantgarde die totalisierende (und theatrale) barocke Weltanschauung widerspiegeln, die sie gerade zersetzen wollen.

Im späten Aufsatz „Über eine Weltanschauung" lehnt Freud ausdrücklich die Etikettierung der Psychoanalyse als Weltanschauung ab; eine solche definiert er als „intellektuelle Konstruktion, die alle Probleme unseres Daseins aus einer übergeordneten Annahme einheitlich löst, in der demnach keine Frage offen bleibt und alles, was unser Interesse hat, seinen bestimmten Platz findet." Für Freud ist das Gegenteil von Weltanschauung Wissenschaft, vor allem die „Spezialwissenschaft": „durch negative Charaktere ausgezeichnet, durch die Einschränkung auf das derzeit Wissbare und die scharfe Ablehnung gewisser, ihr fremder Elemente."[28]

Die Kehrseite dieses kritischen Denkens ex negativo ist das Dilemma von Adolf Loos, von Hofmannsthal im „Brief des Lord Chandos" und zu gewissem Grad vom frühen Wittgenstein: Sie lehnen alle bestehenden Konventionen von Form, Stil und Zusammenhang als falsch ab und proklamieren, ohne zu einem völlig neuen Repräsentationssystem zu kommen, das Vakuum als Resultat. (Einzig die Musik kann die Etablierung eines neuen Repräsentationssystems für sich beanspruchen, und selbst dieses lässt sich, wozu Schönberg neigt, stichhaltig als Rückkehr zum Klassizismus beschreiben.) Hermann Broch, der mit Loos sympathisiert und das skandalträchtige minimalistische Gebäude befürwortet, das Loos 1908 am Michaelerplatz gegenüber dem neobarocken Flügel der Hofburg errichtet, kritisiert gleichwohl dessen Absage an jede Ornamentik. Auch wenn er dies als epistemologisch und ethisch konsequenten Schritt begreift, so hält er die Ablehnung von Ornamentik per se für widersinnig, weil künstlerischer Ausdruck und ästhetische Erkenntnis, so Broch, auf einem System organischer –

Loos-Haus am Michaelerplatz

nicht aufgezwungener – Ornamentierung beruhen. Musterbeispiel eines hochentwickelten Systems organischer Ornamentierung ist für Broch die Musik Bachs.[29]

Freud, in diesem Punkt die Position Max Webers teilend, kritisiert mit Loos eine Ideologie, die für den einen (Freud) intellektuelle, für den anderen (Loos) vorstellungsmäßige stilistische Totalität beansprucht. Freud ist reiner Wissenschaftler, seine Arbeit ist, zumindest formal, von politischen Ereignissen unabhängig; Loos ist, wie Karl Kraus und Hofmannsthal, in gewissem Maße Apokalyptiker. Kraus behält nach dem Zusammenbruch des Habsburgerreichs 1918 seinen apokalyptischen Stil bei, einen Stil, der der eigenen qualvollen Abhängigkeit von barocker Theatralität nie abschwört.[30] Hofmannsthal fühlt sich aufgerufen, am kulturellen Wiederaufbau, einer Art Neo-Neobarock, mitzuwirken und erkennt nicht, dass Prozess und Stil dieses Wiederaufbaus Gefahr laufen, selbst zu einer ideologischen Konstruktion der Art zu werden, wie sie er und viele andere seiner Generation so vehement ablehnen.

Adolf Loos (1870–1933)

IV

Die Salzburger Festspiele werden im Sommer 1920 eröffnet, knapp zwei Jahre nach Gründung der „Republik, die keiner wollte". Die Niederlage im Feld und am Verhandlungstisch hat aus Österreich ein handlungsunfähiges Fragment gemacht, abgetrennt von Deutschland und den ehemaligen Völkern des Habsburgerreichs. Wien ist eine kaiserliche Hauptstadt praktisch ohne Verwaltungsgebiet. Die industrielle Basis der Habsburger liegt jenseits der neuen Landesgrenzen; das ausgedehnte Schienennetz, das Wien mit dieser Basis verband, ist nutzlos geworden. In dieser Situation hat Österreich kaum Chancen, wirtschaftlich zu überleben. Es gibt zwei Möglichkeiten: eine Art de-facto-Vereinigung beziehungsweise Wirtschaftsföderation mit den ehemaligen Reichsteilen oder den Anschluss an Deutschland (die Weimarer Republik).

Die Anschlussfrage

Die Anschlussfrage ist ein kompliziertes politisches Phänomen. Die österreichischen Sozialdemokraten sind nach 1918 führende Kraft einer den Anschluss befürwortenden Mehrheit; die Weimarer Republik präsentiert sich als sozialdemokratische Republik, und die Idee einer deutschen Volksvereinigung entspricht Wilsons Verheißung nationaler Selbstbestimmung, auf die sich die Habsburger „Nationalitäten" berufen. Daher spielen die führenden Sozialdemokraten Otto Bauer und Karl Renner in der Pro-Anschluss-Fraktion eine wichtige Rolle. (Renner bleibt bis zur Verwirklichung 1938 ein Befürworter des Anschlusses; trotzdem wird er 1945 von den Sowjets als österreichischer Kanzler eingesetzt.) Diejenigen, die schon 1918 gegen den Anschluss sind, berufen sich dabei auf eine österreichische Nationalidentität. Ihrer Ansicht nach verkörpert Deutschösterreich nicht nur ein authentisches deutsches Kulturerbe, sondern das authentischste überhaupt. Die Mehrzahl der nationalistischen Deutschösterreicher sind proklerikale konservative Katholiken aus den Reihen der Christlich-Sozialen. Einige allerdings verstehen sich als Liberale und sehen Österreichs politische und wirtschaftliche Zukunft in einer Föderation mit den ehemaligen „Nationalitäten" des Reichs.

Die Salzburger Festspiele und ihr kulturelles Programm sind deutschösterreichisch, gegen den Anschluss, katholisch und konservativ, geben sich in ihrer Rhetorik jedoch föderalistisch. Und obwohl es das erklärte Ziel der Festspiele ist, eine deutschösterreichische Identität zu formulieren und zu verkörpern, die mit einer pluralistischen republikanischen Gesellschaft vereinbar ist, besteht nie Zweifel daran, dass die Nationalkultur Vorrang vor einer pluralistischen Politik hat. Die neue österreichische Republik soll zwar in vorgeblich gleichberechtigter Harmonie mit ihren ungarischen und slawischen Nachbarn leben, doch es gibt nie ernsthafte Überlegungen, tschechische, ungarische oder jugoslawische Werke ins Festspielrepertoire aufzunehmen. Die österreichische Nationalidentität und ihr ästhetischer Diskurs bleiben deutsch, katholisch (in Abgrenzung zum protestantischen Deutschland) und barock.

Das Festspielrepertoire und die ersehnte neue österreichische Kultur sollen in einem klassischen literarischen und ästhetischen Pantheon verankert sein, das von Mozart und Goethe bis zu Grillparzer und zum Gründervater Hugo von Hofmannsthal reicht. Hofmannsthal will das Ideal eines nichtmilitaristischen, literarisch-ästhetischen Deutschlands wiederherstellen, allerdings geformt nach dem erwähnten barocken Modell. Das Festspielrepertoire soll, wie er in „Die Salzburger Festspiele" schreibt, ein „deutsches, nationales Programm" bieten, mit Goethe, Mozart, Grillparzer und Gluck – „deutsch und national in dem Sinn, wie sich die großen Deutschen zu Ende des achtzehnten und zu Anfang des neunzehnten Jahrhunderts, die gültigen Lehrer der Nation, die

„Ein deutsches, nationales Programm"

nationale Schaubühne dachten".[31] („Die Salzburger Festspiele" ist eine als Katechismus verfasste Streitschrift, die bereits im Stil die katholischen Intentionen der geplanten Festspiele deutlich macht. Die folgenden Zitate sind Antworten auf von Hofmannsthal rhetorisch gestellte Fragen.) *Faust* und *Don Giovanni* sollen als katholische Mysterienspiele interpretiert werden, und um die Dreifaltigkeit komplett zu machen, liefert Hofmannsthal seine eigene Version des mittelalterlichen *Everyman*, eine Fassung aus dem Jahre 1911, die jedoch durch die Festspiele eine neue Bestimmung und einen neuen Rahmen erhält. Mit *Jedermann* werden die Gründungsfestspiele eröffnet, in einer Freiluftaufführung auf den Stufen des Salzburger Doms; sie kombiniert auf symptomatische Weise Hofmannsthals barocke Ästhetik und Max Reinhardts Theaterkunst und ist der Beginn einer Tradition, die sich bis zum heutigen Tage gehalten hat. Die Stadt Salzburg selbst wird zur barocken Altarbühne, auf der die österreichische Identität die neuen Weihen empfängt.

Das Festspielprogramm verrät auf allen Ebenen die Verschmelzung explizit kosmopolitischer und paneuropäischer Ideale mit einem bayerisch-österreichischen – das heißt barocken – Nationalismus. Als angeblicher geographischer Mittelpunkt Europas und der katholisch-deutschen „Nation" stärke Salzburg, so Hofmannsthal, den „Glauben an einen Europäismus, der die Zeit von 1750 und 1850 erfüllt und erhellt hat". Die paradoxe Verschmelzung von Nationalismus und Weltbürgertum ist zentraler Bestandteil der Salzburger Ideologie: Hofmannsthal gibt die Vorstellung nie auf, Weltbürgertum sei seinem Wesen nach eine deutsche Tugend. Es ist tatsächlich geplant, nichtdeutsche Werke ins Festspielrepertoire aufzunehmen, Werke allerdings, die die Aufklärer und Romantiker längst unter die deutschen Klassiker eingeordnet hatten – allen voran Shakespeare.

Zur Frage, ob das Publikum rein deutschsprachig sein solle, schreibt Hofmannsthal: „Im höchsten Maße hoffen wir, dass die Angehörigen anderer Nationen zu uns kommen werden, um das zu suchen, was sie nicht leicht anderswo in der Welt finden könnten." Salzburg soll eine Kultur zu ihren Wurzeln zurückführen, deren Verästelungen in Berlin, Wien, Bayreuth und Oberammergau zu erleben sind. Im Gegensatz zu Bayreuth, das der Kunst eines einzigen Mannes gewidmet ist, will Salzburg „dem ganzen klassischen Besitz der Nation dienen"; im Gegensatz zu Oberammergau, dem Schauplatz der berühmten, alle zehn Jahre stattfindenden

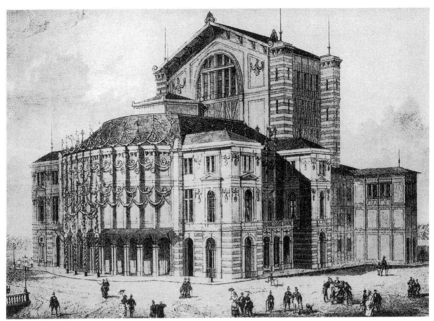

Bayreuth, Entwurf des Festspielhauses

Oberammergau. Passionstheater, 1850

Passionsspiele, soll es einer breiten, offiziell säkularen, aber im Inneren barocken und katholischen Theatertradition gewidmet sein. Salzburg soll „dem gleichen Geist" entspringen wie Oberammergau, doch auf „anderen Fundamenten" gebaut, nämlich dem „theatralischen Vermögen" des „bayrisch-österreichischen Stammes". Im Gegensatz zur Großstadt steht Salzburg für eine Gemeinschaft, die Darsteller und Publikum zu einer Gemeinde von Gleichgesinnten zusammenschmiedet. Jede Großstadt sei, so Hofmannsthal, „ein Ort der Zerstreuung"; nach Salzburg zu kommen, ist eine Wallfahrt, die den Pilger von der städtischen, säkularen Moderne reinigt. Der „Ortsgeist" von Salzburg soll gegen die profane Gesellschaft und für eine sakrale, ursprüngliche Gemeinschaft stehen. Damit sind die Schlagworte etabliert: Gemeinschaft statt Gesellschaft, Geist statt Politik.

„Theatralisches Vermögen des bayrisch-österreichischen Stammes"

Auf die Frage, wie umfassend diese Gemeinschaft sein soll – mit anderen Worten: die hypothetische Frage, ob sich das nationale Projekt an ein Bildungs- oder ein Massenpublikum richte –, gibt Hofmannsthal eine völkische Antwort: „Wer den Begriff des Volkes vor der Seele hat, weist diese Trennung zurück." So wie die Werke Mozarts ihren Rokokostil transzendierten und „über und unter den Zeiten" stünden („Für den Kern des Volkes ist das Große immer neu"), sei Goethes *Faust* „kein schweres Werk, eine Speise für die Gebildeten", sondern das „Schauspiel aller Schauspiele, zusammengesetzt aus den theatralischen Elementen vieler Jahrhunderte, und reich genug an Sinnfälligem, Buntem und Bewegtem, um das naivste Publikum ebenso zu fesseln wie den Höchstgebildeten".

Hofmannsthal greift auf das Ideal des Volkes zurück, um dem Thema Elite versus Masse, ja, jeder Art von kultureller Fragmentierung auszuweichen.[32] Doch obwohl er von einer Kunst für die Nation spricht, pflegt er das traditionelle Mäzenatentum der europäischen Aristokratie, und die Eintrittspreise sind von Anfang an so hoch, dass niemand Zutritt hat, der nicht dem alten Geldadel oder der deutschen Industriellen-Elite angehört.

V

Auf die Ideologie des Barock, wie sie sich in den Aktivitäten und Verlautbarungen der Salzburger Festspiele manifestiert, hat die Bayreuther Ideologie latenten Einfluss. Die Bayreuther Festspiele, 1876 gegründet, werden von Wagner und Legionen von

Richard Wagner, 1877

Hofmannsthal ist für Salzburg, was Wagner für Bayreuth ist

Epigonen von Beginn an zum rituellen Wallfahrtsort einer nationalen Elite erklärt – oder wie Nietzsche meint: eines Mittelstands, der sich als Elite definiert. Obgleich die in Bayreuth beschworene neuerweckte nationale Identität eine völkische ist, sind die Festspiele, gleich wie in Salzburg, nicht fürs Volk.

Bayreuth ist auf seine Texte und Kontexte hin untersucht worden, Salzburg nicht. Freilich ist der Zusammenhang der Salzburger „Texte", deren Auswahl den am sorgfältigsten durchdachten Aspekt der Festspielkonzeption bildet, mit dem ideologischen Kontext weniger augenfällig. Obwohl Hofmannsthal als Planer und Autor eine zentrale Rolle einnimmt, soll in Salzburg nicht die vorgebliche Vermählung von nationaler Kunst und einem nationalen Genius gefeiert werden. Doch insofern sich Hofmannsthal als genuinster Vertreter einer österreichischen Identität versteht (eine Vorstellung, die auch der kritische Hermann Broch vertritt), prägt seine Persönlichkeit das Wesen der Festspiele, auch wenn megalomane Selbstinszenierung nie seine Sache ist. Hofmannsthal ist für Salzburg, was Wagner für Bayreuth ist. In Salzburg treten indes zu Hofmannsthals Texten – einer davon, *Das Salzburger große Welttheater*, wird, wie *Parsifal* für Bayreuth, speziell für die Festspiele geschrieben – die Werke anderer Autoren hinzu. Was den ideologischen Überbau der Festspiele betrifft, werden Fragen nach ihrer Identität und Bedeutung, wie es bei Bayreuth endlos der Fall ist, nie gestellt. Die Bayreuther Ideologie ist von Anfang an eine explizite, die sich später problemlos und äußerst wirkungsvoll von den Nationalsozialisten in Beschlag nehmen lässt. Wagners eigene Schriften zu Bayreuth sind, im Gegensatz zu denen Hofmannsthals, kritisch analysiert worden. Schon das Ansinnen, Salzburg könne in einen ideologischen Kontext passen, ganz zu schweigen in einen, der ähnliche Züge aufweist wie der Bayreuths, erzeugt stirnrunzelnde Abwehr – in Österreich zumal, aber auch bei Salzburg-Enthusiasten in aller Welt.

Wie Hofmannsthal Salzburg innerhalb einer nationalen Ideologie positioniert, ist nicht weniger bezeichnend als Wagners Vorgehen in Bayreuth. In Salzburg ist die Sache nur komplizierter und zweifellos weniger explizit. Daher sind die Salzburger Festspiele als ideologische Gebilde schwieriger zu interpretieren. Die Bayreuther Ideologie ist monolithisch; die Salzburger ist schwer zu fassen und überdeterminiert. Wagner rekurriert auf eine nationale Mythologie, die von seinem Publikum leicht gedeutet werden kann. Sein Antisemitismus, in archetypischer Weise die negative

Determinante seiner deutschnationalen Haltung, artikuliert sich implizit, aber erkennbar in seinen Dramen (der tückische Ratgeber Loge, der Betrüger Mime und das Gold; dagegen: Wotan, der Gott, Siegfried, der Held, und die Liebe) sowie explizit in seinen Schriften („Das Judentum in der Musik" und anderen). Hofmannsthal ist Wiener Katholik jüdischer Abstammung (sein Urgroßvater war der böhmische Textilfabrikant Isaak Hofmann) und mit einer Jüdin verheiratet. Sein wichtigster Mitstreiter in Salzburg ist der Schauspieler, Regisseur und Impresario Max Reinhardt, ein Wiener Jude, der als Max Goldmann zur Welt kam. Gemeinsam setzen sie alles daran, das katholische Theater in Österreich neu zu beleben. Private Identität und projizierte Nationalidentität sind nicht deckungsgleich. Dasselbe gilt für Richard und Cosima Wagner.

Alle, die an der Gründung der Salzburger Festspiele arbeiten, wissen sehr wohl, dass ihr Unternehmen im Schatten Bayreuths steht. Allerdings sehen sie die Parallelen nicht im Ideologischen, sondern im planerischen Verfahren; gerade hier findet der Historiker aber einen zentralen ideologischen Aspekt: Die Kunst wird in einen heiligen Status erhoben und dann als heilige Kunst an einem heiligen Ort abseits der profanen, verderbten Großstadtwelt zelebriert. Bayreuth fügt sich nahtlos ein in die restaurativen Reinigungsrituale und Nationalbauten des Deutschen Reiches, vom Niederwalddenkmal und dem Kyffhäuserdenkmal bis zum Thingtheater oberhalb Heidelbergs. Theater spielt eine zentrale Rolle in der norddeutschen Restaurationsideologie, wenngleich in einer von der barocken Theatralität Österreichs unterschiedenen Weise.[33] Wie in Österreich entstehen neue Stadttheater. Das Festspiel auf dem Lande ist indes wichtigster Träger einer theatralen Ideologie, die nationale Identität auf unberührter Heimaterde, abseits der dekadenten Großstadt mit ihrer Künstlichkeit, ihrem Internationalismus und (als sich der Antisemitismus hinzugesellt) ihren Juden, neu verwurzeln möchte. Der frühe Nietzsche bestärkt diese Tendenz, als er Wagners Musikdrama zum restaurativen Diskurs einer Nationalkultur, zum Erben der attischen Tragödie erklärt.[34]

Überlegungen zu Musikfestspielen in Salzburg, der Geburtsstadt Mozarts, gibt es seit den 1840er Jahren. 1890 empfiehlt das neu gegründete „Actions-Comité für ein Mozart-Festspielhaus in Salzburg" den Bau eines Festspieltheaters mit 1500 Plätzen auf dem Mönchsberg, dem felsig aufragenden Stadtberg. Mozart, noch

Entwurf für ein Mozart-Festspielhaus auf dem Mönchsberg, 1890

immer allgegenwärtig, erhält Schützenhilfe durch Wagner. Und für den Fall, dass der „grüne Hügel", auf dem das Bayreuther Festspielhaus steht, als Vorbild nicht deutlich genug ist, spricht man von dem geplanten Salzburger Gebäude als einem „Kunsttempel". Dass 1920 tatsächlich die ersten Festspiele stattfinden, liegt vor allem daran, dass Hofmannsthal auf überzeugende Weise Salzburger Traditionen mit dem nationalmythologischen Weihespiel à la Bayreuth zu kombinieren versteht. Dennoch ist das ideologische Vorbild Bayreuth für Hofmannsthal weniger evident als für die Salzburger Bürger von 1890, für die Bayreuth, vierzehn Jahre nach seiner Gründung, immer noch aufsehenerregend ist.

Auf den ersten Blick scheint nicht allzu große Ähnlichkeit zwischen Wagner, dem megalomanen sächsischen Protestanten, und Hofmannsthal, dem katholischen Wiener Schöngeist, zu bestehen. Doch die völkische Ideologie, die beide Männer vertreten und aus der heraus sie Festspiele gründen, wird in ihrem künstlerischen Schaffen untermauert. Beide versuchen eine nationale Mythologie zurückzugewinnen. Wagner möchte germanische und nordische Mythen für die Moderne musikalisch neu beleben, Hofmannsthal wechselt von der Aneignung der griechischen Mythologie (des Elektra-Mythos, seinem ersten, von Richard Strauss vertonten Werk) zur katholischen Mythologie, die in der Tradition des Mysterienspiels wurzelt und daher formal unabhängig ist. Was den religiösen Gehalt der nationalen Mythologie betrifft, definiert sich die deutsch-österreichische Kultur durch den Katholizismus. Für Wagner, den Sachsen zwischen katholischem Bayern und protestantischem Preußen, zwischen König Ludwig II., der ihn großzügig unterstützt, und Wilhelm I. und Bismarck, auf deren Unterstützung er spekuliert, ist der geografische Kompromiss Bayreuth – offiziell in Bayern, aber weit weg von München – die ideale Lösung.

Die völkischen Ingredienzien machen für die Bayreuther Ideologie das Barock nicht irrelevant. Für Wagners Projekt ist es von großer Bedeutung, dass Bayreuth ihn zunächst wegen des barocken Opernhauses reizt, das Giuseppe Bibiena für die dortigen Markgrafen errichtet hat. Wenn die strengen architektonischen Formen des Festspielhauses, das Wagner schließlich bauen lässt, nicht barock, sondern völkisch und neo-attisch anmuten (Cosima Wagner an Nietzsche: „… wie unmöglich muß es dünken, Siegfried und Wotan inmitten von Amoretten, Muscheln" und dem ganzen „Apparat des 18ten Jahrhunderts auftreten zu lassen"³⁵), so bedient sich das Haus doch eindeutig barocker, zeremonieller Theatralität. Wie die Karlskirche und das Palais Garnier verschiebt es das zeremonielle Zentrum der Stadt.

Wagner selbst ist Protestant; haben seine Werke, zu denen auch Bayreuth gezählt werden muss, in irgendeiner Weise etwas Katholisches, oder gar – über Bayreuth hinaus – Barockes? Thomas Mann entdeckt in seinem 1933 entstandenen Essay „Leiden und Größe Richard Wagners" den Katholizismus in *Parsifal*, Wagners letztem Musikdrama und einzigem Werk, das ausdrücklich für Bayreuth komponiert wird und nach Wagners letztem Willen nur dort aufzuführen ist: „Das letzte Werk Wagners ist auch sein theatralischstes ... Theaterkunst, das ist in sich selbst schon Barock, Katholizismus, Kirche; und ein Künstler, der, wie Wagner, gewohnt war, mit Symbolen zu hantieren und Monstranzen emporzuheben, mußte sich schließlich als Bruder des Priesters, ja selbst als Priester fühlen."³⁶ Das Dramatische und Ideologische des *Parsifal* beruht auf der Verheißung, die Passion Christi auf dem Theater nachzuerleben und durch sie von den Sünden erlöst zu werden. Die Handlung ist in einem allgemeinen Sinne christlich, die theatrale Form des Werks und sein Festspielkontext sind barock. Wagner nennt *Parsifal* ein „Bühnenweihfestspiel"; die Anwärter auf diese Weihe sind das Werk selbst (und in der Verlängerung Wagners Werk als Ganzes), das Bayreuther Haus und die erneuerte deutsche Kultur und Mythologie, die sich in beidem konkretisiert. Bayreuth hat die Weihen bereits empfangen: als neue Wartburg, wo Wagner – einst der rebellische Tannhäuser, jetzt der konservative Hans Sachs – der „holden Kunst" huldigen kann. *Parsifal* wird speziell für dieses Haus komponiert und soll nur dort aufgeführt werden. Wagners Witwe besteht mit kompromissloser Härte auf der Einhaltung des betreffenden Passus im Testament (bis sich die Metropolitan Opera 1903 durchsetzt, in einem Attentat auf den Gral, das Cosima der jüdischen Abstammung des Geschäftsführenden Direktors Heinrich Conried, eines geborenen Cohn, zuschreibt).³⁷

Bekanntlich geht es im *Parsifal* um die Wiederweihung des Klosters Monsalvat, in dem der Heilige Gral aufbewahrt wird; in der Gralsburg herrschen Not und Elend, weil der Hohepriester Amfortas (eine Wagnersche Version des mythischen *Fisher king*) an einer nicht heilenden Wunde leidet, die selbstredend als Metapher für geistige und kulturelle Degeneration zu verstehen ist. Amfortas ist der gefallene Prometheus, der nur noch im Bad sitzt (eine Anspielung auf Marat?). Er wurde vom selben Speer verwun-

Parsifal. Uraufführung, 1882

det, der Jesu Seite durchstochen hatte (eine Erfindung Wagners). Erlösung kann nur ein „reiner Tor" bringen, der die Wunde durch eine Berührung mit dem Speer heilt und Amfortas' Nachfolger wird. Wie schon in früheren Opern tragen die Hauptfiguren Züge von Wagners eigener Psyche.[38] So wie Wagner sowohl Wotan als auch Siegfried ist, ist er hier sowohl Amfortas, der Priester einer im Verfall begriffenen Kultur, als auch Parsifal, der Erneuerer. Und er ist Gurnemanz, der Mönch, der uns und Parsifal die Geschichte erzählt und Parsifal nach Montsalvat führt, weil er ahnt, dass dieser der im Mythos verheißene „reine Tor" ist. Der alte Gurnemanz ist

Gurnemanz als Kulturplaner

Weiser, Erzähler und Kulturplaner in einem. Parsifal wird in den Gralstempel geführt, wo er die Anweisung erhält, einer Abendmahlsfeier beizuwohnen, die Wagner auf der Bayreuther Bühne stattfinden lässt. Um den sakralen Charakter der theatralen Handlung zu unterstreichen, fordert Wagner das Publikum auf, nach dem ersten Aufzug nicht zu applaudieren. Die kulturelle Genesung wird im letzten Aufzug erreicht, nachdem Parsifal seine persönliche rituelle Reinigung durchgemacht hat. (Er widersteht den sexuellen Verführungskünsten Kundrys, der Jüdin, die Christus auf dem Weg zur Kreuzigung verlacht hat; Kundry ist auch die Hetäre Esmeralda, die für Amfortas' Siechtum verantwortlich ist.) Man kann sagen, das Barocke des *Parsifal* besteht in dem Anspruch, sakrales Theater (Abendmahl und Montsalvat) und säkulares Theater (die Aufführung des Parsifal-Mythos und Bayreuth) zur Darstellung mythisch determinierter kultureller Erneuerung zu verschmelzen. Es ist kein Zufall, dass der *Parsifal* die Salzburger Festspielplaner mehr fasziniert als jedes andere Wagnersche Werk.

Wagners Musikdramen und die Erschaffung Bayreuths als Institution, die diese Musikdramen feiert und ihre Botschaft in die Welt hinausträgt, finden in Salzburg Parallelen. Beide Festspiele entstehen zu einem Zeitpunkt im Leben ihrer Gründer, als diese das Bedürfnis haben, den Elfenbeinturm der Kunst zu verlassen und sich politisch zu engagieren. Dies bedeutet nicht, dass sie die Kunst zugunsten der Politik aufgeben, es geht ihnen vielmehr um die Integration der Kunst in die Politik. Für Wagner kommt direktes politisches Engagement seit dem Dresdener Aufstand von 1849 nicht mehr in Frage; im Aufsatz „Kunst und Revolution" von 1851 formuliert er sein Programm einer Sublimierung der politischen in die ästhetische Revolution. Für Hofmannsthal dagegen sind Festspiele Ausdruck einer Hinwendung zu aktiver politischer Mitwirkung und zentraler Bestandteil seines erst entstehenden Konzepts der „konservativen Revolution". Für beide sind Festspiele als Institutionalisierung der eigenen Kunst ein konservatives Phänomen: die Verschmelzung von Künstler und Gesellschaft. Die Institutionalisierung der eigenen Person wird bei beiden begleitet von Bühnenwerken, die die Wiedereingliederung sozial Geächteter in die Gesellschaft behandeln – bei Wagner sind es männliche, bei Hofmannsthal weibliche Figuren. Die Erlöser-Helden der frühen Wagneropern, der Fliegende Holländer, Lohengrin und Tannhäuser, sind Außenseiter, unfähig, sich in die Gesellschaft einzugliedern; ihre Auseinandersetzung mit dieser bildet die Handlung des jeweiligen Dramas. Es ist ein weiter Weg vom romantischen Revoluzzer und zerrissenen Künstler Tannhäuser zum (schlussendlich) integrierten und geschätzten Walther von Stolzing, dem Helden der *Meistersinger von Nürnberg*. Thema der *Meistersinger* ist eben jene Aussöhnung von künstlerischer Inspiration und Innovation mit den tradierten Regeln der Meister; das ist die Lektion, die der junge Ritter Walther vom Volkshelden Hans Sachs lernt – einer Figur, die Wagner wählt, weil sie diesen Status in der deutschen Überlieferung bereits hat.

Wagners Beteiligung am Dresdener Aufstand lässt sich wohl als die eines Schauspielers beschreiben, dem es nicht gelingt, eine Starrolle zu spielen. Während seines Aufenthalts in Dresden schreibt er den „Entwurf zur Organisation eines deutschen Nationaltheaters für das Königreich Sachsen". Robert Gutman meint, Wagners radikale Tendenzen hätten sich nach dem Debakel von 1849 verstärkt; Wagner hatte für 1852 eine „revolutionäre Flut" prophezeit und von einer „kommenden Feuerkur" gesprochen. „Aus den Trümmern rufe ich mir dann zusammen was ich brauche: ich werde, was ich bedarf, finden. Am Rhein schlage ich dann ein Theater auf und lade zu einem großen dramatischen Feste ein."[39] Die Götterdämmerungssymbolik ist nicht zu überhören. Als er indes aus dem Schweizer Exil nach München zurückkehrt, um 1864 in die Dienste Ludwigs II. zu treten, kehrt er als Institution auf der Suche nach einer institutionellen Basis zurück. Er beginnt sofort, ein Konservatorium zu planen, das die Aufführung seiner Werke ergänzen soll, und gründet eine propagandistische Wochenzeitschrift, die der Lehrkörper der Musikschule herauszugeben hat, sowie eine angegliederte Tageszeitung, die, so Gutman, „den Gedanken der völkischen Erneuerung durch das Wagnersche Drama verbreiten und erläutern" hilft.[40]

Doch 1867 ist Wagner zur Überzeugung gekommen, sein institutionalisiertes Gesamtkunstwerk könne im katholisch-jüdischen München nicht zur Entfaltung kommen.[41] Die Meistersinger werden noch in München uraufgeführt (am 27. Juni 1867), doch zu diesem Zeitpunkt hat Wagner als möglichen Standort seiner Akademie bereits Nürnberg im Auge. Er nimmt die Meinung seines Hans Sachs, Nürnberg sei „Deutschlands Mitte"[42] ernst. Nürnberg gehört offiziell zu Bayern, ist aber protestantisch und Hoheitsgebiet der Hohenzollern (davor der Hohenstaufen). 1867, im Jahr der *Meistersinger*-Uraufführung, verlagert sich das politische Zentrum weitgehend nach Preußen und Berlin. Im Juli, berichtet Gutman, bringen Wagner, seine Geliebte Cosima (geb. Liszt) von Bülow und ihr Ehemann Hans (Wagners Kapellmeister und ein Berliner) „in Tribschen Trinksprüche auf Bismarck aus und rufen einstimmig ‚Delenda Austria!'".[43] Als Cosima sich im selben Jahr von ihrem Mann scheiden lässt, sagt sie sich auch vom Katholizismus los. Es gibt also mehrere Gründe für den wachsenden Wunsch, das Gesamtkunstwerk in ein protestantisches Umfeld zu verlegen. (Für Cosima geborene Liszt, die in Paris aufgewachsene ungarische Katholikin, ist der Kreuzzug für einen protestantischen deutschen Nationalismus mit Zentrum Bayreuth, ein Kreuzzug, den sie bis zu ihrem Tod 1930 führt, ein ziemlicher Kraftakt. Er übertrifft vielleicht sogar den Max Reinhardts, des in Pressburg aufgewachsenen und in Berlin lebenden Wiener Juden, für ein deutschösterreichisch-katholisches Theater.)

Im September 1867 schreibt Wagner unter dem Titel „Deutsche Kunst und deutsche Politik" fünfzehn anonyme Artikel für die *Süddeutsche*, in denen er Argumente aus Hans Sachs' Rede an das versammelte Nürnberger Volk im Finale der *Meistersinger* verwendet. Es sei die Aufgabe Deutschlands, die Welt durch ein wiedererstarktes deutsches Theater zu zivilisieren. (In den Artikeln preist er auch die Burschenschaften des Turnvaters Jahn als Verbündete in derselben kulturellen Mission.)[44] Die Sedanschlacht, für Wagner ein kultureller und militärischer Sieg über die Barbaren, die er schon durch seinen Hans Sachs diskreditiert hatte, bestärkt Wagners Loyalität zu Berlin.

Durch deutsches Theater die Welt zivilisieren

Robert Gutman setzt Wagners neu erwachte Liebe zur Institution mit seinem damaligen Kompositionsstil in Beziehung: „Am 1. März [1869, nach vierzehnjähriger Unterbrechung] beginnt er mit dem Schlußakt von *Siegfried* und arbeitet Ende des Sommers an der Orchesterpartitur. Die Liebesmusik, von strahlender, beinahe schon anmaßender Schönheit, hat nichts von der neurotischen Ekstase des *Tristan* und der Venusberg-Musik aus dem Pariser *Tannhäuser*; sie bewegt sich eher mit dem selbstbewußten Gehabe Nürnberger Bürger. Siegfried und Brünnhilde, die als Revolutionäre im politischen Gischt Dresdens nach Louis Philippes Sturz begonnen hatten, wurden nun zwei Jahrzehnte später in der bürgerlichen Deutsch-Schweiz im Überschwang Bismarckscher Politik vereint."[45]

Bayreuth bedeutet eine Hinwendung zum bürgerlichen Protestantismus, durch den Ort, aber auch durch die erste Aufführung des kompletten *Ring des Nibelungen*, mit dem die Festspiele von 1876 eröffnet werden. *Parsifal* 1882 dagegen bedeutet eine klare, wenn auch zwiespältige Hinwendung zum Katholizismus. Robert Gutman hält die Unterscheidung protestantisch – katholisch in diesem Zusammenhang für unzutreffend, ausschlaggebend sei Wagners Hass auf das gesamte Christentum „als einem verewigten jüdischen Irrglauben, einer falschen Lehre, die er korrigieren wollte".[46] Schon der liturgische Ernst des *Parsifal* scheint dieses Urteil zu widerlegen. Winfried Schüler interpretiert Bayreuth als Wiedergeburt eines „deutschen Christentums", als Sieg des (einheimischen) Protestantismus über einen (fremden, internationalen) Katholizismus.[47] Wahrscheinlicher ist, dass Wagner über seinen unbestreitbaren politischen Opportunismus hinaus versucht, eine Art eklektisches Christentum in seine germanische Mythologie einzubauen. Seine Ideologie beruht auf dem Grundsatz der Einheit von Deutschland und germanischer Mythologie, die Konfessionsfrage muss vom Tisch, damit das kulturelle Gesamtkunstwerk entstehen kann. Durch eine Verbindung protestantischer Mythen mit katholischer Theatralität ließ sich dieses Ziel erreichen. Im Begriff des „deutschen Christentums" liegt die Betonung auf dem Wort „deutsch", und hierin liegt auch die Verbindung zwischen dem konfessionell eklektischen Bayreuth und dem konfessionell monolithischen Salzburg. Gleichwohl hängt für Wagner die Weihe (und Zukunft) Bayreuths am katholisierten *Parsifal*.[48]

Parsifal und Jedermann

Wenn *Parsifal* zeigt, dass die Ideologie des Barock (neben der vielzitierten völkischen Ideologie) auch in Bayreuth prägenden Einfluss hat und sich daraus eine engere Verwandtschaft zwischen Salzburg und Bayreuth ergibt, so hat das Werk als „gewidmeter Text" sein Salzburger Pendant in Hofmannsthals *Jedermann* und der *Jedermann*-Fortsetzung, dem hyperbarocken *Salzburger großen Welttheater*. In Kapitel 5 und 7 erläutere ich meine These, dass die

Alexander Moissi als Jeder-mann, Luis Rainer als Tod, 1926

künstlerische Mittelmäßigkeit der Werke zu ihrer historischen Bedeutung beiträgt. An dieser Stelle sei nur kurz auf *Jedermann* eingegangen, da das Stück für die Entwicklung der Salzburger Barockideologie steht. Nicht für Salzburg, sondern zwischen 1903 und 1911 unabhängig davon entstanden, ist es Vorbild für die Fest-spielideologie.

Von der Eingangsszene an dominieren Theatralität und Tota-lität. Ein *Spielansager* tritt auf, um das bevorstehende Schauspiel als „geistlich Spiel" vorzustellen und das Publikum so in die sakra-le Kosmologie und den Ritualcharakter des Dramas einzuführen. Dann, so Hofmannthals Regieanweisung, wird „Gott der Herr auf seinem Thron sichtbar und spricht". Er will Gerichtstag halten und beauftragt den Tod, Jedermann vor den göttlichen Richtstuhl zu bringen, damit er Rechenschaft über sein irdisches Leben able-ge. Jedermann erscheint, ein reicher Mann, der sein Geld trotz der inständigen Ermahnungen seiner Mutter nicht mit anderen teilen will. Es folgt ein festliches Bankett, bei dem Jedermann als erster der Feiernden ein dumpfes Glockenläuten hört. Eben hat er noch mit seiner Geliebten, der Buhlschaft, getanzt, da erscheint der Tod und fordert Jedermann auf, ihm vor Gottes Thron zu folgen. Auf seiner letzten Reise zu Tod und Erlösung durch Jesus Christus sucht Jedermann vergeblich Begleiter. Nur die Schwestern Gute Werke und Glaube stehen zu ihm, wehren den Teufel ab, der ihnen Jedermann abspenstig machen will, und begleiten Jedermann ins Grab. Die österreichisch-barocke Kosmologie eines matriarchali-schen Katholizismus hat ihre Bestätigung erhalten. (Im selben Jahr, als Hofmannsthal *Jedermann* abschließt, bringt er die säkularisierte Version einer barocken, matriarchalischen Phantasieheldin auf die Opernbühne – die Marschallin aus dem *Rosenkavalier* – und nennt sie Maria Theresia.)

Jedermann, 1920/21. Hedwig Bleibtreu als Glaube, Alexander Moissi als Jedermann

FESTSPIELPLANUNG UND KULTURPLANUNG

I

Die Salzburger Festspiele haben eine lange Entstehungsgeschichte; als sie 1920 schließlich das Licht der Welt erblicken, sind sie zugleich der Versuch, zur Bildung einer neuen nationalen Selbstdefinition aufzurufen. Das folgende Kapitel beginnt mit einer Darstellung der Entstehungsgeschichte, von den ersten Ansätzen in den 1840er Jahren über die Eröffnung 1920 bis zur (inhaltlichen und finanziellen) Institutionalisierung 1925/1926. Es versucht eine Antwort auf die Frage, die viele Festspielbesucher stellen: Warum hat es so lange gedauert? Meine Antwort lautet: Erst der Zusammenbruch der Habsburger-Monarchie und das kulturelle Vakuum der Ersten Republik schufen die Voraussetzung dafür, die schlummernden Salzburger Traditionen – Mozart und die Kirche – zum Mythos Salzburg zu vereinen, die traditionsreiche Vergangenheit in Energie umzuwandeln und sie zum Definitionsprinzip für Gegenwart und Zukunft zu machen. Die Festspiele feiern nicht einfach die Tradition, sondern sie suchen die Anknüpfung an eine zurechtgemachte, wenn nicht gar erfundene Vergangenheit, um die kulturellen und politischen Wunschvorstellungen zukunftsorientierter Konservativer zu befördern.

Dass die langgehegte Festspielidee 1920 schließlich Wirklichkeit wird, ist dem Einsatz unterschiedlichster Leute zu verdanken: Bühnenkünstlern, Unternehmern, Heerscharen von Musikjournalisten und Kulturkritikern mit ausgefeilten ideologischen Modellen für den symbolischen Wiederaufbau Österreichs. Wenn Hugo von Hofmannsthal für die letztgenannte Gruppe spricht, nimmt er zugleich auch die kulturellen Rollen und Stile der anderen mit auf. Das vorliegende Kapitel beschreibt die Entwicklung einer Institution und einer Ideologie; beide Prozesse und ihre Akteure lassen sich nicht voneinander trennen. In Hofmannsthal findet die zu gründende Institution ihren strategischen Kopf, aus einer langen Reihe Kultur-Entrepreneurs, Journalisten und Kritiker rekrutiert

Alexander Moissi als Jedermann, 1920/21

die intellektuelle und ideologische Festspielkampagne ihr Fußvolk.

1918 ist die Entwicklung eines neuen nationalen Selbstverständnisses zum wichtigsten Projekt aller Festspielverfechter geworden. Die Festspiele sind jetzt ein Symbol, selbst aber auch Teil dessen, was sie symbolisieren: eine österreichische, das heißt katholisch-deutsche Kultur, die den Anspruch stellt, Bewahrerin und Trägerin deutscher Hochkultur zu sein. Die zur Aufführung kommenden Bühnenwerke sollen ein katholisches, deutschösterreichisches Publikum versammeln, das für die Nation als Ganzes steht. Dieses soll sich selbst – seine eigene „Passion" – auf der Bühne gespiegelt sehen. Ab 1920 begreift das Publikum seinen Part und beweist dies häufig dadurch, dass es in Lodenanzug und Dirndl erscheint, einer Tracht, die für sich schon eine Österreich, Bayern und Tirol umfassende katholische Welt repräsentiert.[1] Spricht man also von der theatralen Struktur, kann man das Bühnengeschehen als das Symbol und die Zuschauer als das Symbolisierte bezeichnen, eines der Spiegel des anderen. Allerdings hat das Symbol den Zweck, das Symbolisierte erst hervorzubringen.

Seiner Funktion nach lässt sich das Symbol beliebig einsetzen, sein Gehalt bleibt jedoch konstant. Symbol und Symbolisiertes, Bühnenwerk und Zuschauer repräsentieren das festgelegte Ideal eines Nationalcharakters. Das Theater, wie es in Salzburg stattfindet, erhält den Status einer nationalen Gedenkstätte. Hier lassen sich Theater und Theatralität auf der einen vom Drama auf der anderen Seite abheben. Das erste meint ein geschlossenes System von Ideen und Vorstellungen, das zweite ein offenes. Das erste präsentiert ein zusammenhängendes Tableau, in dem themen- und handlungsbezogene Probleme nach einem vorgegebenen Satz ethischer Prinzipien (das *Morality play* ist hier ein Musterbeispiel) gelöst werden; das zweite präsentiert unlösbare Spannungen und Konflikte, selbst wenn sich der Handlungsknoten selbst löst. Theodor W. Adorno macht diese Unterscheidung in Bezug auf Wagner, doch das Beispiel trifft ebenso auf Salzburg zu: „… wie denn überhaupt Wagner Theatraliker eher als Dramatiker war … gerade indem die Opern durch ‚Weihe' aus der Spannung herausgelöst werden."[2]

Die Touristen des 19. Jahrhunderts kennen Salzburg wegen seiner prächtigen Barockarchitektur und als Mozartstadt. Beides zusammen verleiht der Stadt, die geographisch eine wichtige Pforte zwischen Deutschland und Italien darstellt, eine symbolische „Südlichkeit". Der Süden, vor allem Italien, war in der Zeit Winckelmanns und Goethes zum Inbegriff für Reinheit und Jugend geworden. Nietzsche erneuert diese Symbolik 1880 in Bezug auf die Musik, als er Mozart (und Bizet) als Symbol der Jugend und Kraft des Südens bezeichnet und Wagner als Stimme des alten, „mürben" Nordens.[3] Der Geist des Südens ist für Nietzsche zudem ein internationaler, der deutsche und italienische Wesenszüge vereint. Seine Argumentation gleicht der Hegels, der den süddeutschen Widerstand gegen die Reformation unter anderem damit begründet, dass „überhaupt der Zustand daselbst ein gemischter war".[4]

Von einem verschwommenen nationalen Selbstverständnis getrieben, dreht sich die Geschichte Salzburgs, oder vielleicht der Mythos Salzburg, um Autonomie. Vom 15. Jahrhundert bis zum Auftritt Napoleons steht Salzburg unter der Herrschaft eines autonomen Fürsterzbischofs. Viele Salzburger Herrscher machen sich einen Namen als großzügige Finanziers sakraler und weltlicher Projekte. Im Jahr 1618, während der Herrschaft von Markus Sittikus (1612–1619), wird auf Schloss Hellbrunn die erste Oper in einem deutschsprachigen Land aufgeführt. Unter Johann Ernst Graf von Thun (1687–1709) erhält Fischer von Erlach, der Erbauer der Wiener Karlskirche, den Auftrag, in Salzburg die Kollegienkirche zu errichten. Was die stilistischen Ursprünge der eher banalen Salzburger Architektur betrifft, gehen die Meinungen auseinander. Hermann Bahr nennt römische Ursprünge; für andere ist sie das Produkt des Salzburger Fürstengeschmacks. Von Bahr stammt der berühmte Ausspruch, Salzburg sei die Stadt, in der „Natur zu Stein und Stein zu Geist wurde", eine Formulierung, die den ideologischen Eckpfeiler der Salzburger Festspiele enthält: die Verbindung von Natur, Kultur und Göttlichem.

Kollegienkirche

„Natur zu Stein und Stein zu Geist"

Das Bestreben Salzburgs, sich zum Zentrum des deutschen Katholizismus zu machen, basiert nicht auf einer kosmopolitischen Grundhaltung. 1498 verbannt der Kirchenfürst Leonhard von Keutschach die Salzburger Juden, um 1740 werden auf ähnliche Weise die Protestanten vertrieben. (Die Stadt Savannah im amerikanischen Bundesstaat Georgia und ihre Umgebung wurde hauptsächlich von Salzburger Protestanten besiedelt.) Der letzte Salzburger Kirchenfürst Hieronymus Colloredo wird von Napoleon ins Exil verbannt, die Stadt dem Kurfürsten von Bayern unterstellt. Zehn Jahre später fällt sie unter die Herrschaft der Habsbur-

Mozarteum, eröffnet 1914

ger. Technisch gesehen gehört die Stadt, die nach 1918 Österreich und „die österreichische Idee" verkörpern soll, erst seit hundert Jahren zu Österreich. Und was die angebliche Einheit von katholischem Geist und Mozart betrifft, sei daran erinnert, dass Mozart Salzburg hasste und von Colloredo aus der Stadt verjagt wurde.

Im Jahr 1549 besucht der deutsche Meistersinger Hans Sachs Salzburg und verfasst einen „Lobspruch der Stadt Salzburg". Das Gedicht wird 1921 anlässlich der Festspiele in der *Österreichischen Rundschau* abgedruckt, eine Geste, die der symbolischen Verbindung zwischen dem frühneuzeitlichen und dem zeitgenössischen Salzburg, aber auch der zwischen Salzburg, Wagner und Bayreuth Nachdruck verleiht.[5]

Im Jahr 1841 feiert die Stadt Salzburg die Gründung des „Dommusikverein und Mozarteum", einer Akademie für Kirchenmusik und Mozartstudien. Das Mozarteum, 1880 vom Dommusikverein abgekoppelt, wird zur institutionellen Basis für das Salzburger Musikleben und zum Sprungbrett für das ehrgeizige Vorhaben, dort Musikfestspiele mit Mozart als Schwerpunkt einzurichten. 1870 gründet eine Gruppe Wiener Finanziers unter Leitung von Carl Freiherr von Sterneck und dem Salzburger Karl Spängler in Zusammenarbeit mit dem Breitkopf-Verlag die Internationale Stiftung Mozarteum mit der Absicht, eine neue Mozart-Gesamtausgabe herauszubringen. Anscheinend war es Carl von Sterneck, der im gleichen Jahr auch die Idee zum Bau eines Mozart-Festspielhauses in Salzburg hatte.[6] Die erste entscheidende Unterstützung kommt vom berühmten Kapellmeister Hans Richter, der sowohl die Wiener Philharmoniker wie auch in Bayreuth dirigiert und ab 1879 regelmäßig in Salzburg am Pult steht. In jenem Jahr dirigiert er die Wiener Philharmoniker bei ihrem zweiten Salzburger Gastkonzert (das erste hatte 1877 stattgefunden), im August 1887 leitet er mehrere Vorstellungen einer Jubiläumsproduktion von *Don Giovanni*, der vor 100 Jahren uraufgeführt worden ist. Bei einer Podiumsdiskussion mit Künstlern, die an dieser Produktion mitwirken, schlägt Richter ein ständiges Mozartfest in Salzburg vor und bietet seine Hilfe bei der Verpflichtung der erforderlichen Künstler an.[7] Er selbst ist maßgeblich an der Gründung eines Komitees beteiligt, das die Möglichkeit eines Festspielhauses und regelmäßiger Festspiele sondieren soll.

1890 erhält das mit Richters Unterstützung entstandene Komitee unter der Leitung eines Professors Karl Demel den Namen „Actions-Comité für ein Mozart-Festspielhaus in Salzburg". Es erklärt seinen Zweck in einem kurzen, von allen unterzeichneten Artikel mit der Überschrift „Das Mozart-Festspielhaus in Salzburg". „Wie in Bayreuth für die Werke Wagners", heißt es dort, „soll hier die Bühne [des Salzburger Theaters] allen großen Werken der Kunst, allen Meistern geöffnet sein" – mit Ausnahme der Musikdramen Wagners, „um von vornherein einen Wettstreit dieses Hauses mit … Bayreuth zu vermeiden." Den Vorstellungen des Actions-Comités entsprechend schlägt Ferdinand Fellner, einer der namhaftesten mitteleuropäischen Theaterbaumeister, ein Opernhaus vor, das an das Bayreuther Festspielhaus erinnert. Dem Vorbild Bayreuth folgend, soll das Theater, wie bereits erwähnt, auf dem steil über die Stadt ragenden Mönchsberg errichtet werden. Das Actions-Comité billigt den Plan mit der Begründung, dem Mönchsberg eigne die den geplanten Festspielen angemessene Würde und die Ruhe, die in der Stadt „mit der lärmenden Betriebsamkeit des täglichen Lebens, dem Reifenquietschen und dem schrillen Pfeifen der Lokomotiven" nicht zu finden sei. Das Mönchsberg-Theater soll 1500 Plätze haben, 300 davon in einer günstigen Preisklasse. Die Kosten für das gesamte Unternehmen werden auf 600.000 Gulden veranschlagt: 350.000 für den Bau des Theaters, 80.000 für die Ausstattung, 100.000 für die ersten beiden Produktionen, 20.000 als Startkapital und 50.000 als Rücklage.[8] Das Haus selbst ist als Barockbau geplant, dessen Inneres mehr einem Konzertsaal als einem Opernhaus nachempfunden ist; fast das gesamte Publikum soll vor dem Proszenium untergebracht sein und nicht auf Rängen – hier ist Bayreuth das heimliche Vorbild. Die Außengestaltung, zu der eine Skizze vorgelegt wird, ist beinahe eine Kopie des Bayreuther Theaters. Die gesamte Konzeption stößt jedoch auf Widerstand bei den Salzburger Denkmalschützern, die den Mönchsberg als Standort für ein Theater ablehnen. (Fellner errichtet 1893 in der Salzburger Innenstadt das Landestheater, wo die Festspielproduktionen, die nicht unter freiem Himmel stattfinden, aufgeführt werden, bis 1926 das erste Festspielhaus gebaut wird.)

Mit langen, von Geldmangel verursachten Unterbrechungen, finden 1877, 1879, 1887, 1891, 1901, 1904, 1906 und 1910 festspielähnliche Veranstaltungen statt. 1901 singt Lilli Lehmann in Salzburg die Donna Anna; 1906 dirigiert Richard Strauss die Wiener Philharmoniker, 1910 leitet Gustav Mahler *Die Hochzeit des Figaro* in einer szenischen Produktion im Bühnenbild von Alfred Roller. Abgesehen von Mahler (der 1911 stirbt) spielen alle

Hermann Bahr, 1909

Salzburg: „Hauptstadt von Europa"

Max Reinhardt, 1930

Genannten später zumindest eine marginale Rolle bei der Entstehung der Salzburger Festspiele.

II

Der Prozess, der 1920 zu Gründung der Salzburger Festspiele führt, beginnt genau genommen 1903 mit einem Gespräch zwischen zwei bekannten österreichischen Zeitgenossen, dem Kulturkritiker Hermann Bahr und dem Regisseur und Impresario Max Reinhardt. 1863 in Linz geboren, war Bahr in den 1890er Jahren in Wien als Theaterkritiker tätig gewesen. Reinhardt hatte seine Schauspielerkarriere in Salzburg begonnen und war 1894 als Einundzwanzigjähriger von Otto Brahm ans Deutsche Theater nach Berlin engagiert worden, ein Institut, das er 1906 erwirbt. Die gemeinsamen Ideen beider zu Theaterfestspielen in Salzburg stimmen weitgehend mit dem Programm überein, das Hofmannsthal fünfzehn Jahre später formuliert, allerdings ist weder von einem „deutschen, nationalen Programm" noch von Mozart die Rede. Reinhardt denkt zunächst an eine Kombination aus Shakespeare und „romantischem Theater". Bahr hatte 1900 einen Aufsatz verfasst mit dem Titel „Die Hauptstadt von Europa: Eine Phantasie in Salzburg", ein Gespräch zwischen einem Erzähler und einem imaginären, namenlosen Gesprächspartner über Theaterfestspiele in Salzburg. Bei einem Spaziergang durch Salzburg ruft der Erzähler (Bahr): „Da Theater spielen! Stell dir das vor … Und in den Blättern würde es rauschen, und die Wasser würden springen. Wär das nicht schön?"[9]

Im Jahr 1903 gewinnt Bahr Hofmannsthal, Richard Strauss und den Art-nouveau-Architekten Henry van der Velde für ein für 1904 geplantes Festival mit Eleonore Duse und Isadora Duncan als künstlerischen Höhepunkten. 1906 fährt er auf Empfehlung Reinhardts nach Berlin als „Reisedirektor" eines „Fünf-Städte-Theaters", das in Berlin, Hamburg, München, Salzburg und Wien gastieren soll. Unter anderem sollen auch der Architekt Otto Wagner und der Bühnenbildner Alfred Roller mit von der Partie sein. Das Projekt scheitert aus finanziellen Gründen, wird 1908 wiederbelebt und scheitert erneut. In einem Brief an Reinhardt aus dem Jahr 1908 kehrt Bahr zur Idee eines in Salzburg ansässigen Festivals zurück und schlägt ein Programm mit Werken von Shakespeare, Lessing und Gorki vor.[10] (Er denkt wahrscheinlich an Gorkis *Nachtasyl*, mit dem Reinhardt in Berlin großen Erfolg hat.[11])

Bahr zieht 1912 nach Salzburg in das barocke Schloss Arenberg, das auf der der Altstadt gegenüberliegenden Salzachseite steht, und übernimmt die Rolle eines intellektuellen Propagandisten für Salzburg als „Hauptstadt von Europa". Er genießt bei den Stadtvätern und Kirchenoberen hohen Respekt und wird bei der Vorbereitung der Festspiele von 1920 zu einem einflussreichen Vermittler zwischen Hofmannsthal, Reinhardt und den Festspielbefürwortern einerseits und der Kirchenleitung andererseits. (1922 zieht Bahr nach München, wo er 1934 stirbt.)

Friedrich Gehmacher

Trotz Bahrs Anwesenheit vor Ort und seinen fortgesetzten, wenn auch sporadischen Bemühungen, die Festspielidee zu propagieren, geraten die Gespräche über Festspiele und den Bau eines Festspielhauses gegenüber dem Ausbau des Mozarteums, zu dem 1910 der Grundstein gelegt wird, in den Hintergrund. Der erste große Schritt zur Wiederanknüpfung an die Festspielidee erfolgt im Oktober 1913 mit dem Beginn einer Korrespondenz zwischen dem Salzburger Kaufmann Friedrich Gehmacher (1866–1942) und dem Wiener Musikkritiker Heinrich Damisch (1872–1961).[12] Gehmacher war maßgeblich am Ausbau des Mozarteums beteiligt, wobei er dies nur als erste Stufe einer Institution begriff, die Festspiele in einem eigenen Festspielhaus anstrebten. Erst wenn ein Festspielhaus gebaut wird, schreibt er, „kann das Schlagwort, welches mir anlässlich der Errichtung des Mozarthauses sehr häufig als Ermunterung zugerufen wurde, ‚wir schaffen ein österreichisches Bayreuth in Salzburg', Geltung bekommen …"[13] Damisch ist

Heinrich Damisch

ganz seiner Meinung und schreibt 1918, Salzburg solle für Mozart werden, was Bayreuth für Wagner sei. Damit stellen Gehmacher und Damisch – im Gegensatz zum Actions-Comité von 1890, Bahr und Reinhardt und später Hofmannsthal – Mozart in den Mittelpunkt. Für sie hat Bayreuth und sein Kult mehr mit der Verherrlichung eines Mannes zu tun als mit der Verherrlichung einer nationalen Mythologie.

Mozart im Mittelpunkt

Der in Wien lebende Damisch sucht nach potenziellen Wiener Sponsoren für das Salzburger Projekt. In einem Brief an Gehmacher vom August 1918 listet er eine Reihe Namen auf, darunter den Hofopernkapellmeister Franz Schalk und den Industriellen Emil Ronsperger; beide sollten für die Festspiele wichtig werden. (Auf Damischs Liste stehen auch die Ingenieure Erwin Mayer und Wilhelm Gorlitzer, der Dirigent Alfons Blümel und der preußische Opernsänger Josef Groenen. Darüber hinaus schlägt er die Gründung eines Frauenkomitees durch Maria Mayer und Nikita Gorlitzer vor.)[14] Damisch wendet sich auch an Rudolf von Lewicki, einen Wiener Musikwissenschaftler, der Verbindung zu Lilli Lehmann hat. Von beiden erhält er Absagen, beide machen abfällige Bemerkungen über Gehmachers Qualifikation als Festspielwerber. Damisch informiert Gehmacher davon und äußert die Vermutung, für Lehmann und Lewicki sei wohl keiner von ihnen prominent genug: „Wir sind ihnen zu minder; Du bist nicht Exzellenz, ich bin nicht bei der *Neuen Freien Presse*."[15] (Die *Neue Freie Presse* wurde in Österreich von den Antiliberalen oft geringgeschätzt; als das führende Wiener und jüdische Blatt gilt es als Haupthebel angeblicher jüdischer Pressebeherrschung. In Damischs Bemerkung klingt ein antisemitischer Unterton an, es gibt jedoch weder bei ihm noch bei Gehmacher konkrete Belege dafür.)

Wie die Gesprächspartner in Bahrs imaginärer Unterhaltung hatten Gehmacher und Damisch bei einem Spaziergang auf den Bergen über der Stadt zum ersten Mal über die Idee zu Festspielen in Salzburg gesprochen. Wie ihre Vorgänger nehmen sie an, dass das Festspielhaus auf jeden Fall an einer Stelle mit großartigem Ausblick außerhalb der Stadt zu bauen sei. Sie haben allerdings nicht den Mönchsberg, sondern das Maria-Plainer-Gelände auf der anderen Salzachseite, nördlich der Stadt, im Auge. Das Grundstück würde gekauft werden müssen, und da sieht Gehmacher Schwierigkeiten voraus, wie er Damisch im September 1916 schreibt: „Eine Sicherung des Verkaufsrechts ist überhaupt schwer, da wir es mit Bauern zu tun haben, die da gleich mißtrauisch werden."[16] Ob die Festspiele den Salzburger Bauern wichtig wären, ist für Gehmacher kein Thema; wie die kleine Episode zeigt, hat er nicht die Absicht, das „Volk" in die Sache einzubeziehen. 1917 sind der Preis für das Grundstück auf dem Maria-Plainer-Gelände und die veranschlagten Baukosten gestiegen, und es ist zu erwarten, dass sie nach Kriegsende in die Höhe schießen. Daher wird der Plan fallen gelassen.

Gründung der Festspielhaus-Gemeinde

Am 1. August 1917 wird in Wien, hauptsächlich durch den Einsatz Gehmachers und Damischs, die Salzburger Festspielhaus-Gemeinde gegründet. Die Gesellschaft hat ihren Sitz in Wien und Salzburg und will ihre Sitzungen abwechselnd in beiden Städten abhalten; sie lässt sich zuerst in Wien nieder, um die für das Projekt unerlässliche finanzielle Unterstützung zu sammeln. (Aufgrund der unsicheren Kriegslage beginnt die Tätigkeit schleppend, die erste offizielle Sitzung findet erst im darauffolgenden Sommer statt.) Gehmacher erläutert seine Beweggründe für die Gründung des

Vereins in einem Brief an Damisch vom 6. Februar 1918 folgendermaßen: „Wir wollten doch durch unseren Verein unter anderem auch verhindern, daß Reinhardt das Festspielhaus baut. Die Freilichtaufführungen kann er machen. Eventuell müssen wir sogar eine Verbindung mit ihm eingehen, nur damit wir einen bestimmenden Einfluß auf das Festspielhaus gewinnen und Reinhardt nicht allein herrschen soll."[17]

Die Gründe für Gehmachers Antipathie gegen Reinhardt sind schwer zu eruieren. Sie mag aus einer vermeintlichen Differenz in der Zielsetzung resultieren; Gehmacher will Mozartfestspiele und erwartet vielleicht, dass Reinhardt ein eklektischeres Programm plant – wie er es fünfzehn Jahre zuvor vorgehabt hatte. Sie mag aus der generellen Abneigung eines Konservativen gegen einen bekannten Theatererneuerer rühren, und es mag ein Fall von stillschweigendem Antisemitismus sein. Wie dem auch sei, als der Verein am 15. August 1918 eine Vollversammlung abhält, wird Reinhardt, mit Richard Strauss und Franz Schalk, in den neugegründeten Kunstrat gewählt.

Richard Strauss (1864–1949)

Ferdinand Künzelmann, Kritiker, Schriftsteller und Mitglied der Festspielhaus-Gemeinde, hatte sich als Verbindungsmann zu Reinhardt angeboten. Zur ersten Vollversammlung am 15. August 1918 bringt er einen vermutlich vertraulichen Brief von Reinhardt mit, geschrieben am 21. Juli in Bad Gastein, der beweist, dass sich Reinhardts Interesse von einem reinen Theaterfestival zu Mozartfestspielen gewandelt hat. Der Brief mag Gehmachers Einstellung zu Reinhardt in der Tat geändert haben, wie Holl meint. Darüber hinaus ist er jedoch ein aufschlussreiches Dokument, das viel über Reinhardts Salzburg-Ideen verrät.[18]

Reinhardt ist offensichtlich so stark daran interessiert, Künzelmann von seiner ernsthaften Begeisterung für Salzburger Festspiele zu überzeugen, dass er das Projekt als „Lebensaufgabe" bezeichnet. Seine Tätigkeit in Berlin sei nur eine „große und umfassende Vorarbeit zu dem, was hier in Frage steht". Die Emphase wird im Verlauf des Briefes immer stärker, und dahingestellt, wie aufrichtig sie gemeint ist, Reinhardt zeigt unmissverständlich, dass er die ideologischen Beweggründe für die Salzburger Festspiele erkennt und unterstützt: heiliges Theater als Repräsentation heiliger Kultur und eines deutsch-österreichischen Nationalismus als gemeinsame Grundlage für den Neubeginn nach dem Krieg.

Franz Schalk (1863–1931)

„Der heitere und fromme Genius Salzburgs"

„Der heitere und fromme Genius Salzburgs" solle die beiden Aspekte der Festspiele bestimmen: das Säkulare (Lustspiel, Sing-

Wolfgang Amadeus Mozart, 1763

spiel und Volksspiel) und das Heilige (Mysterienspiel und christliches Historienspiel) sollen „unter dem Zeichen Mozarts" zu einer „erlesenen Einheit verwoben werden".

Salzburg brächte zudem das europäische Theater zu den ursprünglichen Wurzeln zurück. Für Reinhardt ist Theater eine österreichische Kunst. Selbst in Berlin, schreibt er, kämen die führenden Theaterleute aus Österreich-Ungarn; er führt unter anderem Max Pallenberg, Hermann und Helene Thimig, Ernst Deutsch und Alexander Moissi an. Der Brief ist wenige Monate vor der Auflösung der Monarchie abgefasst, doch für Reinhardt ist die österreichische Identität noch immer eng an die Monarchie mit ihrer „glücklichen Völkermischung" geknüpft. „Diese stolze Höhe wieder zu erreichen, die Fahne der Führerschaft zurückzuerobern und in Salzburg aufzupflanzen, ist eine ebenso lockende wie unzweifelhaft lösbare Aufgabe. Mit Schönheit, Geist und Heiterkeit, vor allem mit dem tiefen Glauben an diese Mission, mit dem Götterfunken Freude ist die Welt zu erobern und zu verbrüdern" (eine etwas bemühte Anspielung auf Schillers „Ode an die Freude" und den Chor aus Beethovens Neunter Symphonie).

Die österreichische Mission einer Reinigung durch Theater sei durch den Krieg umso dringlicher geworden und Salzburg sei „vermöge seiner wundervoll zentralen Lage, seiner landschaftlichen und architektonischen Pracht, seiner historischen Merkwürdigkeiten und Erinnerungen, und nicht zuletzt seiner unberührten Jungfräulichkeit wegen dazu berufen, ein Wallfahrtsort zu werden für die zahllosen Menschen, die sich aus den blutigen Greuel dieser Zeit nach den Erlösungen der Kunst sehnen. Gerade dieser Krieg", schreibt Reinhardt, „hat bewiesen, daß das Theater nicht ein entbehrlicher Luxus für die oberen Zehntausend, vielmehr ein unentbehrliches Lebensmittel für die Allgemeinheit ist."

Allerdings müssten gewisse Maßnahmen dafür getroffen werden, dass die Festspiele ihrer missionarischen Bestimmung entsprächen und nicht zum „Hoteltheater" verkämen, „wo die Kunst sich nie zuhause fühlen würde". Festspiele, die sich aus ausländischen Gastspielen zusammensetzten, wären „ganz verfehlt". Reinhardt warnt zuerst vor den praktischen, dann vor den künstlerisch-politischen Konsequenzen. Gastierende Produktionen würden zwangsläufig an Frische und Prägnanz verlieren. Die Festspiele würden „zu einem Sommertheater herab[sinken], das bei Regenwetter von den zufällig anwesenden Hotelgästen gewiß gern besucht werden wird". Vielmehr müsse „das Festliche, Feiertägliche, Einmalige, das alle Kunst hat, und das auch das Theater zur Zeit der Antike hatte, und auch zur Zeit, da es noch in der Wiege der katholischen Kirche lag, … dem Theater wiedergegeben werden. In diesem Vorzug liegt ja die stärkste Berechtigung, noch mehr, die brennende Notwendigkeit für das Festspielhaus gegenüber der Großstadt, deren Atmosphäre zwar große fruchtbare Arbeit, aber nicht mehr, oder doch nur äußerst selten jenes Wunder zeitigt, das allein das Theater zur Kunst erhebt."

Bei der kurzen Erörterung eines möglichen Repertoires beweist Reinhardt, dass sein monarchisches Österreichbild (die Verwendung des Begriffs Österreich-Ungarn eingeschlossen) der Verpflichtung zu einer im Kern deutschsprachigen Theaterkultur keinen Abbruch tut. „Ich kann mir sogar vorstellen, daß das ungarische, das tschechische und andere Nationaltheater hier gastieren werden" (ebenso russische Theater-, Opern- und Ballettinszenierungen sowie englische, französische, italienische und skandinavische Truppen), „aber der Kern der Festspiele muß unbedingt eine heimische, bodenständige Kunst sein. Sie muß der Hausherr sein, der die Gastfreundschaft ausübt." Die nationalistischen und imperialen Anklänge der „Haus"-Metapher werden durch die Bezeichnung der Nichtdeutschsprachigen als „Gäste" noch verstärkt.

„Heimische, bodenständige Kunst" als „Hausherr"

Reinhardt schließt mit der Bitte, dem Unternehmen „auch einen humanitären Charakter" zu geben und „von jedem Besucher des Festspielhauses ein Scherflein zu diesem Zweck" zu erheben. Wieder führt er geistige und praktische Gründe an. „Niemand von uns darf heute an Kunst denken, ohne seine Pflicht gegen die armen Opfer dieser schweren Zeiten erfüllt zu haben." Die Sorge um das Gemeinwohl werde „dem Unternehmen auch die notwendige offizielle Förderung sichern". Es ist schwer zu sagen, ob er dabei staatliche oder kirchliche Unterstützung im Auge hat, doch seine Vorstellung einer gemeinnützigen Kollekte zeigt deutlich, dass er das Theaterpublikum als Kirchengemeinde sieht.

III

Trotz der Anspielung auf den Krieg deutet die Beschränkung auf Spielplanfragen darauf hin, dass Reinhardt die Politik draußen lassen will, ja für nebensächlich hält und keine Synthese von Politik und Theater anstrebt. Anders Hofmannsthal, für den politische Entwicklungen zum entscheidenden Auslöser kultureller Vorstellungen werden.

Alfred Roller (1864–1935)

1919 wird der im Vorjahr gegründete, aus Reinhardt, Strauss und Schalk bestehende Kunstrat um Alfred Roller und Hofmannsthal erweitert, was Oskar Holl zu der Vermutung veranlasst, Hofmannsthal habe als Nachzügler geringeren Einfluss auf das Festspielprojekt gehabt als seine Vorgänger.[19] Da Hofmannsthals erste Salzburg-Aufsätze aus dem Jahr 1919 stammen,[20] steht außer Frage, dass sein Engagement für den Festspielgedanken zeitlich nach Reinhardt und Bahr beginnt. Doch sobald er eingestiegen ist, wird seine Mitwirkung in zweierlei Hinsicht über den ideologischen Rahmen hinaus entscheidend: Hofmannsthal liefert die Eckpfeiler des Festspielrepertoires, *Jedermann* und *Das Salzburger große Welttheater*, und er beschafft über den Wirkungskreis der Festspielgemeinde hinaus internationale Gelder. Dies unterstreicht den „kosmopolitischen" Charakter der Festspiele und wird zu einer ständigen und notwendigen Erweiterung der Festspielidee.

1917/18 hatte Hofmannsthal durch sein Engagement in der, wie er und andere es nennen, „Krisis des Wiener Burgtheaters" aus erster Hand Erfahrungen mit der praktischen Seite des österreichischen Theaters gemacht. Sein Eingreifen zugunsten seines alten Freundes Leopold Freiherr von Andrian zu Werburg verrät viel über die enge Verbindung zwischen Ideologie und Verwaltung im österreichischen Theater.

Der für alle kaiserlichen Theater in Wien, einschließlich Burgtheater und Hofoper (jetzt Staatsoper), zuständige Beamte wurde vom Kaiser eingesetzt und war für die Ernennung der jeweiligen Theaterdirektoren zuständig. 1918 hat Graf Colloredo diesen Posten inne, mit dem sich Hofmannsthal ausgezeichnet versteht. Hofmannsthal übt Einfluss auf Colloredo aus, damit Andrian zum Direktor des Burgtheaters ernannt wird. Abgesehen davon, dass er der Enkel des Komponisten Giacomo Meyerbeer ist, verfügt Andrian über keinerlei professionelle Theatererfahrung.[21]

Hofmannsthal sieht in Andrians Ernennung ganz offensichtlich die Chance, unmittelbar Einfluss auf das Burgtheater und damit auf das österreichische Theater als Ganzes zu gewinnen. Er wolle, schreibt er Andrian im August 1918, mit Hilfe Max Reinhardts das Burgtheater zu seiner wahren Tradition zurückführen, weg von der Moderne und dem Naturalismus von Gerhart Hauptmann und Otto Ernst.[22] Hofmannsthal und Reinhardt hatten jahrelang in Schauspiel und Oper erfolgreich zusammengearbeitet; *Ariadne auf Naxos* war Reinhardt gewidmet. Hofmannsthals Brief an Andrian und Reinhardts oben erwähnter Brief an Künzelmann zeigen, dass sich beide als Bewahrer einer österreichischen barocken Theatertradition verstehen, auch wenn sie über den politischen Stellenwert des österreichischen Theaters unterschiedlicher Meinung sind: Für Reinhardt ist das Barocktheater eine Aufführungstradition; für Hofmannsthal ein Symbol österreichischer Identität. Nichtsdestoweniger verstehen beide die Erneuerung des österreichischen Theaters als Bollwerk gegen die Moderne, die mehr und mehr mit Berlin in Verbindung gebracht und für Berlin charakteristisch wird. Während das Berliner Theater in seiner Entwicklung von Gerhart Hauptmann über Erwin Piscator zu Bertolt Brecht dazu neigt, den Alltag aus einer marxistischen, klassenbewussten Perspektive zu schildern, ist Reinhardt in Berlin für das Gegenteil berühmt geworden: eine Inszenierung von Shakespeares *Sommernachtstraum*, die das Traumhafte und Unwirkliche des Lebens betont.[23] Während das neue Berliner Theater sich bemüht, dem Publikum die raue Wirklichkeit vor Augen zu führen, möchte Reinhardt die Wirklichkeit auf dem Theater durch Darstellung einer allumfassenden Traumwelt neu definieren und aufheben. (Man hat den Verdacht, dass die Erschöpfung, von der Reinhardt in seinem Brief an Künzelmann spricht, etwas mit dem wachsenden Gefühl zu tun hat, im nachkaiserlichen Berlin nicht mehr gebraucht zu werden.)[24]

Sommernachtstraum, 1905. Gertrud Eysoldt als Puck

Theater als Ort einer Traumwelt ist auch die Maxime des Wiener Burgtheaters und der entscheidende Punkt, warum es so große Bedeutung besitzt für jene persönlichen Ambitionen und ästhetischen Vorstellungen, die Reinhardt und Hofmannsthal fraglos teilen. Hermann Broch argumentiert, Hofmannsthals regelmäßige Burgtheaterbesuche als Kind in den 1880er Jahren hätten den Grund seiner ästhetischen und ethischen Erziehung gelegt. Der „hohe Stil" des Burgtheaters hatte „sozusagen vom ersten Augenblick an auch eine ausschlaggebende ethische Bedeutung: denn alles was den Burgtheaterstil ausmachte, das Emporheben des Lebens in die Formen einer großen Tradition … des Naturalistischen und Psychologischen in die Region der ethischen Motive, die Sichtbarmachung einer höheren Realität, die zwar die der Bretter ist und doch ihre platonische Herkunft nicht verleugnet, diese zuchtvolle Umwandlung des Traumhaften in den kalten Traum der Kunst und in deren zweite Lebenswärme, kurzum diese Haltung des ‚Über-sich-selbst-Hinauswachsens' wurde für Hofmannsthal das Grundprinzip aller Sittlichkeit und die Grundhaltung seines Lebens."[25]

Burgtheater

Burgtheater als Hort „christlich-germanischer" Kultur

Zu der Vorstellung vom „Leben als Traum" kommt Hofmannsthal über Calderón und Grillparzer, sie wird, wie schon in seiner frühen Lyrik, zu einem zentralen Thema seiner mittleren und späten Dramen. Wahrscheinlich ist sie das Bindeglied zwischen der ästhetisierenden Lyrik seiner Jugendjahre und dem gesellschaftsbewussten Drama, ja der Gesellschaftskritik in der zweiten Hälfte seiner schriftstellerischen Laufbahn. Daher ist die Hinwendung zur Gesellschaftskritik während des Ersten Weltkriegs mehr eine Rückbesinnung als eine völlig neue Richtung in seinem Engagement und Interesse. Die Theaterpolitik im allgemeinen und die Ideologie des Burgtheaters im speziellen ist das verbindende Element zwischen künstlerischem Schaffen und gesellschaftlichem Engagement.

Die „Krisis des Burgtheaters" ist im Sommer 1918 fast täglich Gegenstand der Berichterstattung in der *Neuen Freien Presse*. Die Aufmerksamkeit, die dem Burgtheater, oft auf der Titelseite, im letzten Kriegssommer zuteil wird, während im Feld die Kämpfe eskalieren, lässt seine zentrale Rolle als Symbol für das österreichische Nationalbewusstsein noch stärker hervortreten. Die Herausgeber der *Neuen Freien Presse* platzieren regelmäßig Artikel über die Neuordnung des Burgtheaters neben solche über die geplante Neuordnung Österreichs und Europas nach dem Krieg, als wollten sie suggerieren, es handle sich um Bestandteile ein und desselben Prozesses. Am 3. Juli 1918 meldet das Blatt den Rücktritt des bisherigen Direktors des Burgtheaters, Hofrat Max von Millenkovich. Zwei Tage später fordert ein Kommentar, der neue Direktor müsse „eine Gesinnung besitzen, die hoch, sittsam und ebenso österreichisch wie europäisch ist …. ein natürliches Patriotentum und ein natürliches Kosmopolitentum". Am 7. Juli heißt es in einem langen Beitrag auf der ersten Seite, Millenkovichs Scheitern resultiere aus seinem Ehrgeiz, das Burgtheater zu einem Repräsentanten „christlich-germanischer" Kultur zu machen: „Es ist zu hoffen, dass dies der erste und letzte Versuch war, dem Burgtheater eine völlig fremde politische Richtung aufzupressen. Die Bühne gehört keiner politischen Partei, sie kann sich nur einer einzigen Politik verschreiben: sie war immer ein glanzvolles Wahrzeichen Deutschösterreichs und muss es immer bleiben. Es ist in der Tat beklagenswert, dass eine Institution, so bedeutend, so unentbehrlich für deutsche Kunst und deutsche Kultur, für die gesamte Stellung der Deutschen in Österreich, in letzter Zeit von einer Krise in die nächste schlittert." Der Artikel schließt mit der dringenden Bitte, eine Kurswende mit einem neuen Direktor herbeizuführen, „dem lang erwarteten Messias, dem Heiland, der dieses Haus vom schweren Kurs der letzten Jahrzehnte erlösen wird".[26]

Am 17. Juli berichtet die *Neue Freie Presse* in einem kurzen Artikel, Max Reinhardt habe kommissarisch die Leitung des Burgtheaters übernommen; am 20. Juli meldet sie die Ernennung Andrians. Am nächsten Tag attackiert derselbe Kommentator, der zwei Wochen zuvor die wortreiche Bitte verfasst hatte, Andrian heftig als „Kavalier, der nichts vom Theater versteht, nie seine Finger, von seiner Seele ganz zu schweigen, im Theatergeschäft gehabt hat und Oper und Schauspiel nur aus dem Blickwinkel einer Loge, aus dem Boudoir einer Ballerina oder vom Hörensagen kennt". Am 25. August fordert das Blatt Hermann Bahr, den Andrian (gemeinsam mit Alfred Roller – in beiden Fällen zweifellos unter dem Einfluss Hofmannsthals) ins Direktorium des Burgtheaters geholt hat, in einem Kommentar auf der ersten Seite auf, dem Beispiel Napoleons, über den Bahr ein Buch geschrieben hatte, zu folgen und sich selbst zum Direktor zu ernennen.

Leopold Freiherr von Andrian zu Werburg, 1911

Zu den wenigen Befürwortern Andrians zählt der konservative Journalist Rudolf Holzer, Herausgeber der *Wiener Zeitung*, Gründungsmitglied der Salzburger Festspielhaus-Gemeinde und später ihr Presseattaché. Holzer beschuldigt Andrians Kritiker des Versuchs, die Traditionen des Burgtheaters über Bord zu werfen, indem sie es in die Hände eines mehrköpfigen Direktoriums gäben. Dies ist für Holzer ein „Symptom der Zeit", das er – zweifellos in Anlehnung an die gängige antiliberale Propaganda – „Parlamentarisierung" nennt. Das Theater müsse von einer Intendantenpersönlichkeit geleitet werden, es sei gerade die Tradition des Burgtheaters, dass sein Direktor „vom Betrieb unverdorben" sei, damit die Reinheit seiner kulturellen Vision intakt bleiben könne. Mit unterschwelliger Ironie vergleicht Holzer die Beziehung zwischen Hermann Bahr und Andrian mit der zwischen Hans Sachs und Walther Stolzing. Der Impresario Andrian sei wohl eine Puppe Bahrs, doch letztendlich würde dies dem österreichischen Theater und der Nationalkultur zugute kommen, da es eine enge Verbindung zwischen Salzburg und Wien garantiere.[27]

Andrian behält den Posten nur bis November. Weil seine Ernennung durch den Kaiser zustandekam, überlebt sie das Kaiserreich nicht. Es ist gut möglich, dass dieses Debakel etwas mit Hofmannsthals Ende 1918 beginnender Konzentration auf Salzburg zu tun hat. Auch wenn das Burgtheater nie von seiner ange-stammten konservativen Haltung abrückt, scheint es, als habe Hof-mannsthal gespürt, dass sein Einfluss in Wien verblasst, so wie es Reinhardt von seinem in Berlin spürt.

IV

Am 30. Juli 1918 meldet die *Neue Freie Presse* die Gründung der Salzburger Festspielhaus-Gemeinde, mit Hauptsitz am Karls-platz 6 in Wien, der Adresse des Musikvereins. Es werden Lokal-verbände in Salzburg und Wien eingerichtet, um Zugang zur Wie-ner Finanzwelt zu bekommen. Prinz Alexander von Thurn und Taxis, Präsident des Musikvereins, wird zum Präsidenten der Gesellschaft ernannt, Mauriz Krumpholz zum Schriftführer und Kassier. Heinrich Damisch und der Industrielle Emil Ronsperger erhalten Schlüsselpositionen im Direktorium. Im Vorstand des Wiener Zweigverbands sitzen die Journalisten Theodor Antropp und Rudolf Holzer von der *Wiener Zeitung*, der Musikkritiker und Herausgeber der *Neuen Freien Presse* Josef Reitler, Karl August Urtaria, Präsident der Wiener Konzerthaus Gesellschaft, Versiche-rungsdirektor Albrecht Claus, der Bankier Gustav Frid, die Inge-nieure Wilhelm Gorlitzer und Wilhelm Techen, die Fabrikan-ten Emil Löwenbach, Adolf Graf und Leo Taussig, der Bariton Richard Mayr, der Beamte des Außenministeriums Ernst Hermann Sommert und Dr. Rudolf Hans Steiner.[28]

Das Festspielkomitee beginnt sofort mit der Mitgliederwer-bung und versucht, Spenden aus Deutschland und Österreich ein-zutreiben. Die Mitgliedsgebühr beginnt bei jährlich 100 Kronen für den einfachen Jahresbeitrag und endet bei 100.000 Kronen als Stifterbeitrag. Die Überschrift auf dem Handzettel, der Informa-tionen zur Mitgliedschaft enthält, ist ein Ruf zu den Waffen: „Tre-tet der Salzburger Festspielhaus-Gemeinde bei! *Helft* die Salzbur-ger Festspielhäuser im Schloßpark Hellbrunn errichten! *Helft* ein neues Weltwunder schaffen! *Helft* der echten großen Kunst eine Gralsburg zu bauen! *Fördert* damit zugleich *Österreichs Wiederauf-bau*, für welchen die Salzburger Festspiele dauernd ein wichtiger Faktor sein werden! *Bereitet den Weg* zur dauernden Versöhnung der Geister auf dem Boden der allumfassenden Kunst!"[29] Das viel-leicht interessanteste Bild in diesem höchst rhetorischen Aufruf ist das der Gralsburg. Eine eindeutige Anspielung auf Wagners *Parsi-fal*, das Musikdrama, das den geistigen Vätern Salzburgs in seiner

Kombination aus katholischer Mythologie und Festspielkulisse immer wieder als Vorbild dient.

Die Sprache des Handzettels erhellt insgesamt sehr deutlich die Perspektive des harten Kerns der Salzburg-Planer. Der internationale Charakter der Festspiele und das Repertoire war, besonders in dieser frühen Planungsphase, immer zweitrangig gegenüber dem Hauptzweck der Festspiele, dem Wiederaufbau einer Nationalkultur. Ein ganz anderer Ton herrscht in einem kurzen Artikel von Ernst Ehrens, der in der liberalen Berliner Theaterzeitschrift *Schaubühne* am 7. März 1918 erscheint. Es handelt sich ebenfalls um eine Propagandaschrift, die die Öffentlichkeit aufruft, für die Festspielsache zu spenden. Doch anstatt den kulturellen Wiederaufbau Österreichs in den Vordergrund zu stellen, betont Ehrens den internationalen Charakter des Projekts. Er erhofft sich internationale Gastspiele, insbesondere die Pariser Opéra Comique könne „in nicht allzuferner Zeit ... ihre ‚Carmen' in Salzburg singen". Die Auswahl der Beispiele wirkt etwas willkürlich; Ehrens scheint auf die Salzburg-Idee im Stile von „Nietzsche contra Wagner" zu reagieren.[30]

In einer cleveren Spendenkampagne veröffentlicht die Festspielhaus-Gemeinde eine Zusammenstellung begeisterter „Stimmen zum Salzburger Festspielhause" von prominenten Persönlichkeiten.[31]

Zu denen, die zwischen Februar und Mai 1918 ermutigende Worte senden – und Geld, wie man annehmen darf – gehören: Alfred Roller, der preußische Geheimrat Ludwig Barnan, Karl Hauptmann (Gerharts Bruder), der Herausgeber der *Schaubühne* Siegfried Jacobson, Friedrich Funder, Herausgeber der konservativen Wiener Zeitung *Die Reichspost*, die Kapellmeister Max von Schillings aus Stuttgart und Bruno Walter von der Münchner Oper, die Opernsänger Leo Slezak, Heinrich Hensel, Hermine Bosetti und Lola Artot de Padilla, sowie die Schriftsteller Gerhart Hauptmann, Anton Wildgans und Josef August Lux. Die größte Gruppe besteht aus deutschen Theaterdirektoren und Intendanten: Eugen Kilian aus München, Baron zu Putlitz aus Württemberg, von Reichel aus Bremen, Alexander von Fielitz vom Stern-Konservatorium in Berlin, von Holfen von den Königlichen Schauspielen Berlin, Dr. Zeitz von der Städtischen Bühne Frankfurt, Cortolezis von der Karlsruher Oper, Paul Eger vom Großherzoglichen Hoftheater Darmstadt, Karl Hagemann vom Hof- und Nationaltheater Mannheim sowie Otto Lohse von der Dresdener Oper.

Viele Briefe enthalten Worte der Unterstützung und Ermutigung, drei machen wichtige Vorschläge. Karl Hauptmann warnt, das Salzburger Festspielhaus müsse sich von herkömmlichen Theatergebäuden vor allem durch „etwas Zukünftiges" unterscheiden, man solle in großen Dimensionen denken: „Das Kammertheater kann ein Festspielhaus nicht sein. Es muß schon das neue, große Instrument des wahren Volkstheaters sein." Der österreichische Schriftsteller Anton Wildgans, ein konservativer Autor, meint, das Festspielrepertoire solle sich auf „Musteraufführungen österreichischer Klassiker" konzentrieren, vor allem auf Grillparzer, wobei jedoch ein eigener Aufführungsstil zu entwickeln sei. Der Vorschlag von Bruno Walter, später eine der Hauptfiguren der Festspiele, zielt in die entgegengesetzte Richtung: Er schlägt eine „enge Verbindung" mit der Wiener Oper vor, weil dadurch „die Qualität ... von vornherein in erfreulicher Weise gesichert" sei.[32]

Anfang 1919 verschicken sowohl die Wiener als auch die Salzburger Zweigstelle der Festspielhaus-Gemeinde eine Schrift, die noch einmal die Aufgabe der Salzburger Festspiele im Rahmen eines kulturellen Wiederaufbaus Österreichs erläutert. Die Wiener Ausgabe ist vom gesamten Direktorium unterzeichnet, zu dem jetzt auch der Kunstrat mit Hofmannsthal, Reinhardt, Roller, Schalk und Strauss gehört. Der Text beginnt mit der üblichen Lobrede auf den „Zauber über Salzburg" und erinnert daran, dass der Gedanke an Festspiele in Salzburg schon lange existiert. Die gegenwärtigen Umstände würden der Festspielidee neue Gestalt und neue Dringlichkeit verleihen. Es sei „notwendig, dass sich Staat und Nation mit der Festspielhausfrage beschäftigen und ihrer **„Ein deutschösterrei-** Durchführung eine Legitimierung geben". Es gelte, ein – fett **chisches Festspielhaus"** gedruckt – „deutschösterreichisches Festspielhaus" zu bauen zur Aufführung von „geistlichen und weltlichen Festspielen der musikalischen und dramatischen Kunst aller Nationen unter Führung der deutschen, im besonderen der deutschösterreichischen Kunst". Die so erzielte geistige Erneuerung brächte zugleich wirtschaftliche Vorteile für die gesamte Region durch eine „bedeutende Hebung des Fremdenverkehrs". Die Einnahmen könnten dem Ausbau des Mozarteums zu „einer neuen Zentrale des Geisteslebens Mitteleuropas" zugute kommen. Die Festspielidee, heißt es abschließend, sei Zeugnis des Kulturbewusstseins, das sich die Österreicher über den Krieg hinweg bewahrt hätten, sie hätte „führenden Anteil an dem Wiederaufbau zerstörten Geisteslebens und vernichteter kultureller Beziehungen".[33]

Die Salzburger Version formuliert dieselben Ziele in schärferem Ton. Sie beginnt mit der Feststellung, das Land lebe in einem Frieden ohne Hoffnung; der aufgezwungene, „fürchterliche Friede" sei umso fürchterlicher, da selbst die Verbündeten die „[österreichische] Wesensart immer falsch gedeutet" hätten, von den Feinden ganz zu schweigen. Die Salzburger Festspiele müssten ein „weithin sichtbares Symbol des besten [österreichischen] Wesens" schaffen. Es gehe nicht um eine „‚Theatergründung', nicht um das Projekt einiger träumerischer Phantasten und nicht [um] die lokale Angelegenheit einer Provinzstadt". Das Festspielhaus sei „eine Angelegenheit der europäischen Kultur, und eine von eminenter politischer, wirtschaftlicher und sozialer Bedeutung dazu". Wie in der Wiener Ausgabe soll Europa sozusagen am deutschösterreichischen Wesen genesen. Die Festspiele, so heißt es, „würden unser spezifisch österreichisches Wesen in den Werken unserer Meister zeigen". Die „Kraft und Zukunft" des Festspielgedankens sei die „selbstlose Hingabe an den Künstler- und Völkertraum", wie sie „die größten lebenden österreichischen und süddeutschen Künstler" bewiesen hätten (diese Anspielung bezieht sich vermutlich auf die oben genannten „Stimmen", auch wenn die große Mehrzahl der deutschen Befürworter Berliner und keine Süddeutschen waren). Die Salzburger Festspiele, heißt es abschließend, würden Salzburg wieder zur „geistigen Brücke zwischen Ost und West" machen, als die sie traditionell galt, sowie zwischen Nord und Süd und damit zum kulturellen Angelpunkt Mitteleuropas.[34]

Im Sommer 1918 richtet die Festspielhaus-Gemeinde ein regelmäßiges Forum zur Darstellung und Diskussion der Festspielidee ein, die *Mitteilungen der Salzburger Festspielhaus-Gemeinde*. Sie erscheinen in Wien, als Herausgeber fungiert das Direktorium, verantwortlicher Schriftleiter ist ein Herr Neumayr. Die Salzburger Redaktion leitet Friedrich Gehmacher. Der Aufbau der *Mitteilungen* bleibt bis Ende 1921 gleich: fünf bis sechs Artikel, gefolgt von den neuesten Presseberichten zur Festspielplanung und einer Sektion mit Nachrichten und Hinweisen auf Veranstaltungen der Festspielhaus-Gemeinde.[35]

Gründung der „Mitteilungen der Salzburger Festspielhaus-Gemeinde"

Die Publikation war ursprünglich als Vierteljahresschrift geplant, doch ab Januar 1919 erscheint sie als Reaktion auf die österreichische Kulturkrise monatlich. Die Ausgabe vom Dezember 1918, einen Monat nach dem endgültigen Zusammenbruch der Habsburger-Monarchie veröffentlicht, beginnt mit einem kurzen Wort „An unsere Leser": „Das dramatische Geschehen auf der

Weltbühne vermochte die stille, entschlossene Arbeit des Festspielgedankens nicht zu lähmen oder aufzuhalten." Die barocke Metapher vom Welttheater ist unüberhörbar. Weiter heißt es: „Die vergangenen Wochen haben auch für die Entwicklung der deutschen Theaterkultur epochale Erschütterungen und Veränderungen gebracht. Die individuelle Aufgabe der Bühnenkunst, der edlen, alten Kultur der Adelsgeschlechter und Höfe, ist vorerst zuende. Neue Ausblicke und Möglichkeiten stellen sich dar. Das Theater liegt jetzt ganz in den Händen der Nation und des Volkes."[36] Es besteht kein Zweifel, dass dem Direktorium der Festspielhaus-Gemeinde daran liegt, für die anhaltende Bedeutung ihres Projekts in einer Krisenzeit zu werben, da alle anderen Anderes für wesentlich wichtiger halten. Doch der ernsthafte Glaube, dass ihr Projekt für die Reformierung der österreichischen Identität entscheidend sei, soll nicht unterbewertet werden, und die Tatsache, dass die Festspiele in dieser Zeit allmählich Gestalt annehmen, deutet weiter darauf hin, dass die Bedeutung, die ihre Verfechter ihnen beimaßen, von einer wesentlich größeren Anzahl von Leuten geteilt wurde.

Der Ton wird in einem Artikel der *Wiener Allgemeinen Zeitung* vom 24. Januar 1919 noch deutlicher. Er trägt die Überschrift „Das Erste" und ist mit dem Kürzel „B.Z." unterschrieben. Er beginnt mit dem Satz: „Ein Reich geht zugrunde. Ein Thron stürzt. Ein Volk erhebt sich. Neue Staatsordnung wird gehämmert. Neue Weltordnungen dämmern. Nichts Bestehendes bleibt in alten Kreisen. Und was ist das Erste, das diesem Chaos entsteigt? Ein Mozart-Festspielhaus in Salzburg! Ein dem Göttlichen geweihter Tempel, der im Hain von Hellbrunn sich erheben soll, als Sinnbild des unzerstörbaren Österreichertums, als Wahrzeichen unverwüstbarer Wesensart, Deutschösterreichs religiöses Weihebekenntnis. Das Erste! Bevor noch Elend, Ungewißheit, Sorge und Kummer gebannt sind, … errichten wir eine kunstgeweihte Stätte, dort, wo **„Völkische Mission"** Mozart geboren. … Von deutschösterreichischem Geist wieder aufgerichtet, der, seiner *völkischen Mission* getreu, zum Mittler erwählt ist zwischen Süd und Ost, zwischen Nord und West. Möge es ein glückliches Zeichen für uns sein. … Sehet, so wird es einst heißen: Das war Deutschösterreichs erste Tat!"[37]

Die erste Ausgabe der *Mitteilungen der Salzburger Festspielhaus-Gemeinde* beginnt mit dem Artikel „Das Mozart-Festspielhaus in Salzburg" von Konrad Lindenthaler. Darin heißt es, es sei „unmozartlich", nur Mozart im neuen Festspielhaus aufzuführen, die Werke anderer Komponisten sollten ebenfalls berücksichtigt werden (mit Ausnahme der Werke Wagners, aus technischen Gründen). Die erste Nummer druckt auch die oben erwähnten Prominentenstimmen vom Frühjahr 1918 nach. Im Pressespiegel zu den Festspielplänen wird die Unterstützung der „Salzburger Presse aller Parteien" zitiert, sowie die Unterstützung der konservativen katholischen Wiener *Reichspost*, die in einer Kolumne der Hoffnung Ausdruck verliehen habe, die Festspiele würden eine „Wiederbelebung der alten Mysterienspiele"[38] bewirken.

Die Ausgabe vom Oktober 1918 enthält einen Beitrag von Josef August Lux mit dem Titel „Ideen zu einem Festspielhaus". Er wird zum Vorbild für künftige Beiträge, indem er den Vergleich mit Bayreuth wieder aufgreift. Im Gegensatz zu Bayreuth, einer künstlichen Konstruktion zum Wohle der „Fremdenindustrie", sei Salzburg ein natürlicher und ganzheitlicher Wallfahrtsort. In Bayreuth sei „der Festspielcharakter auf das Haus innerhalb der vier Wände" beschränkt; in Salzburg wirke die ganze Stadt und die umgebende Landschaft an der Schaffung der heiligen Festspielatmosphäre mit. Mit anderen Worten, die Salzburger Festspiele sind eine Totalität. Zum ersten Mal seit den Olympiaden handle es sich bei der Salzburger Festspielidee um „die vollkommene ästhetische Durchbildung des Festspielcharakters, der hier in Salzburg Kunst, Architektur, Landschaft und das Gesellschaftsbild festlich gestimmter Menschen umfassen soll". Dass ganz Salzburg den ganzheitlichen Festspielgedanken nähre, werde durch den Rundblick auf „die blauschimmernde Alpenlandschaft mit der Hohenveste [als] Vision der Gralsburg" symbolisiert. (Die Parsifal-Metapher ist wieder da.)

Salzburger Festspiele
als „Totalität"

Dieselbe Argumentation vertritt der Deutschnationale Theodor Antropp in einem Beitrag vom Januar 1919 mit dem Titel „Der Festspielgedanke".[39] Antropp zieht eine neue Querverbindung zwischen Bayreuth und Salzburg, indem er beide Festspiele als späte Phänomene einer historischen Entwicklung betrachtet, die mit der griechischen Tragödie begann. Erwartungsgemäß bezieht er sich dabei stark auf Richard Wagners theoretische Schriften. Antropp liefert die theoretische Grundlage für den Ästhetizismus, den er mit Lux teilt: Hellas, schreibt er, wurde von der Renaissance als ästhetisches Ganzes wiederentdeckt und anschließend vom „Naturevangelium" Rousseaus in Frage gestellt. Schiller habe Rousseau sein „Kunstevangelium" entgegengesetzt und in den „Briefen über die ästhetische Erziehung" das Weltbild der Renaissance mit dem „von der Kantischen Philosophie getragenen deutschen Idealismus" verknüpft. Der nachschillersche Künstler, dessen größter Vertreter Richard Wagner sei, müsse seine Welt als Kunstwelt betrachten, als Totalität. Seine Aufgabe, „sein Jahrhundert [zu] reinigen", sei so furchtbar wie die reinigende Mission von Agamemnons Sohn. Mit dem „Lichtgenius Mozart" und dem „Märchenbildner Raimund" hätten die Salzburger das Potenzial, „die ethische Forderung Richard Wagners zu erfüllen, ‚durch Veredelung des Geschmackes auf die Hebung der Sitten der Nation zu wirken und durch immer wachsende Gesinnung eines davon mächtig angezogenen Publikums die Befreiung eines reich begabten Volksgeistes zu befördern'". Damit könne Salzburg den unvollendeten Bayreuther Auftrag übernehmen: „Wohl hat das Bayreuther Beispiel schon da und dort fruchtbringend gewirkt, und die Wiederaufnahme volkstümlicher Passionsspiele, die Lutherspiele, die festlichen Volksspiele in Rothenburg und Kochel, die Aufführungen des Wormser Volkstheaters sowie des Harzer Bergtheaters stehen in idealem Zusammenhang mit dem von Wagner aufgegriffenen Festspielgedanken. Doch alle diese Unternehmungen sind Versuche geblieben, und wie dankenswert und begrüßenswert sie gewesen seien, vermochten sie uns dennoch nicht zu bieten, was uns neben den der tragischen Muse dienenden Bayreuther Festspielen noch fehlt: ein würdiges Seitenstück, das durch die künstlerisch vollendeten Darbietungen geeignet ist, der rohen Wirklichkeit auch das Idealbild der heiteren Kunst zur Selbstbespiegelung entgegen zu halten."[40]

Bayreuth bleibt auch in Paul Marsops dreiteiligem Beitrag „Auf dem Wege zum Salzburger Festspielhause" präsent. Für Theodor Antropp sind Bayreuth und Salzburg späte Glieder einer langen Kette, für Marsop ist Bayreuth „kein Ziel, es ist ein Anfang" für das Salzburger Unternehmen. Das ausschlaggebende Element der Salzburger Festspiele sei der heilige Charakter der deutschösterreichischen Volkskultur. Um ihn zu bewahren, müssten sich die Festspielplaner gegen die Usurpation durch den Fremdenverkehr – die Geißel Bayreuths –, der das Opernhaus in ein „Zopfmuseum" voller „denkfauler Philister" verwandelt habe, wappnen. Wirksamstes Instrument zur Wahrung des heiligen Charakters sei die bauliche Gestaltung des Festspielhauses, die den „Schablonen-Opportunismus der Firma Fellner und Hellmer" vermeiden müsse, wie auch die Vorliebe sämtlicher deutscher Theaterbaumeister (Karl Friedrich Schinkel und Gottfried Semper ausgenommen), sich auf die „schöne Fassade" statt auf Bühne und Technik zu konzentrieren, auf profane Dekoration statt auf heilige Festspielatmosphäre. Die äußere Gestaltung des Festspielgebäudes müsse zwei „Dominanten" folgen: der topographischen Besonderheit der Stadt und ihrer Barocktradition. Das Innere müsse eine perfekte Akustik besitzen und brandsicher sein sowie eine ausreichende Anzahl preisgünstiger Plätze bieten, um dem „demokratischen Bewußtsein unserer Zeit" Rechnung zu tragen: „Die Wahl steht also zwischen dem antideutschen, antidemokratischen, millionenschluckenden, bei Feuers- und Panikgefahr Katastrophen geradezu herausfordernden Rangtheater und dem deutschen Bühnen- oder, wenn man will, Festspielhause." Das Haus dürfe nur für die Festspiele benützt werden: „Festspielhaus bedeutet Weihehaus. Eine Stätte der Weihe verpachtet man nicht." Marsops Hinweis auf die Gefahr von Feuer und Panik rührt möglicherweise aus der Erinnerung an den katastrophalen Brand von 1881 im Wiener Ringtheater, bei dem 400 Menschen ums Leben kamen. Seine Verknüpfung ideologischer und feuerpolizeilicher Argumente deutet auf die Wagnersche Vorstellung vom Feuer als Strafe für sittlichen Verfall hin. (Als Wagner von dem Wiener Brand hörte, soll er ausgerufen haben, das Feuer wäre besser während einer Vorstellung von Lessings *Nathan* ausgebrochen, weil dann die meisten Opfer – wie er glaubte – Juden gewesen wären.)

Die zweite Entscheidung, schreibt Marsop, sei die zwischen den gesellschaftlichen Possenspielen des Berliner Lessingtheaters und des Münchner Volkstheaters, und einem „Tempel des deutschösterreichischen Künstlergenius". Deutschösterreichisch, nicht deutsch: auch wenn man sich um deutsche Mitwirkung, deutsche Unterstützung und deutsche Gelder bemühen solle, müßten die Festspiele ein österreichisches Unternehmen bleiben, nach dem Grundsatz: „Deutsche Kultur ist das Ergebnis der dem deutschen Wesen gemäßen Dezentralisation."[41]

Die *Mitteilungen* bemühen sich auch um Beiträge prominenterer Fürsprecher. Hofmannsthals berühmter, im ersten Kapitel angesprochener Aufsatz „Ein deutsches Festspiel in Salzburg" wird im April 1919 hier zum ersten Mal veröffentlicht.[42] Vorschläge zur baulichen Gestalt des Festspielhauses kommen von Alfred Roller und dem Architekten Hans Poelzig.[43]

Rollers Hauptargument ist die altbekannte Forderung, ein Festspielhaus müsse sich baulich von einem Repertoiretheater unterscheiden. Er schlägt ein Theater mit 2000 Plätzen vor,

Poelzig-Entwürfe für ein Festspielhaus in Hellbrunn, 1920

„schmucklos und in sehr dunklen Tönen gehalten". Poelzig, der soeben für Max Reinhardt das hochgelobte, 3000 Zuschauer fassende Große Schauspielhaus in Berlin vollendet hat, ist Rollers Meinung, was den Festspielcharakter des geplanten Salzburger Hauses betrifft, will aber kein nüchternes, dunkles Gebäude. Das Salzburger Festspielhaus solle vielmehr ein Symbol wiederbelebter deutscher Kunst werden, die ihrem Wesen nach barock sei: „Alle deutsche Kunst ist mehr oder weniger barock, kraus, ungerad, unakademisch, von der romanischen Zeit über die deutsche Gotik bis zum Rokoko." Poelzig bezeichnet das deutsche Barock als Synthese aus deutscher Gotik und italienischem Barock, und natürlich ist Salzburg, geographisch und architektonisch, das Musterbeispiel dieser Synthese. Eine Orientierung am barocken Baustil bedeute die notwendige Auseinandersetzung mit „dem Zauber der Vergangenheit". Die Aufgabe, in Salzburg eine ruhmreiche Vergangenheit wiederauferstehen zu lassen, bestimmt das Bauprogramm von Poelzig ebenso, wie es den Spielplan von Hofmannsthal und Reinhardt bestimmt.

Die neue Salzburger Architektur, schreibt Poelzig, sei ein Gegenentwurf zu den Verarmungstendenzen der Architektur des 19. Jahrhunderts mit ihrer Reißbrettästhetik, dem Verlust an Plastizität und Raumsinn. Der Salzburger Baumeister Karl Ceroni beschreibt Poelzigs Entwurf als „eine phantastische Bauanlage, erinnernd an ostasiatische Tempelbauten, das Hauptgebäude sich in einem kegelförmigen Aufbau mit Terrassen und Treppen erhebend".[44] Aufnahmen vom an Gaudí erinnernden Großen Schauspielhaus in Berlin vermitteln einen Eindruck davon, wie Poelzigs Salzburger Festspielhaus ausgesehen hätte, wenn es gebaut worden wäre.

Die *Mitteilungen* ergänzen die Beiträge zum Festspielgedanken mit Artikeln über Randthemen, unter anderen mit einer zweiteiligen Geschichte des Mysterienspiels und einer Aufsatzreihe, in der Hofopernsänger Anton Schittenhelm die Bayreuther *Parsifal*-Inszenierung analysiert.[45] Fast alle Beiträge greifen das Thema einer Wiedererweckung der deutschösterreichischen Kultur auf. Im Oktober 1919 drucken die *Mitteilungen* noch einmal das Gründungsmanifest der Festspielhaus-Gemeinde ab. Der ursprüngliche Schluss ist ersetzt durch einen Aufruf an die Regierungen Deutschlands und Österreichs, die Mittel für den Bau des Festspielhauses unter Verweis auf die positiven Auswirkungen auf Fremdenverkehr und Arbeitsmarkt zur Verfügung zu stellen. Der Schwerpunkt des Beitrags liegt jetzt auf praktischen Erwägungen, doch die Tendenz bleibt unverändert: Die Festspiele würden Österreichs „verwundeten Nationalstolz" wieder aufrichten und „das Europa des 18. Jahrhunderts und noch des beginnenden 19. mit seiner übernationalen Geistigkeit" zurückbringen, „deren höchster Ausdruck schließlich die deutsche Musik wurde [und die] hinter uns liegt wie ein verlorenes Paradies".[46] Dieses exzellente Beispiel für die Definition des Salzburger Festspielgedankens als „nationalistisches Kosmopolitentum" schließt mit dem Leitmotiv des Festspielhauses als „Gralsburg der Kunst aller Völker unter Schutz und Führung deutscher, im besonderen der deutschösterreichischen Kunst".

Es ist nicht schwierig, die österreichischen Kulturambitionen Salzburgs in deutsche zu sublimieren, trotz der im Grunde antideutschen Rhetorik von Österreichern wie Hofmannsthal und Bahr. Wenn sie von Salzburg sprechen, meinen sie ausschließlich Österreich, doch für die Salzburger Festspielhaus-Gemeinde sind die Festspiele eine „Frage des deutschen Volkes, der deutschen Kultur".[47] Die vielleicht weitgehendste Vereinnahmung des Salzburger Programms durch eine großdeutsche Kulturideologie erfolgt durch das Berliner Mitglied der Festspielhaus-Gemeinde, einen Herrn Merkel, in einer Rede von 1921. Salzburg, fordert er, solle weniger ein deutschösterreichisches als ein deutsches Unternehmen werden, das sich der kulturellen Weltsituation, in der „die Kultur mehr und mehr Boden an die Zivilisation verliert"[48], entgegenstelle.

Salzburger Festspiele als „Frage des deutschen Volkes, der deutschen Kultur"

V

Am 19. August 1922, dem Vorabend der Eröffnung der 3. Salzburger Festspiele – der ersten vollen Festspielsaison mit der Uraufführung von Hofmannsthals *Welttheater* und vier Mozartinszenierungen der Wiener Staatsoper – versammeln sich führende Mitglieder des Festspielkomitees und der Salzburger Prominenz im Schlosspark Hellbrunn, um den Grundstein für das Salzburger Festspielhaus zu legen. Sie verewigen das Ereignis mit ihren Unterschriften auf einem Stück „altem Salzburger Pergament".[49] Als erster unterschreibt der Salzburger Erzbischof Ignaz Rieder, dann folgen neben anderen die Unterschriften von Gehmacher und Damisch, Ronsperger, Ridler und Holzer, Poelzig, Strauss und Schalk; Hofmannsthal war anscheinend nicht anwesend.

Baron Heinrich Puthon
(1872–1961)

Das Pergament erweist sich eher als Todesurteil denn als Geburtsurkunde des Hellbrunner Theaters. Die Inflation von 1923 vereitelt jeden Gedanken an Festspiele; Max Reinhardt inszeniert schließlich auf Schloss Leopoldskron, das ihm persönlich gehört, Molières *Der eingebildete Kranke* und veranstaltet damit zumindest pro forma Festspiele für 1923. 1924 fallen sie ganz aus. Die allgemeine Krise spitzt sich durch zunehmende Meinungsverschiedenheiten zwischen dem Salzburger und dem Wiener Büro des Festspielvereins zu; die Salzburger haben das Gefühl, alle Entscheidungen würden in Wien getroffen, während sie die gesamte Verantwortung tragen. Aufgrund der Differenzen tritt Präsident Thurn und Taxis zurück. Der Salzburger stellvertretende Bürgermeister Richard Hildmann und Richard Strauss übernehmen für eine Zeitlang den Vorsitz, bevor er an Baron Heinrich Puthon übergeben wird.[50]

Josef Kaut berichtet, Hofmannsthal habe in dieser Zeit ernsthaft befürchtet, das gesamte Projekt könne sich in Luft auflösen. Die Sorge um die Finanzierung verschärft sich auch dadurch, dass Hofmannsthal und andere wenig Vertrauen in Reinhardts Zuverlässigkeit haben. Zweifellos ist Hofmannsthals Engagement für die praktische Planung und Finanzierung mit der Wiederaufnahme der Festspiele 1925 entscheidend für die Zukunft des Unternehmens. Hofmannsthal beginnt eine regelmäßige Korrespondenz mit dem Festspielverwalter Erwin Kerber über Spielplan-, Besetzungs- und Finanzierungsfragen und den Umgang mit berühmten Namen (vor allem den Dirigenten Franz Schalk und Bruno Walter). Er hält sich streng an den Etat, und allem Anschein nach ist es Hofmannsthal, der die geplante Neuinszenierung der *Zauberflöte* 1926 streicht, eine Entscheidung, die Schalk erzürnt, da er als Dirigent vorgesehen war. (Schalk dirigiert in diesem Jahr nur *Don Giovanni*, während der viel jüngere Bruno Walter *Die Entführung aus dem Serail* und *Die Fledermaus* dirigiert; Schalk bekommt seine *Zauberflöte* 1928.)[51]

Hofmannsthal hat Zweifel an der Ernsthaftigkeit von Reinhardts Interesse. In einem Brief an Kerber beklagt er sich über Reinhardts Unzuverlässigkeit, sein „dämonisches Herumspielen mit hundert Projecten".[52] Hofmannsthal unterhält in diesen Monaten auch einen Briefwechsel mit der englischen Schauspielerin Diana Cooper, die 1925 die Rolle der Madonna in der Festspielinszenierung von Karl Vollmöllers *Das Mirakel* gespielt hatte, einem modernen Passionsspiel in Form einer Pantomime, das Reinhardt 1923 – mit Cooper – nach Amerika mitgenommen hatte.

Vorderseite des Festspielhauses nach dem ersten Umbau durch Clemens Holzmeister 1926

Rückseite des Festspielhauses

2. Kapitel: Festspielplanung und Kulturplanung   73

In einem undatierten Brief vom Frühjahr 1925 schreibt Cooper an Hofmannsthal: „Wir sollten Reinhardts Methode inzwischen kennen, eine Woche vor den Festspielen einzutreffen und weder die Zeit noch die Ruhe zu haben, irgendetwas zu vervollkommnen."[53]

Die Festspiele von 1925 werden mit dem *Welttheater* eröffnet, das nicht mehr in der Kollegienkirche aufgeführt wird – eine Erleichterung für die Salzburger Kirchenoberen und ein Sieg für den Großteil des konservativen Salzburger Bürgertums – sondern in dem neuen, provisorischen Festspielhaus neben der altehrwürdigen Felsenreitschule. (Die alte Reitschule im Mönchsbergfelsen war bereits 1921 für mehrere *Jedermann*-Vorstellungen benützt worden, als Regen die Bespielung des Domplatzes verhinderte. Seither finden dort immer wieder Aufführungen statt, unter anderen auch Reinhardts berühmte *Faust*-Inszenierung von 1933.) 1926 wird das Festspielhaus nach Entwürfen des Architekten Clemens Holzmeister (der 1960 auch das neue „Große Festspielhaus" entwirft) zu einem ständigen Theater umgebaut.

Das Projekt braucht Geld. Ein großer Teil kommt vom neuen christlich-sozialen, den Festspielen gewogenen Salzburger Landeshauptmann Franz Rehrl, auf den ich im folgenden Abschnitt näher eingehe. Ein erklecklicher Teil stammt jedoch aus den Spendenbemühungen Hofmannsthals, der einen Briefwechsel mit dem europäischen Adel beginnt und damit seinen nationalen volkstümlichen Festspielen auf Dauer ein internationales, aristokratisches Profil verleiht.

Hofmannsthal beabsichtigt, ein „Comité der Freunde der Salzburger Festspiele" ins Leben zu rufen, dessen Mitglieder aus den hundert prominentesten Persönlichkeiten der wichtigsten europäischen Länder und der Vereinigten Staaten bestehen sollen. Prominenz definiert sich durch Geld, Adelsstand, eine hochrangige Stellung im Kulturleben oder eine Kombination aus den genannten Kriterien. Die Rekrutierung der österreichischen Mitglieder des erlauchten Vereins übernimmt Hofmannsthal selbst. In Deutschland, England und Frankreich arbeitet er eng mit Stellvertretern zusammen: mit seinem persönlichen Freund Baron Georg von Franckenstein, dem österreichischen Botschafter in London, und Paul Zifferer, dem österreichischen Presseattaché in Paris, sowie mit Baron Edgar Uexküll in Berlin. Die Rekrutierung in Amerika wird weitgehend Strauss überlassen, der 1920 in den USA gastiert und bei dieser Gelegenheit bereits Werbung für die Festspiele gemacht hatte.

Hofmannsthal fertigt eine Liste potenzieller Comité-Mitglieder nach der anderen an. Auch wenn man nicht davon ausgehen kann, dass jede aufgeführte Persönlichkeit tatsächlich beigetreten ist, gibt es keine Unterlagen, dass irgend jemand abgelehnt hätte, da die Einladungen immer in äußerst schmeichelnden Worten verfasst sind und die Empfänger nicht ausdrücklich verpflichten, die Sache finanziell zu unterstützen. (Die vorhandenen Unterlagen deuten darauf hin, dass nur ein Angesprochener, Lord Haldane, unter der ausdrücklichen Bedingung beitrat, nicht zu einer Spende verpflichtet zu sein.) Hofmannsthals Liste für das österreichische Kontingent umfasst Andrian, Thurn und Taxis, Colloredo, Franckenstein, Madame Nelly Grünberger, Dr. Pauker, Baron K. Rothschild, Josef Redlich und Paul Hellmann (Redlichs Schwager).[54] Die deutsche Liste nennt Graf Wolfgang Castell-Castell, Dr. h.c. Otto Deutsch, Karl Henkel, Graf Gerhard von Kanitz, Richard von Kahlmann, Thomas Mann, Mrs. Paul von Mendelssohn-Bartholdy, Helene von Nostitz-Wallnitz, Prinz Heinrich XXXIX., Prinz Adolf Schaumburg-Lippe, Gräfin Schäßburg-Rhedern und Baron Uexküll. Unter den Engländern befinden sich die Marchioness of Anglesey, der Earl of Balfour, Lady Beatty, Arnold Bennett, Lord Berners, die Viscountess Chilston, Lady Colefax, Lady Cunard, Sir Edwin [sic] Elgar, Lord Haldane, Sir Henry Hadow, Lady Lavery, Miss Olga Lynd, Professor Gilbert Murray, H.G. the Duchess-Dowager [sic] of Rutland und der Earl of Oxford and Asquith. Die französische Liste verzeichnet Madame Maurice de Beaumarchais, Madame Dagny Björnson-Sauterau, Prince de Beauveau-Craon, Madame Renée Dubost, Professor Marcel Dunan, Paul Géraldy, Madame Octave Homberg, Charles Luquet, die Duchesse de Liancourt, die Comtesse Emmanuel de Larochefoucault [sic?], die Comtesse Mathieu de Noailles, Paul Painlevé und Maurice Ravel.

Franckenstein, Zifferer und Uexküll teilen sich mit Hofmannsthal die Aufgabe, potenzielle Comité-Mitglieder anzuschreiben und berichten Hofmannsthal vom Erfolg ihrer Anfragen. Franckenstein liefert Hofmannsthal darüber hinaus biografische Informationen – gelegentlich in Form von Auszügen aus dem „Who's Who" – über Persönlichkeiten wie den Earl of Balfour, Edward Elgar, Sir Henry Hadow, Viscount Haldane und Gilbert Murray. (Zumindest letzterer ist Hofmannsthal als bahnbrechender Altphilologe aus Oxford gut bekannt, da er etliche Jahre zuvor einen begeisterten Artikel über *Elektra* geschrieben hatte.)

Franckenstein ist besonders scharf auf Sir Henry Hadow, Vize-kanzler der Sheffield University und ein auf österreichische Musik spezialisierter Musikwissenschaftler. Er drängt auch auf die Grün-dung eines Frauen-Comités unter der Leitung von Mrs. Courtaud, „die mit ihrem Gatten die finanzielle Garantie für die vergangene, hiesige Opernsaison gestellt hat". Die Antwortbriefe, an Francken-stein adressiert (außer im Falle Gilbert Murrays, der Hofmannsthal direkt anschreibt), drücken einhelliges Wohlwollen aus für die, wie Lord Balfour schreibt, „künstlerischen und internationalen Anlie-gen, mit denen Sie sich in Ihrem Schreiben befassen".

Zifferer in Paris ist insgesamt pessimistischer als Franckenstein. Er steuert die meisten Namen bei, die schließlich auf der französi-schen Liste stehen, doch er beklagt sich, dass es schwierig sei, Interesse zu wecken, und dass zwei oder drei Briefe und oft ein persönlicher Besuch nötig seien, um überhaupt eine Antwort zu erhalten – positiv oder negativ. Geld aufzutreiben sei noch schwie-riger, berichtet er, da Anreize wie etwa eine persönliche Loge in Salzburg die Eitelkeit der „Reichen" nicht so sehr anspreche wie das Gleiche in Paris. Zifferer schlägt deshalb vor, Hofmannsthal solle sich direkt an die französische Regierung wenden, mit einem Brief an Alfred Grünberger, von 1922 bis 1924 Ignaz Seipels Außenminister und seit Anfang 1925 Botschafter in Frankreich. Grünberger habe enge Verbindungen zum französischen Kabinett-minister und ehemaligen Kriegsminister Paul Painlevé und könne mit der steigenden Popularität Frankreichs in Österreich argumen-tieren, die durch eine französische Unterstützung der Salzburger Festspiele zu erwarten sei.

Alle Emissäre Hofmannsthals sind sich der Bedeutung ihrer Sache bewusst, die Franckenstein in einer 1937 gehaltenen Rede anlässlich der Enthüllung einer Hofmannsthalbüste in Salzburg zusammenfasst: „Der Salzburger Festspielgedanke entsprang [Hofmannsthals] tiefster Überzeugung, daß es der Auftrag unseres Landes sei, sein Erbe intellektueller und kultureller Überlegenheit zu bewahren und zu festigen – trotz Armut, harten Kampf ums Überleben und unseren eingeengten Landesgrenzen."[55] Diplomatie und Erfolg der paneuropäischen Salzburgpropaganda beruhen auf der Tatsache, dass sich das nationalistische Programm als kosmo-politisches Ideal formulieren lässt, das für die Engländer und Fran-zosen wie reinster Internationalismus klingt.[56]

VI

Hofmannsthal und Reinhardt stimmen Bahrs berühmtem Satz zu, Salzburg sei die Stadt, wo die Natur zu Stein und schließlich zu Geist wird, und benützen trotz des neuen Festspielhauses Salzburgs Natur, Stein und Geist weiterhin als Kulisse. Die in den Felsen gehauene Felsenreitschule wird weiter für Opernaufführungen verwendet, die Domfassade für *Jedermann*, und 1922 wird der Altar der Kollegienkirche zur Bühne für *Das Salzburger große Welttheater*. Es wird keine Gelegenheit versäumt, der Idee Nachdruck zu verleihen, dass die Festspiele aus Salzburger Geist und Boden hervorgehen. Die Salzburger jedoch folgen dieser Vorstellung nicht unbedingt, und Hofmannsthal und Reinhardt haben bei der Planung ihres Theatercoups das große Glück, ab 1922 die vorbehaltlose Unterstützung des Salzburger Landeshauptmanns Franz Rehrl zu genießen sowie, vom Beginn der Unternehmung an, die nicht ganz so vorbehaltlose des Salzburger Erzbischofs Ignaz Rieder.

Franz Rehrl und Clemens Holzmeister

Der gebürtige Salzburger Rehrl, Zeit seines Lebens Christlich-Sozialer, 1918 Anschluss-Befürworter, nach 1933 trotz stark antisemitischer Tendenzen standhafter Nazigegner, ist von 1922 bis zu seiner Verhaftung 1938 Landeshauptmann von Salzburg. In dieser Position beobachtet er die Entwicklung der Salzburger Festspiele mit wachsamen Augen, vor allem, als es 1925/26 um den Bau des Festspielhauses und 1937 um den Umbau der Stallungen neben der Felsenreitschule in ein Festspielhaus geht. (Es ist Rehrl, der den Architekten Clemens Holzmeister verpflichtet.) Er begründet sein Engagement mit der Formel „Festspiele = Wirtschaft". Die Zuschüsse aus dem Salzburger Landeshaushalt betragen nach einem Beschluss von 1920 400.000 Kronen.[57]

„Festspiele = Wirtschaft"

Rein wirtschaftliche Überlegungen erklären Rehrls Interesse jedoch nicht hinreichend, da Mitte der 20er Jahre keineswegs garantiert ist, dass sich die Festspiele zu einem gewinnbringenden Unternehmen entwickeln würden. Hinter den wirtschaftlichen Erwägungen steht Rehrls „emotionale Aversion gegen Wien", wie Ernst Hanisch es formuliert.[58] Rehrl ist der Meinung, Salzburg sei seit 1816 von Wien „kolonialisiert" worden; in einem Artikel vom Heiligabend 1924 in der *Salzburger Chronik* wiederholt er den Vorwurf: „Salzburg war schon ein mächtiges Kulturzentrum, ehe Wien irgendeine Bedeutung erlangt hat."[59] In Rehrls Augen hat Salzburg zu Bayern engere Bindungen als zu Wien, die sich durch die Festspiele noch intensivieren ließen. Der Tourismus aus Bayern ist für ihn ein zentraler Aspekt und eine praktische Erwägung, die seine Festspielideologie bestärkt. Hier unterscheidet er sich deutlich vom Wiener Hofmannsthal, für den sich Salzburg und Wien in nationaler Symbolik sinnvoll ergänzen.

In der Lokalpolitik offenbart sich Rehrls Provinzialismus in den Auseinandersetzungen zwischen der eigenen Christlich-Sozialen Partei, die in Salzburg traditionell starken Einfluss hat, und den Sozialdemokraten, die in Wien eine Hochburg haben. Die Festspielpolitik, insbesondere die Finanzierung des Festspielhauses von 1925, spielt darin eine wichtige Rolle. Die Inflation und der unverantwortliche Umgang mit dem vorhandenen Etat hatten die Baukosten innerhalb weniger Monate von veranschlagten 50.000 Schilling (500 Millionen Kronen) auf zwei Millionen Schilling schnellen lassen. Die Sache ist umso peinlicher, als Richard Hildmann, der christlich-soziale Vizebürgermeister von Salzburg, amtierender Präsident der Festspielhaus-Gemeinde ist. Die Wiener Presse berichtet bissig über das Fiasko, und mit einem Artikel des in New York gedruckten und in London vertriebenen *Musical Courier* erreicht die Kritik auch das internationale Publikum: Er ist mit „Financial Tricks in Salzburg Festival Society" überschrieben und verknüpft den Vorwurf der Inkompetenz mit dem Verdacht auf Veruntreuung.[60] In einem Brief an den österreichischen Botschafter in London, Georg von Franckenstein, protestiert Rehrl persönlich gegen den anonym erschienenen Artikel und verlangt die Aufdeckung des Verfassers.[61] Die missliche Situation bestärkt die Sozialdemokraten in ihrer ablehnenden Haltung den Festspielen gegenüber; Rehrl und Hildmann führen einen zähen Kampf gegen den Salzburger Sozialdemokraten Karl Emminger. Rehrl gewinnt die Schlacht und rettet die Festspiele, indem er die Gesamtleitung von der privaten Festspielhaus-Gemeinde auf die Regierung überträgt. Unter amtlicher Aufsicht wird das Defizit der Festspiele mit erheblicher Unterstützung der Bayernbank reduziert.

Rehrls politischer und finanzieller Draht zu Bayern, der sich neben den Festspielen auch auf weniger glamouröse Projekte wie die Sanierung des Schienennetzes erstreckt, bildet die Grenze, bis zu der er seine im Grunde anschlussfreundliche Politik verfolgen kann (ein weiterer und tiefgreifender politischer Unterschied zu den Wiener Festspielplanern). Die Salzburger Festspiele behalten ihre bayerische Färbung – besonders in der Zusammensetzung des

„Das Salzburger große Welttheater" in der Kollegienkirche, 1922

Hugo von Hofmannsthal und Max Reinhardt bei der Probe des „Salzburger großen Welttheaters", 1925

Publikums – bis 1933, als Hitler von jedem Deutschen, der die bayerisch-österreichische Grenze überquert, eine Gebühr von 1000 Reichsmark verlangt: die „Tausend-Mark-Sperre".

Auch Erzbischof Ignaz Rieder kooperiert verständnisvoll mit den Festspielplanern, vor allem mit Max Reinhardt. Mit der Genehmigung, die Domfassade und den Altar der Kollegienkirche als Kulissen zu verwenden, hat Rieder großen Anteil am Bühnenerfolg der Mysterienspiele des Dreiergespanns Hofmannsthal-Reinhardt-Roller. Doch sein Verhältnis zu den Salzburger Impresarios ist stets von Kompromissen gekennzeichnet; Rieder ist ständig gezwungen, sein Vertrauen in den sakralen Charakter der Werke mit der Skepsis und dem Antisemitismus des Kirchenvolkes in Einklang zu bringen.

Der erste Kontakt zwischen Reinhardt und Rieder kommt durch den Dramatiker Alois Außerer zustande, der Reinhardt empfiehlt, der Erzbischof könne ein offenes Ohr für den Festspielgedanken haben. Am 16. Juli 1920 schreibt Reinhardt an Rieder und skizziert die geplante *Jedermann*-Inszenierung vor dem Dom. Er weist ausdrücklich darauf hin, dass der Spielort groß genug sei, auch dem „minderbemittelten" Publikum Zutritt zu gewähren und dadurch „dem ganzen Unternehmen eine größere Popularität" bei der Salzburger Bevölkerung zu sichern. Rieder schreibt postwendend zurück, dass er „sich von Herzen freue, wenn dieses tiefgreifende Spiel zur glücklichen Aufführung kommt; es wird einen mächtigen reinigenden Eindruck machen".

Reinhardt schließt diesen ersten Brief mit der Bemerkung, ein technisches Problem müsse noch gelöst werden. Der Text schreibe vor, dass bei Jedermanns Tod die Kirchenglocken läuten; bei einer Freiluftaufführung müsse das Glockenläuten von den benachbarten Kirchen kommen, und dies verursache Probleme für die Verständlichkeit auf der Bühne. Die Glocken verursachen in der Tat ein erhebliches Problem, wenn auch kein technisches, wie Reinhardt befürchtet. Einige Salzburger protestieren gegen den Einsatz von Kirchenglocken zu ihrer Meinung nach rein theatralen und profanen Zwecken. Die Proteste, so Hans Spatzenegger, reichen „von anonymen antisemitischen Beschimpfungen bis zu innerkirchlichen Schwierigkeiten", die zur Folge haben, dass Erzbischof Rieder die Genehmigung zum Läuten der Glocken beim Tod Jedermanns zurückzieht.[62]

Mit der Planung der *Welttheater*-Inszenierung für Sommer 1922 übernimmt Hofmannsthal die brieflichen Verhandlungen mit

Rieder, oft mit Hermann Bahr als Vermittler. In einem Brief an Hofmannsthal vom 16. Januar 1922 äußert Rieder Bedenken gegen eine Inszenierung des neuen Stückes in der Kollegienkirche. Die Akustik sei nicht gut, andere Spielorte seien geeigneter: der Domplatz (wie für *Jedermann*), die Felsenreitschule oder der Carabinierisaal in der Residenz. So „edel und tadellos" das neue Stück auch sei, „ein Gotteshaus nicht ein Spielsaal werden". Rieder schlägt vor, falls die Kirche wegen Renovierungsarbeiten für zwei Wochen geschlossen würde, könnte das Stück in dieser Zeit – da das Gebäude dann nicht als Kirche diene – aufgeführt werden; die Einnahmen aus den Vorstellungen könnten der Renovierung zufließen oder sie ermöglichen. Wir wissen nicht, ob der Vorschlag, mit dem Stück die Renovierung zu finanzieren, hier zum ersten Mal auftaucht, doch der Brief legt die Vermutung nahe, dass hier sowohl ein ideologisches als auch ein finanzielles Geschäft ausgehandelt wurde.[63]

Hofmannsthal antwortet am 6. Februar und betont die Bedeutung der Kollegienkirche. Ein Heiligenspiel wie das *Welttheater* in einem gewöhnlichen Theater aufzuführen, wäre „ein Hingeben des Geistigen für Geld". Er selbst würde das Stück gern auf dem Domplatz sehen, aber Reinhardt sei dagegen, da er sich den organisatorischen Schwierigkeiten einer Freiluftaufführung – vor allem dem ständig drohenden Regen – angesichts des angespannten Probenprozesses nicht gewachsen fühle. Die Reitschule und der Carabinierisaal hätten zu wenig Türen. Und schließlich bräuchte das *Welttheater* „schöne, alte, würdige Musik, Chöre, Bläser und vor allem die Orgel; fast wie ein Oratorium muß Musik darin sein"; dies sei nur in der Kirche oder auf dem Domplatz zu erreichen, der bei entsprechendem Wetter ohnehin für einige Vorstellungen benützt würde.[64]

Am 12. März richtet Friedrich Gehmacher von der Salzburger Festspielhaus-Gemeinde an Rieder die „tiefergebene Bitte", die Kollegienkirche benutzen zu dürfen. Rieder stimmt zu und bestätigt, dass das Stück „einen würdigen, dem Inhalte entsprechenden Hintergrund und Rahmen" brauche, „der durch seinen ‚sacralen Charakter' die Darstellung ausdrücklich über das Profan-Theatralische hinaushebt". Er führt detailliert die Renovierungsarbeiten auf, die durch die Einnahmen gedeckt würden, und empfiehlt, sich wegen der Einzelheiten an den Dompfarrer Jakob Obweger zu wenden. Das tut Hofmannsthal am 20. Mai selbst. Am 12. Juni meldet die Festspielhaus-Gemeinde, dass eine Einigung erzielt worden sei: Das Stück würde in der Kirche aufgeführt, die

Einnahmen kämen der Renovierung zugute. Die Festspielhaus-Gemeinde verpflichtet sich, vier Millionen Kronen aus eigenen Mitteln beizusteuern, außerdem solle es ein spezielles Kontingent an Eintrittskarten zu „wesentlich ermäßigten Preisen" für die einheimische Bevölkerung geben.[65]

Den Verhandlungspartnern ist dabei völlig bewusst, dass der verarmte österreichische Staat keine Möglichkeit hat, die Renovierung der Kirche finanziell zu unterstützen. Hofmannsthal fragt bei seinem Freund und Londoner Repräsentanten Georg von Franckenstein an, ob es möglich wäre, in England zusätzliche Mittel aufzutreiben. Er befürchte, das gesamte Projekt könne zusammenbrechen, weil nicht genug Geld da ist, und es könne „Mißstimmung und Unliebe gegen das Ganze bei einem Teil der christlichen Bevölkerung entstehen".[66] Der interessanteste Aspekt ist dabei, wie früh Hofmannsthal offenbar zur Erkenntnis kommt, dass seine nationalen katholischen Volksfestspiele bei den Salzburgern auf schwankende Begeisterung stoßen.

VII

Salzburger Ideologie

In der Diskussion der Barockideologie in Kapitel 1 vertrat ich die These, dass die Geschichte barocker Kulturrepräsentation zwischen 1860 und 1938 in der Geschichte des gelehrten Interesses an der Barockkultur eine Parallele finde. Ähnlich verhält es sich mit der Geschichte der Salzburger Ideologie. Die ideologisch geprägte institutionelle Geschichte, die ich in diesem Kapitel bisher nachgezeichnet habe, entsteht im Dialog mit zeitgenössischen intellektuellen Strömungen innerhalb des konservativen österreichischen und deutschen Lagers; Hofmannsthal verkörpert am deutlichsten die Verbindung zwischen ihnen. Die Rhetorik der Salzburger Festspiele, von Hofmannsthals eleganten Formulierungen bis zu den eher prosaischen Verlautbarungen des Festspielkomitees, bezieht ihre Kraft aus dem symbolischen Stellenwert in der übergeordneten Kulturplanung für die Erste österreichische Republik. Mitglieder der Festspielhaus-Gemeinde und Musikjournalisten (Antropp, Marsop, Lux und andere) basteln aus Treuebekundungen gegenüber Österreich, Salzburg, Mozart und der heiligen Hochkultur eine Salzburger Ideologie zusammen. Hofmannsthal selber ist ein großer Synthetisierer. Die Tatsache, dass die Festspielplaner – Hofmannsthal eingeschlossen – sich mit programmatischer Planung über die Grenzen ihres Projekts hinaus nicht befassen, verweist den Universalanspruch ihrer Ambitionen nicht ins Reich der Rhetorik; ebensowenig wird dadurch „Theaterpolitik" von nationaler Politik getrennt. In Salzburg geht es auch um die Erfindung einer Nationalkultur, die Erfindung einer Geisteshaltung. Einmal geschaffen, würde sich diese auf weitere Felder wie etwa auf die gymnasialen Lehrpläne übertragen und anwenden lassen.[67]

Meiner Ansicht nach ist der Übertragungsmechanismus zweitrangig gegenüber der Tatsache, dass die Salzburger Ideologie als Totalität konzipiert wird, als *Weltanschauung* im Freudschen Sinne.[68] Konzipiert als poetisches Ganzes – als „Spiegelbild der Nation", um einen Begriff Hofmannsthals zu verwenden –, verlangte sie, auf Treu und Glauben als Definition nationalen Selbstverständnisses akzeptiert zu werden. Es handelt sich eindeutig um ein kulturelles Programm, und zwar eines, das nach dem Totalitätsprinzip funktioniert, also dem Prinzip totaler Gefolgschaft, nicht dem rationaler Zustimmung.

Die Gegenüberstellung von Totalität und Rationalität als kognitive Kategorien findet ihre Parallele in der schwer fassbaren heuristischen Unterscheidung zwischen Ideologie und Wissenschaft. In einem spezifischeren und spezifischer deutschösterreichischen Kontext hat sie ihre Parallele in der nicht weniger wichtigen Unterscheidung zwischen Kulturkritik und Sozialtheorie. Kulturkritik, zumindest im deutschen Kontext, neigte stets zu einer utopischen Position, die Kultur als Totalität definiert, welche entweder zu bewahren oder wiederzugewinnen sei. Diese Spielart deutscher Kulturkritik führt zur völkischen Ideologie und zum post-Nietzscheanischen Denken von Paul de Lagarde bis Julius Langbehn, Moeller van der Bruck, Ernst Bertram und Rudolf Pannwitz (*post*-Nietzscheanisch; Nietzsche passt hier nicht hinein und wurde von seinen Epigonen grundlegend fehlgedeutet).[69] Bei explizit konservativen Denkern ist eine solche Haltung nicht überraschend, doch sie findet sich auch bei nicht- oder antikonservativen Denkern (Hermann Broch und Karl Kraus sind zwei Beispiele). Sozialtheorie ist im deutschen Kontext weitgehend eine Reaktion gegen die totalisierenden und ideologischen Dogmen der Kulturkritik. Sie wird vor allem von Max Weber als intellektuelle und politische Gegenbewegung formuliert: Gesellschaft ist als ein nichtorganisches System zu verstehen und zu beschreiben, das nicht mehr als die Summe seiner Bestandteile ist; während Kulturkritik mit der Kategorie der Gemeinschaft operiert, operiert Sozialtheorie im Weberschen Sinn mit der der Gesellschaft.

Kulturkritik versus Sozialtheorie

Hofmannsthal ist, zumindest 1918, zum konservativen Kulturkritiker geworden; Salzburg wird zum Anwendungsfall von Kulturkritik. Als kulturplanerische Exerzitie unterscheidet sich Salzburg damit grundlegend von der Kulturplanung eines Weberschen Sozialtheoretikers wie Karl Mannheim, der den Begriff einführt. Für Mannheim ist Kulturplanung notwendiges politisches Instrument in der Massengesellschaft, und Massengesellschaft ist genau die Kategorie, die für konservative Kulturtheoretiker wie Hofmannsthal inakzeptabel ist: Sie ersetzen ihn durch den Begriff *Volk*. Für Mannheim ist Planung die „rationale Beherrschung der irrationalen Kräfte"; sie soll „der größten Gefahr der Demokratie" vorbeugen: „dem unkontrollierten Ausbrechen von Massenreaktionen". Mannheims Konzept kultureller Planung ist dem angloamerikanischen pluralistischen Liberalismus, der jede Kulturplanung ablehnt, zwar fremd, doch es ist rationalistisch und antitotalitär.[70]

In Hofmannsthals intellektuellem Milieu gedeiht die Salzburger Ideologie im Ferment eines neubelebten österreichischen und deutschen Nachkriegs-Nietzscheanertums. Als kulturplanerische Exerzitie ist Salzburg eine romantische Neudefinition der Gesellschaft als Gemeinschaft, als ästhetische Totalität. Salzburg steht zwischen der rationalistischen Planung Mannheims und der entromantisierten, entästhetisierten totalitären Politik eines Carl Schmitt, für den Totalität lediglich eine durch Macht erzeugte und aufrecht erhaltene Konstellation ist – wobei es allerdings eine Kontinuität zwischen beiden gibt. Auf das Problem der intellektuellen – und in vielen Fällen politischen – Kontinuität zwischen der Salzburger Ideologie und dem österreichischen Nationalsozialismus werde ich im letzten Kapitel eingehen.[71]

„Die konservative Revolution"

Das Bekenntnis, das Hofmannsthal bei den Konservativen (und einige Jahre später bei Teilen der österreichischen Nationalsozialisten) Anerkennung und bei einigen Gemäßigten (unter anderem Thomas Mann) Ablehnung einträgt, ist seine berühmte Rede „Das Schrifttum als geistiger Raum der Nation" von 1927, in der er den Begriff der „konservativen Revolution" prägt und zum Ziel erklärt.[72] Die Rede selbst, vor allem der Begriff der „konservativen Revolution", zeichnet sich durch eine Haltung aus, die die Salzburger Ideologie stützt. Von unmittelbarem Interesse und Gewicht ist Hofmannsthals Metapher des „geistigen Raums der Nation". Das Bild ist geprägt vom Sinn für die barocke Form als festgelegte Repräsentation kultureller Totalität. Es handelt sich um denselben

Raumbegriff, der die Kosmologie der Karlskirche und das Bild der Bühne als „Welttheater" prägt.

Die Rede bekräftigt die Einheit intellektueller deutscher Tradition, eine Einheit, die ein Gemeinschaftsgefühl vermittelt, das grundlegend und charakteristisch für den deutschen Nationalgeist ist. Die Tatsache, dass die Rede in München gehalten wird, trägt zweifellos zum gesamtdeutschen Ton bei, doch es gibt keinerlei Widerspruch zwischen ihr und Hofmannsthals explizit österreichischen Definitionen deutschen Geistes aus den Jahren vor Salzburg. Das Erbe der deutschen Geistesgemeinschaft, über das Hofmannsthal hier spricht, ist für ihn noch immer geistiges Eigentum der Österreicher. Die Rede fordert, auch im Hinblick auf Salzburg, die Neudefinition eines vereinten deutschen Geistes aus dem Vermächtnis deutscher Geisteswissenschaften. „Der Prozess, von dem ich rede, ist nichts anderes als eine konservative Revolution von einem Umfange, wie die europäische Geschichte ihn nicht kennt. Ihr Ziel ist Form, eine neue deutsche Wirklichkeit, an der die ganze Nation teilnehmen könne."

Hofmannsthal stellt immer wieder das Bild des gebildeten Deutschen gegen das des Bildungsphilisters, ein Bild, das er zutreffend, wenn auch etwas prosaisch, Nietzsche zuschreibt. Hofmannsthal tut Nietzsche jedoch zutiefst unrecht, wenn er einen (deutschen) Nationaltypus als notwendigen Widerpart zum Bildungsphilister postuliert. Wenn er Nietzsche zum Nationalisten verfälscht, rührt das aus der Tradition des damaligen Nietzscheanismus, von dem er sich hat anstecken lassen. Zwischen 1917 und 1920 steht er mit der Kulturideologie, die er damals formuliert, unter dem Einfluss der Schriften von Ernst Bertram und insbesondere von Rudolf Pannwitz.

Das betreffende Werk Bertrams ist der Bestseller vom August 1918, *Nietzsche: Versuch einer Mythologie*. Es beginnt mit einer Verurteilung des Rankeschen Konzepts einer wissenschaftlichen Geschichtsschreibung und postuliert dagegen als nationale Notwendigkeit eine Wiederbelebung der Mythologie. Deutschland müsse seine nationale Mythologie wiederentdecken, zu der Nietzsche alle wesentlichen Prinzipien geliefert habe.[73] Hofmannsthal und Bertram kennen sich spätestens seit 1907, als Bertram die Denkschrift „Über Hugo von Hofmannsthal" schreibt, in der er auf Nietzsches *Der Wille zur Macht* rekurriert, um den „psychologischen Zusammenhang der modernen Musik mit dem Barock – als Geistesrichtung" zum Merkmal der Wiener Kultur zu erklären.[74]

Es gibt allerdings keinen Beweis für eine persönliche Bekannt-schaft der beiden. Anders steht es bei Rudolf Pannwitz, der Hof-mannsthal, Bahr und Redlich zwischen 1917 und 1920 in seinen persönlichen und intellektuellen Bann zieht. Pannwitz ist 1917 26 Jahre alt und anscheinend schon seit einigen Jahren ein Bewun-derer Hofmannsthals. In jenem Jahr veröffentlicht er sein erstes und bekanntestes Buch, *Die Krise der europäischen Kultur*, und schickt Hofmannsthal ein Exemplar. Hofmannsthal ist begeistert und schreibt Leopold von Andrian: „Ein neuer Mensch ist in mein Leben getreten."[75] Im Oktober berichtet Hofmannsthal dem Mysterienspielautor Max Mell von seiner Entdeckung mit Worten, die die Ankunft eines Propheten zu verkünden scheinen: „Was ich noch von ihm erwarte, scheint mir unberechenbar nicht für mich, sondern für das geistige Leben der Epoche. Ich würde es wagen, den Namen Herder vergleichsweise zu nennen."[76] Es existiert eine umfangreiche, unveröffentlichte Korrespondenz zwischen Hof-mannsthal und Pannwitz, die reiches Quellenmaterial zu Hof-mannsthals intellektuellem Werdegang bietet.[77]

Rudolf Pannwitz, 1918

Hofmannsthals erster Brief an Pannwitz stammt vom 31. Juli 1917; darin drückt er seine „extreme Begeisterung und Zustim-mung" zu Pannwitz' Buch aus und schließt mit der Bitte: „Nochmal, verzeihen Sie, daß ich Ihnen wie einem guten Bekann-ten schreibe; vielleicht nehmen Sie dies als Beweis für die Wirkung Ihrer Schrift."[78] Pannwitz trat in der Tat im richtigen Moment in Hofmannsthals Leben, um an zwei Fronten Einfluss zu nehmen: die Formulierung einer konservativen Kulturtheorie sowie die einer kulturellen und politischen Position den Tschechen gegen-über (vgl. Kapitel 4).

Am 9. November 1917 berichtet Pannwitz Hofmannsthal von einem geplanten Manuskript mit dem Titel „Österreichische Kul-turpolitik" und den Kapiteln „Der Staat der Zukunft", „Öster-reichs Ewigkeit", „Geist", „Politik" und „Kirche". Es gibt keinen Hinweis, dass das Werk je zustande kam. Pannwitz informiert Hof-mannsthal auch, dass er, obwohl gebürtiger Deutscher, den Rest seines Lebens in Österreich verbringen wolle, dem einzigen Boden, auf dem deutsche Kultur gedeihen könne.[79] Die Österreicher seien viel lebendiger als die Deutschen, vielleicht sei Deutschland ja plötzlich an sein Ende gelangt, während Österreich Deutschlands Rolle übernommen und auf eine andere Ebene überführt habe. Alles käme nun darauf an, die richtige Richtung einzuschlagen. „Der Östreicher ist elastischer als der Deutsche."[80] Die preußische

Vorherrschaft in Mitteleuropa war für Pannwitz ein „Intermezzo"; die Preußenmacht würde der österreichischen Macht weichen wie Babylon den Ägyptern und das weströmische dem oströmischen Reich.[81]

Pannwitz' Kulturkritik basiert auf mehreren Grundprinzipien: organische Kultur, antidemokratische (anti-Wilsonsche) Politik, Anerkennung eines organischen, aus der Vereinigung der Deutsch-österreicher mit den Tschechen hervorgehenden Österreichs, Abneigung gegen alles Preußische und damit gegen das Deutsche Reich (wo er organische Kultur für unmöglich hält) sowie – ein Grund für sein späteres Zerwürfnis mit Hofmannsthal – Antipathie gegen das Theater und Theaterkünstler im allgemeinen, Kategorien, unter die auch Salzburg, Strauss und Reinhardt fallen.

Für Pannwitz ist Salzburg eine rationalistische Verfälschung der „organischen" deutschösterreichischen Kultur, eine Art nachgeholte „Gründerzeit", die ihn seinerzeit veranlasst habe, der deutschen Heimat den Rücken zu kehren. „Strauss gehört nicht nach wien, geschweige denn salzburg", er solle lieber „nach budapest gehen, es sei denn, er zieht die pseudomozartisierung der Yankees vor."[82] Was Reinhardt betrifft, fragt sich Pannwitz, ob dessen Salzburg-Begeisterung das Ergebnis ehrenwerter, neuer Ideen oder mangelnder finanzieller Entlohnung in Berlin sei.[83] Derart versorgt Pannwitz Hofmannsthal mit vielen Salzburg-Metaphern; er selbst ist gegen Salzburg, weil die theatrale Form es zu einer unreinen Manifestation seiner kulturpolitischen Prinzipien mache. Im Oktober 1920 wirft er Hofmannsthal vor, er habe zugelassen, dass der *Jedermann*, „den ich liebe und als religiöses werk verehre," durch die Aufführung in Salzburg profanisiert wurde.[84] Für Hofmannsthal indes verkörpern die Festspiele das Konzept der „konservativen Revolution" und des kulturellen Wiederaufbaus, und er ist nicht bereit, sich der Pannwitzschen Kritik anzuschließen. *Das Salzburger große Welttheater* als Kernstück des Spielplans von 1922 bekräftigt die Symbolik der Festspiele als Spiegelbild einer idealisierten gesellschaftlichen Totalität. Das auf der Bühne präsentierte katholische Welttheater spiegelt den Gottesstaat, der die Zukunft Österreichs symbolisiert.[85]

Max Reinhardt (oben rechts mit Hugo von Hofmannsthal) mit Gästen auf der Terrasse von Schloss Leopoldskron, 1927

NATIONALISTISCHES
WELTBÜRGERTUM

Das folgende Kapitel versucht, aus der Perspektive der Salzburger Festspiele und der deutschösterreichischen Intelligenz zu Beginn der Ersten Republik einen zentralen, indes schwer zu definierenden Diskurs der deutschen Geistesgeschichte zu beleuchten: den des Weltbürgertums. Die intellektuellen Propagandisten Salzburgs und der damit verbundenen Weltanschauung bezeichnen sich selbst als Weltbürger und die Festspiele als Feier des Weltbürgertums. Die Tradition, auf die sie sich berufen und die sie fortführen wollen, ist die der deutschen Aufklärung und der Frühromantik zwischen 1780 und 1800. Schon der Begriff „Aufklärung" hat eine geheiligte Aura. Stärker als die französische, schottische oder italienische Aufklärung gilt diese Epoche stets als goldenes Zeitalter der Kultur und hat daher auch später nur wenige Kritiker. Ob der Begriff verwendet wird, um auf die Totalität eines intellektuell wie politisch aufgeklärten Zeitalters zu referieren oder, bescheidener, eine intellektuelle Tradition zu bezeichnen, die angeblich apolitisch oder vorpolitisch ist: man meint fast immer ein Modell und ein Ideal, das wiedererlangt werden soll.

Die Texte der deutschen Aufklärung werden vom Augenblick an, da die Epoche als vergangen gilt, unterschiedlich interpretiert. Datiert man die Aufklärung in etwa vom Beginn der Herrschaft Friedrichs des Großen bis zu Napoleons Einmarsch in Deutschland, zeigt sich, dass sie fast immer unter dem Aspekt einer weltbürgerlichen Tradition oder der Erschaffung einer weltbürgerlichen Nationalkultur diskutiert wird. Sie endet nach allgemeiner Auffassung mit dem Aufkommen eines expliziten Nationalbewusstseins – als Romantik in der Literatur, als Nationalismus und Etatismus in der Politik. Das Zeitalter des aufgeklärten Weltbürgertums geht zwar dem sogenannten Jahrhundert des Nationalismus voraus und hat nur wenig mit ihm gemein; dennoch wird das Verhältnis beider Epochen zueinander unterschiedlich interpretiert. Die Aufklärung ist für alle ein goldenes Zeitalter. Den Nationalisten gelten die Werke Lessings, Kants und Goethes (der poli-

Deutsche Aufklärung als Goldenes Zeitalter

tisch neutralsten Ikonen, im Gegensatz etwa zu Herder) als Vorboten und Ermöglicher von Humboldt, Fichte und Hegel, von Denkern, die, wenn man so will, an der Schwelle zum Nationalbewusstsein des 19. Jahrhunderts stehen. Diese Auffassung vertritt unter anderem Friedrich Meinecke in seiner am stärksten nationalistischen Phase mit der berühmten Studie „Weltbürgertum und Nationalstaat" von 1907.[1]

Die Erfahrung von zwei Weltkriegen, insbesondere des Zweiten, dämpft die Neigung, die deutsche Aufklärung als Vorläufer eines legitimen Nationalbewusstseins zu verstehen, und führt zum heutigen Verständnis der Epoche als eines Zeitalters hehrer weltbürgerlicher Tradition, die von ihrem Antipoden, einem borniertem und letztlich destruktiven Nationalismus, verraten wird (wenn der Nationalismus durch Napoleon geschürt wurde, schiebt man den Franzosen die Schuld zu). Aus dieser Perspektive ist die Aufklärung ein verlorenes Paradies. Vereinzelt findet sie auch im 19. Jahrhundert noch Anwälte, wie Heinrich Heine, der dann in der Geschichtsschreibung und Literaturkritik nach 1945 eine geradezu heroische Postur annimmt. Unmittelbar nach dem Krieg empfiehlt der erschütterte, nun postnationalistische Friedrich Meinecke in *Die deutsche Katastrophe* mit schier absichtsvoller Naivität, Deutschland solle sich durch Wiederbesinnung auf Goethe und Gründung örtlicher Goethe-Gemeinden seiner kosmopolitischen Wurzeln vergewissern.[2]

Johann Wolfgang von Goethe, 1823

Doch obwohl sich diese Positionen in der Bewertung von Aufklärung und von Nationalismus wie auch im Verständnis historischer Kontinuität und Diskontinuität unterscheiden, ist allen ein unterschwelliger Nationalismus gemein – im ersten Fall explizit, im zweiten latent. Selbst wo die deutsche Aufklärung als heroischer Antipode des deutschen Nationalismus gesehen wird – hier ist der Fall Heine exemplarisch –, enthält das Konzept einer spezifisch deutschen Aufklärung in sich bereits die nationalistische Interpretation einer national definierten Tradition oder Haltung. Die beiden Ansätze treffen sich in der Annahme, die Aufklärung und insbesondere das Weltbürgertum seien deutsche Tugenden.

Die Rezeption der Aufklärung insgesamt und die erwähnte Verbindung interpretatorischer und ideologischer Strategien sind zentrale Themen der deutschen Intelligenz zwischen 1914 und 1933. In beiden zerfallenden Reichen und in beiden schon in ihrer Entstehung bedrohten Republiken werden intellektuelle und politische Vorbilder aus einem goldenen Zeitalter wesentlicher Bestandteil der Überlebens-, Selbstdarstellungs- und Wiederaufbaustrategie. Während des Krieges, mehr noch danach signalisiert die Hinwendung zur Aufklärung und zu den Idealen der Goethezeit die Absage an ein nationalistisches, militaristisches Deutschland. Die kosmopolitische Weimarer Republik symbolisiert der Welt diese Umkehr; die österreichische Republik zeigt ähnliche Tendenzen. Indes steht hinter dem Wunsch, zu den kosmopolitischen Idealen der deutschen Aufklärung zurückzukehren, oft ein nationalistisches Programm. Zu diesem Punkt werde ich im Verlauf des Kapitels ausführlicher auf Hugo von Hofmannsthal und Thomas Mann eingehen – einen österreichischen Katholiken und einen norddeutschen Protestanten, die während des Krieges und der Weimarer Jahre beide als nationalistische Weltbürger auftreten.

Für Mann und Hofmannsthal sind Weltbürgertum und Nationalismus zu dieser Zeit kein Gegensatz. Weil der Begriff der nationalen Identität für einen Deutschen wesentlich weniger kompliziert ist als für einen Österreicher, geht Mann den Schritt vom einen zum anderen direkter (à la Meinecke) als Hofmannsthal. Für beide ist die grundsätzliche Vereinbarkeit beider Positionen gleichwohl der Schlüssel zur Aufklärung. Es geht nicht einfach um die ideologische Umwidmung der Aufklärung zu einer Vorläuferin des Nationalismus, sondern um eine ernsthafte und keineswegs leichtfertige Interpretation der Aufklärung als einer Epoche, die sich in der Tat durch eine ganz eigene Kombination kosmopolitischer und nationalistischer Strömungen beschreiben lässt. Ich schlage daher vor, diesen Prozess als Dialog, nicht als Aneignung zu betrachten. Bevor wir unseren eigenen kosmopolitischen und goethefreundlichen Neigungen gestatten, Mann und Hofmannsthal (zumindest während des Krieges) als nationalistische Spinner abzutun, sollten wir die Goethezeit etwas genauer betrachten und versuchen, die Vermittler in diesem nationalistisch-weltbürgerlichen Dialog ausfindig zu machen.

Weltbürgertum als hochgeschätztes Erbe der deutschen Aufklärung stellt für den modernen Interpreten eine ähnliche Herausforderung dar wie der Toleranzbegriff der Reformation. Er muss sich entscheiden, ob er die Toleranz von Reuchlin und Erasmus (gegen die Intoleranz von Luther und Eck) und das Weltbürgertum von Kant, Lessing oder Goethe (gegen den seit Fichte und Hegel im 19. Jahrhundert allmählich aufkommenden Nationalismus) ungeprüft als hehre Beispiele eines „anderen Deutschlands" verstehen möchte oder davon ausgeht, dass sich hinter jedem

Toleranz und Intoleranz, Weltbürgertum und Nationalismus

Begriffspaar – Toleranz und Intoleranz, Weltbürgertum und Nationalismus – eine starke innere Kontinuität verbirgt.

Meine Analyse bestimmter Teilaspekte des Weltbürgertums orientiert sich an Heiko A. Obermans Studie *Wurzeln des Antisemitismus*, die den Toleranzbegriff in grundlegenden Reformationsschriften untersucht. Was die Tolerierung der Juden angehe, so Oberman, seien Erasmus, Luther und siebzehn weitere Theoretiker der Reformation und Gegenreformation „fremde Bundesgenossen". Er ist sich der Brisanz seiner These natürlich bewusst und weiß, dass sie bezüglich Luthers vielleicht Zustimmung findet – oder längst akzeptiert ist –, bei Erasmus freilich, dem Sprachrohr des christlichen Humanismus und der Toleranz schlechthin, und bei Reuchlin, dem Verteidiger des Talmud, auf Unverständnis stoßen muss. Bei Erasmus führt er drei Argumente an: Erasmus gehe von einer „kollektiven Verschwörung" der Juden aus; er verstehe Toleranz nicht im modernen Sinne als Garant individueller Rechte, sondern als Garant christlicher Freiheit, und sein Denken sei „von einem virulenten theologischen Antijudaismus durchzogen". Oberman schließt sein Kapitel über Erasmus mit den Worten: „Am Ende überrascht nicht mehr, daß das Dreieck von Friedensliebe, Eintracht und Gelehrsamkeit allein für die Anwendung in der christlichen Gesellschaft konzipiert ist. Toleranz ist Christentugend, die dem Judentum als ‚verderblichster Plage und bitterstem Feind der Lehren Jesu Christi' in der Gesellschaft keinen Platz läßt."[3]

Weltbürgertum als deutsche Tugend

Natürlich geht es hier nicht um eine Bewertung oder gar Übernahme der Obermanschen Theorie zum Toleranzbegriff im 16. Jahrhundert. Ich möchte vielmehr eine Parallele zwischen diesem Toleranzbegriff und dem daraus hervorgehenden Begriff des Weltbürgertums ziehen. Wenn Obermans paradoxe These lautet: „Toleranz war eine Christentugend", so lautet meine: Das Weltbürgertum war eine (angeblich) deutsche Tugend, in der Goethezeit wie auch in der Rezeption durch Denker wie Mann und Hofmannsthal.

Toleranz und Weltbürgertum sind für deutsche Denker intellektuelle Instrumente der Selbstdefinition qua Konfrontation mit der Außenwelt oder dem „Anderen". Bei der Toleranz ist das „Andere", so Oberman, formal die Gesamtheit nichtchristlicher Religionen, gemeint sind jedoch besonders das Judentum und die Juden. Beim Weltbürgertum ist das „Andere" der Westen im allgemeinen und Frankreich im besonderen. In Deutschland dient das

Weltbürgertum daher als Modus der „Wertschätzung" anderer Nationalkulturen; man könnte es auch „Okzidentalismus" nennen, als umgekehrt ausgerichtetes, aber intellektuell verwandtes Pendant zum heute belasteten „Orientalismus". Weltbürgertum und Toleranz treffen sich im Verhältnis zu den Juden, die nichtjüdische wie jüdische Deutsche in Bezug auf ihre nationale Zugehörigkeit oder Nichtzugehörigkeit nie eindeutig einzuordnen wissen.

Im Vielvölkerstaat der Donaumonarchie ist die Sache mit dem „Weltbürgertum" noch komplizierter, weil es außer um Franzosen, Engländer etc. auch um Ungarn, Tschechen, Polen etc. geht – mit anderen Worten: um Nichtdeutsche und damit vom deutschösterreichischen Standpunkt gesehen um „Ausländer", insofern sie trotz Staatszugehörigkeit ein eigenes kulturelles und nationales Selbstverständnis haben. Obwohl die Österreicher die von den Deutschen vorgenommene Klassifikation der Juden als „nicht dazugehörig" teilen, verstärkt das Leben in einem Vielvölkerstaat die Erfahrung, dass man nicht über die Landesgrenzen hinausschauen muss, um das eigene Weltbürgertum auf die Probe zu stellen. So beeinflusst die aufkommende, explizit antikosmopolitische Strömung beide Fronten. Beide politischen Volksbewegungen, die um die 1890er Jahre in Österreich entstehen, Pangermanismus wie Christlicher Sozialismus, sind antislawisch wie auch antisemitisch.

Was den Grund für die Popularität der späten Donaumonarchie in der amerikanischen Geschichtsforschung betrifft, kommen die Historiker zu unterschiedlichen Hypothesen; eine verweist auf die multikulturelle (wenn nicht multinationale) Parallele zwischen dem späten Habsburgerreich und den Vereinigten Staaten von heute. Ohne genauer auf diesen Vergleich einzugehen, halte ich es für angemessen, den Diskursen über Toleranz und Weltbürgertum einen dritten hinzuzufügen, der für die amerikanische Gesellschaft wie für Österreich zwischen 1867 und 1938 gleichermaßen relevant ist: den des liberalen Pluralismus. Ich beziehe mich dabei auf Stuart Halls These, die amerikanischen Medien hätten in den 1950er und 1960er Jahren die ideologische Funktion gehabt, die Illusion eines „Konsenses" unter den diversen kulturellen und wirtschaftlichen Gruppierungen herzustellen. Was als Konsens ausgegeben wurde, sei in Wahrheit die „kulturelle Absorption aller Gruppen in die Kultur der Mitte" gewesen.[4] Obwohl die Medien, das liberale Dach gemeinsamer sozialer und politischer Grundsätze vorausgesetzt, die Pluralität kultureller Formen propagierten, sei es in Wahrheit darum gegangen, kulturelle Unterschiede in den kulturell definierten „Wertekonsens" der Mehrheit zu überführen. Halls Analyse der Kulturpolitik als Fundament einer Ideologie des liberalen Pluralismus lässt sich grundsätzlich auf die österreichische Situation nach dem Zusammenbruch des Kaiserreichs übertragen. Der „liberale Pluralismus" von Hofmannsthal, Josef Redlich und anderen, die für eine gleichberechtigte Föderation der ehemaligen Donauvölker eintreten, gleichzeitig aber die kulturelle Vorherrschaft der Deutschösterreicher voraussetzen, wird im folgenden Kapitel behandelt; ich führe ihn hier lediglich als ideologischen Verwandten von Toleranz und Weltbürgertum ein – dem zweiten wende ich mich nun zu.

II

Begriff des „Weltbürgers"

Die deutschen Begriffe „Weltbürger" und „Weltbürgertum" sind reich an Konnotationen und decken sich inhaltlich nur teilweise mit den englischen Begriffen *cosmopolitan* und *cosmopolitanism*. Eine im englischen Sinne kosmopolitische Kultur oder Person ist supranational, ein Bürger der Welt oder zumindest einer internationalen Gemeinschaft und somit, den begriffsinhärenten Werten entsprechend, Kulturen und Personen mit nationalistischer Gesinnung überlegen. Kosmopolitismus gilt fast universell als Tugend. Im Deutschen ist das Verhältnis von Weltbürgertum und Nationalismus kompliziert; die Begriffe bezeichnen keineswegs eindeutige Gegensätze, und so eindeutig der zweite, so mehrdeutig ist der erste.

Wörtlich genommen entspricht „Weltbürger" dem Begriff, den Voltaire verwendet, um sich als supranationalen, aufgeklärten Denker zu beschreiben, dessen Aufgeklärtheit speziell in der Überwindung nationaler Vorurteile besteht. Der europäische Monarch, der Voltaire am meisten bewunderte, war Friedrich der Große von Preußen, und vermutlich war er es, der die Voltairesche Selbstcharakterisierung mit „Weltbürger" übersetzte. Friedrich lieferte (zumindest in den 1740er Jahren) dazu auch das lebende Vorbild, doch es sollte ein zweischneidiges werden. Er selbst legt die Betonung auf „Welt"; nachfolgende Denker verschieben sie auf „Bürger". Für Goethe, dem Vorbild eines bürgerlichen Lebens, das bis weit ins 20. Jahrhundert – vielleicht sogar bis in unsere Zeit – Gültigkeit behält, zeichnet sich der Bürger durch eine spezifische Mischung aus lokaler Bindung und aufgeklärtem Denken aus. Ein echter Bürger ist zuerst seiner Stadt und seiner Gegend verpflich-

Friedrich der Große, 1740

tet, erst danach dem Rest der Welt, wobei die Nation für Goethe und die deutsche Intellektuellengeneration, die der napoleonischen Besetzung und den Befreiungskriegen vorausgeht, eine vage und keineswegs bindende Größe ist. „Echtes Weltbürgertum und individueller Partikularismus gehören zusammen", wie ein Goetheforscher schreibt.[5] Der Partikularismus dieses berühmtesten Bürgers der freien Stadt Frankfurt erweist sich sieben Generationen später als einflussreiches Vorbild für den berühmtesten Bürger der Hansestadt Lübeck, Thomas Mann. (Die Geschichte der Familie Buddenbrook, mit der Mann berühmt wird, beginnt 1835, zur Blütezeit der Buddenbrooks, und porträtiert sie als weltbürgerliche Partikularisten, als loyale Bürger und Senatoren von Lübeck, die französisch sprechen und französische Begriffe verwenden. Anders als Goethe verwandelt sich Mann allerdings in einen glühenden Nationalisten; mehr dazu später.)

Goethes Weltbürgertum fußt also in einem bestimmten Lebensumfeld, das er höher schätzt als alles, was über dieses Umfeld hinausgeht. Die partikularistische Loyalität konzentriert sich auf den Geburtsort, die freie Stadt Frankfurt. So erinnert sich der reife Goethe in seiner Autobiografie *Dichtung und Wahrheit* an die frühen Kindheitsjahre in der Friedenszeit vor dem Ausbruch des Preußisch-Österreichischen Krieges als an eine Zeit der Geborgenheit und Sicherheit, die den Status Frankfurts als freie Stadt gewährleistet: „Beherrschen solche Städte auch kein weites Gebiet, so können sie desto mehr im Innern Wohlhäbigkeit bewirken, weil ihre Verhältnisse nach außen sie nicht zu kostspieligen Unternehmungen oder Teilnahmen verpflichten."[6] Goethes Bekenntnis zum Partikularismus lässt sich natürlich, wie häufig geschehen, als Instrument gegen die Zwänge größerer politischer Gemeinschaften verstehen; man kann es aber auch als Modell für die „Wohlhäbigkeit" eines Staates deuten. In Tonfall und Inhalt sind wir nicht weit entfernt vom explizit nationalistischen Lobspruch, den Hans Sachs bei Richard Wagner 1865 auf die Stadt Nürnberg hält.[7]

Für diesen Hans Sachs verkörpert Nürnberg deutsche Nationaltugenden; für Goethe bietet Frankfurt nicht nur die Sicherheit der Einfriedung, die Stadt ist auch symbolischer Mittelpunkt eines größeren deutschen Ganzen. Frankfurt ist der Ort, an dem der Kaiser des Heiligen Römischen Reichs deutscher Nation gekrönt wurde; Goethe ist stolz, dass sein Großvater über Franz I. den Krönungshimmel getragen hat. In den Konflikten Mitte des

Weltbürgertum und Partikularismus bei Goethe

Hans Sachs, 1576

18. Jahrhunderts hatte Frankfurt auf der Seite Preußens gestanden, und der alte Goethe billigt diese Haltung nicht aus Loyalität zu Preußen, sondern aus aufrichtiger Bewunderung für Friedrich den Großen. Für den jungen Goethe, wie ihn der alte in Erinnerung hat, ist die preußisch-österreichische Polarität seltsam unwichtig; beide Länder taugen als Vorbild für ein deutsches Ganzes, und der Punkt, an dem sich der Bürger Goethe und dieses Ganze berühren, ist die Stadt Frankfurt.

Mehr noch als Goethe liefert der Aufklärer Justus Möser (1720–1794) den Idealtypus des Partikularisten; zwischen dem Siebenjährigen Krieg und der Französischen Revolution ist er Magistrat und Historiograph des Bistums Osnabrück. Die gebräuchliche Lesart, die unter anderem auch Meinecke vertritt, ist die vom Leben eines frommen Konservativen, der in der Aufklärung fehl am Platz ist und sich ganz bewusst deren Säkularisierungstendenzen widersetzt; damit wird er zum Vorläufer der konservativen nationalistischen Welle in Kultur und Politik, die das postaufklärerische Deutschland erfasst. Jonathan Knudsen zweifelt diese Lesart an: Mösers „komplexes, zwiespältiges Verhältnis zur Aufklärung … war unter den zahlreichen gemäßigten Vertretern der deutschen Aufklärung wesentlich weiter verbreitet als normalerweise angenommen wird".[8] Knudsen porträtiert Möser als konservativen Aufklärer und macht damit deutlich, dass dies durchaus kein Widerspruch sein muss. Möser vertritt eine ständische Aufklärung. Sie beruht auf drei Prinzipien: Treue zu den politischen Institutionen des alten Regimes, Erhaltung einer auf sittlichen Werten beruhenden Wirtschaft und des Agrarstaats sowie Widerstand gegen eine Reichsreform. In dieser neuen, ständischen Aufklärung hat das Weltbürgertum einen festumrissenen Platz. Kontakt mit Ausländern, schreibt Möser 1770, mache den Menschen sanfter und höflicher und überwinde Vorurteile, die jeder Nation zu eigen seien. Im Ergebnis führt diese Erziehung zur Toleranz jedoch zu einer Bekräftigung des Partikularismus, den Möser mit einer Polemik gegen die Mode verteidigt, die zugleich gegen Frankreich gemünzt ist: „Was würde es helfen, die besten Hutmacher zu haben, wenn die Franzosen es sich einfallen ließen, auf einmal Hüte von Wachstuche zu tragen? Wie leicht beraubt eine neue Mode das beste Handwerk seines Verdienstes? Und wohin muß ein Staat versinken, der sich hierin zuvorkommen läßt, oder nicht geschwind sein Handwerk ändert?" Es darf vermutet werden, dass Mösers Vorstellung von dem, was die Franzosen auf dem Kopf tragen könnten, eine Metapher ist für das, was sie in den Köpfen tragen. Zu Mösers Erziehungsprogramm schreibt Knudsen: „Der Sozialhistoriker, der sich mit der deutschen Geschichte im ausgehenden 18. Jahrhundert befasst, muss die Sprache der Emanzipation beiseite legen und Diderots Beispiel folgen; er muss untersuchen, in welcher Weise emanzipatorische Erziehungsprogramme zu einer einflussreichen Ideologie im Dienste eines neuen Ständestaats werden können – und tatsächlich geworden sind."

Immanuel Kant, 1791

Eine ähnliche intellektuelle und politische Haltung taucht bei Kant auf; dass sein Fall komplizierter ist, hat zumindest teilweise damit zu tun, dass bei Kant die Kategorie der Nation ins Spiel kommt, wenn auch auf subtile Weise, da er kein Nationalist im herkömmlichen Sinne ist und seine Moralphilosophie immer auf der Erfahrung des Individuums beruht.

Kants berühmter Aufsatz „Idee zu einer allgemeinen Weltgeschichte in weltbürgerlicher Absicht" von 1784 stellt die Idee des Weltbürgertums in einen Kontext, der sowohl historisch interessant wie auch für unseren Zusammenhang relevant ist. Kants Aufklärungsgedanke wird ergänzt durch die Rousseausche Vorstellung einer Menschheitsentwicklung vom Naturzustand über die „ungesellige Geselligkeit" zur Kultur, dem höchsten Entwicklungsstand, der sich durch eine bestmögliche bürgerliche Verfassung und Moral auszeichnet.

Die Gesellschaft ist der Mittler zwischen Natur und Kultur; sie führt das selbstbestimmte Individuum zur Kultur: Dies ist in keiner Hinsicht partikularistisches oder nationalistisches Gedankengut. Doch am Ende des siebten von neun Sätzen trifft Kant eine Unterscheidung, die den Beginn eines einflussreichen nationalistischen deutschen Diskurses markiert: die Unterscheidung zwischen Kultur und „Zivilisierung", wie Kant den Prozess der Zivilisation nennt.

Der Gegensatz von Kultur und „Zivilisierung"

Kant schreibt: „Wir sind im hohen Grade durch Kunst und Wissenschaft *kultiviert*. Wir sind *zivilisiert* bis zum Überlästigen, zu allerlei gesellschaftlicher Artigkeit und Anständigkeit. Aber uns für schon *moralisiert* zu halten, daran fehlt noch sehr viel. Denn die Idee der Moralität gehört noch zur Kultur; der Gebrauch dieser Idee aber, welcher nur auf das Sittenähnliche in der Ehrliebe und der äußeren Anständigkeit hinausläuft, macht bloß die Zivilisierung aus."[9] Zivilisierung bezieht sich auf die äußere Form, auf das, was Rousseau „Amour propre" nennt. In seiner Untersuchung zum Ursprung und Gebrauch der Unterscheidung zwischen Kultur und Zivilisation kommt Norbert Elias zu dem Ergebnis, dass dieses Gegensatzpaar in Kants Aufsatz über das Weltbürgertum zum ersten Mal erwähnt wird: „Die Gegenüberstellung bezieht sich hier, wo die Sprecher des sich formierenden deutschen Bürgertums, die mittelständische deutsche Intelligenz, zum guten Teil noch ‚in weltbürgerlicher Absicht' redet, erst vage und bestenfalls erst in zweiter Linie auf einen *nationalen* Gegensatz. Und im Vordergrund steht als begründete Erfahrung ein innerer gesellschaftlicher, ein *sozialer* Gegensatz, der *allerdings den Keim des nationalen auf merkwürdige Weise in sich trägt* [Hervorhebung von mir]: der Gegensatz zwischen dem vorwiegend französisch sprechenden, nach französischen Mustern ‚zivilisierten' höfischen Adel auf der einen Seite und einer deutsch sprechenden mittelständischen Intelligenzschicht, die sich vor allem aus dem Kreise der bürgerlichen ‚Fürstendiener' oder Beamten im weitesten Sinne des Wortes rekrutiert und gelegentlich auch aus Elementen des Landadels, auf der andern."[10]

Wenn also Französisch als Sprache des Hofes im politischen und literarischen Leben Deutschlands an Bedeutung verliert, ist Deutsch die Sprache der neuen Intellektuellengeneration, die ihre Aufgabe gerade in der Herausbildung einer neuen zeitgenössischen deutschen Sprache definiert. Diese Generation kommt, wie Elias erläutert, fast ausschließlich aus dem Mittelstand und ist sich ihrer Aufstiegsmöglichkeiten bewusst. Goethes Großvater war Schneider, Schillers Großvater Militärarzt; ähnliche Genealogien treffen auf Schubart, Bürger, Winckelmann, Herder, Kant, Friedrich August Wolff, Fichte und andere zu.[11] Diese Generation schreibt auf deutsch und stellt deutsche „Kultur" und „Bildung" gegen die höfische Gesellschaft Friedrichs des Großen. Kultur und Bildung sind dabei keine abstrakten Begriffe, sondern müssen als definierende Prinzipien einer nationalen Perspektive und Ideologie betrachtet werden.

1780 schreibt Friedrich (auf französisch) den Aufsatz *De la littérature allemande*, in dem er, ungeachtet der Schriften Goethes, Lessings, Klopstocks und Herders, das barbarische Wesen der deutschen Sprache geißelt.[12] Elias hat zweifellos recht, Kants Aufsatz von 1784 in diesen nationalen Kontext zu stellen und gleichzeitig jegliche nationalistische Tendenz zu verneinen. Dennoch, wenn die moderne deutsche Sprache und der moderne Kulturbegriff zu dieser Zeit entstanden sind, dann müssen Kants Ideen und seine Terminologie in der Anfangsphase eines „nationalistischen Weltbürgertums" ernst genommen werden, eines Weltbürgertums, das mehr und mehr auf dem ideologischen Gegensatz von deutscher Kultur und westlicher Zivilisation beruht, ob diese Zivilisation nun innerhalb oder außerhalb der deutschen Grenzen in Erscheinung tritt. Die deutsche Intelligenz zwischen 1780 und 1800 denkt und schreibt, so die klassische Interpretation, fast ausschließlich in kulturellen Begriffen, doch das bedeutet nicht, dass sie kein politisches Programm hat. Im Gegenteil, sie bringt während der Befreiungskriege und in der Zeit danach den politisierten Nationalismus hervor, der mit Fichtes bahnbrechenden „Reden an die deutsche Nation" von 1807 zum ersten Mal öffentlich in Erscheinung tritt. Fichte „nationalisiert" Kants politische Philosophie und Erkenntnistheorie, doch wie Elias zeigt, lassen sich schon bei Kant latente Formen einer nationalistischen Position entdecken.

Kants Konzept von Kultur und Nationalkultur hat möglicherweise eine weitere, interne Parallele – oder gar Quelle – in den Grundprinzipien seiner eigenen kritischen Philosophie. Über das Verhältnis zwischen Epistemologie und politischer Philosophie bei Kant wäre zweifellos viel zu schreiben, ebenso über die Rolle, die den beiden bei seiner Ablehnung Humes zukam. Dass Kant Humes Empirismus ablehnt, ist das erste, was man über Kant erfährt; dass er dessen „transatlantischen" oder „aufgeklärten" Kosmopolitismus zugunsten seines eigenen deutschen Weltbürgertums ablehnt und dass diese politische Erneuerung möglicherweise parallel zur epistemologischen Revolution verläuft, ist weniger klar, aber nicht weniger interessant. In der „Kritik der reinen Vernunft" formuliert Kant eine Erkenntnistheorie auf der Grundlage apriorischer Kategorien des Verstandes, ohne die Erfahrung nicht möglich wäre. Verstand und sinnliche Anschauung gehen der Möglichkeit von Erfahrung voraus: daher das Kantsche transzendentale Ich.[13] Ich will damit nur sagen, dass es eine Parallele gibt zwischen der epistemologischen Konstruktion des transzendentalen Ichs und der kulturellen Konstruktion des weltbürgerlichen Ichs [mein Begriff], sei es individuell oder kollektiv.

Transzendentales Ich und weltbürgerliches Ich

Die im 17. Jahrhundert beginnende deutsche Staatstheorie behauptet keine Trennung oder notwendige Spannung zwischen Individuum und beschützendem Staat. Im Gegensatz zur Staatstheorie, die zur selben Zeit in England entsteht und das Individuum zum ersten Mal als Träger von Rechten gegenüber der Staatsmacht sieht, gilt der Einzelne in der deutschen Theorie (wie etwa bei Samuel von Pufendorf, Christian Thomasius und Christian

Wolff) lediglich als Bestandteil der Nation.[14] Die Nation definiert sich über die Sprache. Weltbürgertum im Kantischen Sinne ist daher ein transzendentales Prinzip. So wie das Bewusstsein existiert und die Welt aus dem Blickwinkel des Einzelnen erkennt, erkennt und beurteilt die Nation, als theoretisch konsistente Verlängerung des Individuums, die Welt aus dem Blickpunkt ihrer je eigenen Sprache, ihres je eigenen Bewusstseins. Das Weltbürgertum unterscheidet sich daher vom Internationalismus, der kein apriorisches Subjekt oder Zentrum postuliert. Was für die Deutschen Internationalismus ist, ist für die Franzosen und Engländer Kosmopolitismus.

Kosmopolitismus und Internationalismus

III

Die Beispiele Goethe, Möser und Kant geben, wie ich hoffe, eine Vorstellung, wie das frühe 20. Jahrhundert die deutsche Aufklärung in den Blick nahm. Bevor ich mich dem damaligen Dialog mit der Aufklärung im Sinne eines gemeinsamen nationalistischen Weltbürgertums zuwende, möchte ich zwei vom 19. Jahrhundert geprägte Denker erwähnen, die als Bindeglieder zwischen dem nationalistischen Weltbürgertum des 18. und dem des 20. Jahrhunderts gelten können: Heinrich Heine und Hermann Cohen. Beide äußern sich als bekennende Weltbürger in einer stark nationalistisch gefärbten Zeit – Heine im Vormärz, Cohen im späten Wilhelminismus –, und bei beiden steht ein von Lessing aufgegriffenes Thema im Mittelpunkt ihres Weltbürgertums: die Frage des Judentums und des deutsch-jüdischen Verhältnisses. Anders natürlich als Lessing, sprechen Heine und Cohen (obwohl der getauft ist) als Juden.

Exilant, Frankophiler und Jude, gilt Heine lange als Prototyp des Antinationalisten im 19. Jahrhundert. Wenn er zu Lebzeiten wegen seiner antinationalistischen Position verurteilt wurde, so wird er im 20. Jahrhundert – und besonders nach 1945 – dafür zum Helden erklärt. Wie der Heine-Biograf Jeffrey Sammons schreibt, gilt nun: „Seine Feinde sind unsere Feinde" und „Wir legitimieren uns durch Heine." Indes stellt Sammons die heroisierende Identifizierung Heines als Weltbürger in Frage. Erstens habe Weltbürgertum für Heine vor allem die Rezeption von französischer Kultur, insbesondere Revolutionskultur bedeutet. „Das war viel, aber es war nicht die Welt, nicht einmal in der ersten Hälfte des 19. Jahrhunderts." Heines angebliches Weltbürgertum leide

Heinrich Heine, 1840

unter der anhaltenden Abhängigkeit von nationalen Kategorien, von typologischen Nationaleigenschaften, wie etwa dem typisch deutschen Monarchismus im Gegensatz zum typisch französischen Republikanismus. „Und ich muss sagen, trotz aller Bewunderung Heines für französische Klugheit, Gesellligkeit und Freiheitsliebe und trotz seines ständigen Spotts über deutsche Langsamkeit, Schwerfälligkeit und Untertanentreue lässt er häufig durchklingen, dass die Deutschen für ihn auf lange Sicht das ernsthaftere, philosophischere, empfindsamere und letztlich bedeutendere Volk sind." Wenn Heine Victor Hugo preist, „lautet sein höchstes Lob für den größten Dichter Frankreichs, er sei so gut wie ein Deutscher", woraus Sammons den Schluss zieht: „Heines Anhänger haben ihm in solchen Dingen nicht aufmerksam genug zugehört."

Für Sammons ist Heine „seinem Wesen nach ein deutscher Schriftsteller; aus dieser Perspektive nahm er die Welt wahr und interpretierte sie." Das einzige, worin ich Sammons nicht zustimme, ist seine These, die „Renationalisierung" Heines bedeute automatisch, dass Heine das Weltbürgertum abgelehnt habe. Heine ist ein deutscher Kosmopolit, der die übrige Welt, hauptsächlich Frankreich, mit den Augen eines Deutschen betrachtet.[15]

Weltbürger Heine:
deutscher Blick auf die
Welt

Hermann Cohen führt das Modell des weltbürgerlichen deutschen Juden, der sein Deutschtum und seinen deutschen Blick auf die Welt beibehalten möchte, fort. Für Cohen wie für Heine wird das Verhältnis von Deutschen und Juden, wie beide miteinander umgehen – eine Frage, die aus der Lessingschen (und Mendelssohnschen) Ecke der deutschen Aufklärung kommt – noch komplizierter. Cohens Wunsch, das Judentum mit einem nationalen deutschen Weltbürgertum zu versöhnen, wird während des Ersten Weltkriegs dringlicher und führt 1917 zu dem nationalistischen Werk *Deutschtum und Judentum*. Das Buch ist eine inständige Bitte um die Anerkennung, dass Deutschsein und Judesein, hiermit auch: Nationalismus und Weltbürgertum, vereinbar seien.

Jürgen Habermas analysiert Cohens Position in dem berühmten Aufsatz „Der deutsche Idealismus der jüdischen Philosophen". Er verfolgt das Erbe des deutschen Aufklärungsgedankens in der jüdischen neukantianischen Philosophie und diskutiert Hermann Cohens deutsches Weltbürgertum:

„Er repräsentiert die liberale Tradition der jüdischen Intellektuellen, die der deutschen Aufklärung innig verbunden waren und meinten, in ihrem Geiste mit der Nation sich überhaupt eins fühlen zu dürfen. Unmittelbar nach Kriegsausbruch hält Cohen in der Kantgesellschaft zu Berlin einen merkwürdigen Vortrag ‚Über das Eigentümliche des deutschen Geistes'; mit ihm stellt er dem imperialistischen Deutschland Wilhelms II. und seinen Militärs das Ursprungszeugnis des deutschen Humanismus aus. Empört weist er das ‚schmähliche' Wort von sich, welches zwischen dem Volk der Dichter und Denker auf der einen, dem der Kämpfer und Staatenbildner auf der anderen unterscheiden wolle: ‚Deutschland ist und bleibt in der Kontinuität des 18. Jahrhunderts und seiner weltbürgerlichen Humanität.'

Weniger weltbürgerlich ist der Ton, in dem er seine Apologie vorträgt: ‚In uns kämpft die Originalität einer Nation, mit der keine andere sich gleichstellen kann.' Diese Art von Loyalität gegenüber dem Staat hat später diejenigen, die sich in verblendetem Stolz Nationaldeutsche Juden nannten, der tragischen Ironie einer Identifikation mit ihren Angreifern ausgeliefert."[16]

Cohen beruft sich zu Recht auf eine gewisse Kontinuität zwischen dem Weltbürgertum der deutschen Aufklärung und dem Nationalismus seiner Zeit. Habermas dagegen ist in meinen Augen weniger genau, wenn er Cohens Nationalismus im zweiten Absatz „weniger weltbürgerlich" nennt; er ist immer noch weltbürgerlich, aber im deutschen Sinne.

1915 lenkt Cohen sein nationalistisches Weltbürgertum auf ein Projekt, das formal und inhaltlich mit Salzburg und seiner Ideologie zusammenhängt: die Abhandlung „Die dramatische Idee in Mozarts Operntexten". Eine frühere Fassung war Anfang 1906 zu Mozarts 150. Geburtstag in der *Frankfurter Zeitung* erschienen. 1914 schreibt Cohen im Vorwort, er sei von einem nicht genannten „philosophischen Freund" gebeten worden, die Abhandlung zu einem Buch auszuarbeiten, das zu den damals für Salzburg geplanten Festspielen erscheinen sollte. Der Krieg kommt dazwischen. In der Endfassung ist der Zusammenhang mit Salzburg unklar und konstruiert, doch die inhaltliche Übereinstimmung mit dem, was später – von Hofmannsthal und anderen – als Salzburger Ideologie formuliert wird, ist bemerkenswert. Nochmal aus dem Vorwort: „Bei ihrem nunmehrigen Erscheinen möchte ich den Wunsch aussprechen dürfen, daß sie als eine siegesfrohe Botschaft vom freien, frommen Glauben an die deutsche Eigenart freundlich aufgenommen werde."[17]

IV

Wie erwähnt, landet man bei der Betrachtung des Weltbürgertums und der Entstehung des Nationalismus in Deutschland immer wieder bei Friedrich Meineckes berühmtem Werk *Weltbürgertum und Nationalstaat* von 1917. Meinecke analysiert die Entwicklung der deutschen Staatstheorie unter dem Gesichtspunkt, welchen Weg vom Weltbürgertum zum Nationalbewusstsein und Nationalismus er für den national angemessenen hält. Für Meinecke sind beide Weltanschauungen Gegensätze, und der Übergang von der ersten zur zweiten ist das bestimmende Merkmal deutscher Geschichte im 19. Jahrhundert. Das Weltbürgertum der ersten Romantikergeneration – Wilhelm von Humboldt, Novalis, Friedrich Schlegel – habe sich über die politische Romantik des späten Humboldt, Schlegels, Fichtes und Adam Müllers, Steins und Gneisenaus zur Epoche der preußischen Staatsbefreiung – personifiziert durch das Triumvirat Hegel, Ranke, Bismarck – fortentwickelt. Die nationalistische Phase habe mit der Vereinigung von preußischem Staat und deutscher Nation begonnen, die Meinecke unter anderem anhand der Laufbahn von Friedrich Moser, Friedrich und Heinrich von Gagern und Bismarck nachzeichnet.

Meinecke gelingt es brillant, den Gegensatz zwischen den beiden im Titel genannten Weltanschauungen festzuhalten und zugleich von der ersten zur zweiten über diverse Zwischenstufen eine reibungslose, tatsächlich hegelianische Entwicklung zu konstruieren. Wie sich dieser Übergang vollzog und inwieweit Weltbürgertum und Nationalismus überhaupt als Gegensätze zu gelten haben, ist ein faszinierendes Thema deutscher Geschichtsschreibung. Andere Historiker vor und nach Meinecke beschreiben eine ähnliche Entwicklung, vermeiden jedoch, Weltbürgertum als eine dem Nationalismus entgegengesetzte Weltanschauung zu definieren. Ich habe hier die These vertreten, der zweite Standpunkt sei historisch korrekt, dass es zwischen 1750 und 1850 ein deutsches Weltbürgertum gibt, das sich deutlich (sowohl historisch als lexikographisch) vom westlichen Kosmopolitismus unterscheidet und als Generator einer nationalen Ideologie, nicht als frühe Gegenbewegung oder gar frühe Alternative dazu fungiert. (Damit will ich nicht eine obsolete monolithische deutsche Geschichtsschreibung wiederbeleben, sondern schlicht zum Ausdruck bringen, dass Weltbürgertum und Nationalismus in einem großen Wald Äste am selben Baum sind.)

Deutsches Weltbürgertum und westlicher Kosmopolitismus

Mein Interesse gilt dem Weltbürgertum von 1920, und dessen korrekte Definition hängt davon ab, wie die Denker dieser Zeit den Begriff selbst definieren. Hofmannsthal definiert Weltbürgertum weitgehend wie Meinecke; Thomas Mann definiert es, wie oben ausgeführt, alternativ. Ich glaube, Thomas Manns Ansicht ist historisch korrekt, wenn auch zutiefst ideologisch, und ebenso ideologisch ist die von Hofmannsthal, der rhetorisch verbrämt die übliche fälschliche Scheidung zwischen Weltbürgertum und Nationalismus trifft. Für Hofmannsthal ist Weltbürgertum eine Tugend und Nationalismus ein Laster – aber eine österreichische Tugend im Kampf gegen ein preußisches Laster. Weltbürgertum ist also stillschweigend als nationale Tugend und damit letztlich als nationalistische Ideologie definiert.

Die Ansicht, Weltbürgertum sei eine spezifisch deutsche Tugend, kommt laut und deutlich in Thomas Manns polemischen *Betrachtungen eines Unpolitischen* von 1918 zum Ausdruck. Der unpolitische Künstler war durch den Ersten Weltkrieg gründlich politisiert worden und macht in den Betrachtungen Patriotismus zum letzten Gegenmittel gegen das Vordringen der opportunistischen Politik des Westens, allen voran Frankreichs. Das deutsche Militär, glaubt Mann (wie Hermann Cohen), habe sich im Kampf um die Rettung der deutschen Kultur vor der westlichen Zivilisation mit dem deutschen Geist zusammengeschlossen. Manns gesamte Position beruht auf der Antithese von Kultur und Zivilisation; sie ist die übergeordnete Dichotomie, unter der sich eine lange Liste von Gegensätzen subsumiert. Einer davon ist die Unterscheidung zwischen Weltbürgertum, das deutsch ist, und Internationalismus, der antideutsch ist (was fast immer französisch bedeutet).

Thomas Mann mit Bruno Walter in Salzburg, 1935

Mann hatte seine Position bereits in zwei früheren, wesentlich kleineren Schriften skizziert: in den „Gedanken im Krieg", erschienen in der *Neuen Rundschau* im September 1914, und im berühmten Aufsatz „Friedrich und die große Koalition". In den „Gedanken im Krieg" wird zum ersten Mal deutlich, dass Mann Deutschland als die geistige und kulturelle Bastion versteht, die gegen die „Zivilisation" des spießbürgerlichen Westens verteidigt werden muss. Deutschland ist das Land der Musik, Metaphysik, Pädagogik, des Subjektivismus und der Moral; der Westen ist analytisch, skeptisch, politisch, sozial und demokratisch. Der deutsche Geist manifestiert sich in Goethe, Schopenhauer, Nietzsche und Wagner; der Westen in Zola, der Dreyfus-Affäre (Mann schilt Anhänger wie

Gegner von Dreyfus als politische Opportunisten) und in seinem älterer Bruder Heinrich, einem erklärten Frankophilen. (In den *Betrachtungen* fügt Mann der ersten Liste noch den Komponisten Hans Pfitzner, Tolstoi und Dostojewskij hinzu, der zweiten Flaubert, D'Annunzio und Barrès.)

„Friedrich und die große Koalition" übernimmt und erweitert die nationalistische, spätromantische Sicht auf Leben und Beweggründe des Preußenkönigs. Friedrich war, so Mann, immer noch Weltbürger, allerdings nicht im Voltaireschen Sinne. Sein Weltbürgertum sei die Haltung eines großen nationalistischen Helden, wie Carlyle und Treitschke ihn gesehen hatten. Manns Friedrich ist die Verkörperung preußisch-deutschen Geistes, nicht weil er sich der französischen Aufklärung zuwandte, sondern im Gegenteil, weil er Deutschland und die deutsche Kultur vor der Bedrohung durch die Habsburger rettete, die berechtigterweise, zumindest kulturell, als Agenten der „Zivilisation" im allgemeinen und der französischen im besonderen gelten konnten. Der preußische Sieg an der österreichischen Front 1763 wird zum Vorläufer des deutschen Kampfs an der belgischen Front im Jahr 1914. Beide haben entscheidende Bedeutung für das Überleben der Nation.

Die Betrachtungen eines Unpolitischen entwickeln diese Gedanken in erschöpfender Länge; sie führen die Unterscheidung Kultur versus Zivilisation fort und illustrieren Manns Vorstellung von einem Weltbürgertum, das man, wie ich glaube, zu Recht als nationalistisch bezeichnen kann. Die Kultur ist der Zivilisation entgegengesetzt wie die Seele der Gesellschaft, die Freiheit dem Recht, die Kunst der Literatur und das Weltbürgertum dem Internationalismus. Zur Kultur gehören die Musik, die Natur und das Prinzip des Lebens als etwas Urzeitliches, Unfassbares, Nichtrationalisierbares. Kultur ist das Reich des Intellekts oder des Geistes; Zivilisation ist das Reich der Politik, die sowohl der Vernunft wie auch der Moral entgegengesetzt ist. Politik ist für Mann reiner Opportunismus, und beim Versuch, das stärkste verfügbare Geschütz aufzufahren, untermauert er die Unterscheidung von Intellekt und Vernunft mit Hilfe einer irrigen und folgenschweren Bezugnahme auf die Kantischen Begriffe der reinen und der praktischen Vernunft. Anders ausgedrückt: Mann zieht die gesamte romantische Rhetorik heran, an die er sich erinnert, bis hin zum Abgrund als Metapher für die Unergründlichkeit der (deutschen) Kultur. Ein Deutschland, das darum kämpft, diesen Status zu behalten, ist seinem Wesen nach „protestantisch".

Politik als Opportunismus

Die beiden herausragenden Eigenschaften des deutschen Nationalcharakters sind nach Mann Bürgerlichkeit und Kunst. In deutlichem Kontrast zur Thematik, die einen Großteil seines Romanwerks durchzieht – die Unvereinbarkeit von Bürger und Künstler –, schreibt Mann: „Deutsches Wesen ist die Mitte, das Mittlere und Vermittelnde" zwischen Bürger und Künstler. Dabei nimmt er eindeutig sprachliche Anleihe bei Nietzsche, der in *Jenseits von Gut und Böse* vom „Land der Mitte" spricht. Doch er vergisst dabei offensichtlich, dass der antinationalistische Nietzsche dazu ironisch anfügte, das Land der Mitte sei auch das Land des Mittelmaßes. Die Vereinbarkeit von Kunst und bürgerlichem Leben wird für Mann durch den Ästhetizismus verkörpert, dem deutschen L'art pour l'art, das Mann in Lukács' Abhandlung *Die Seele und die Formen* wiederfindet. Dieser gelebte Ästhetizismus ist das Gegenteil des rein äußerlichen von Flaubert oder D'Annunzio. Das künstlerische Werk, das dieses Ethos am besten verkörpert, ist das Wagnersche, das nicht Volkskunst ist, sondern nationale Weltbürgerkunst.[18] (In dieser Bewertung korrigiert Mann Wagners eigenen Standpunkt.)

So definierter Ästhetizismus ist für Mann der erste Wesenszug des nationalistischen Weltbürgertums; der zweite ist Moral. Moral ist das Gegenteil von Politik und ihrer extremsten Erscheinungsform: der Demokratie. Die politische Haltung der Demokratie ist „optimistisch-melioristisch", positivistisch und daher flach. Wagner habe erkannt, dass Politik gleichbedeutend mit Demokratie sei, die treibende Kraft auf dem Weg in Dekadenz und Trivialisierung, der mit dem Untergang der griechischen Tragödie und des attischen Staates begann. Der deutsche Widerstand gegen den Abstieg in die Dekadenz ist der Schlüssel zur bürgerlichen Kultur, die moralisch, apolitisch und „die erste rein nationale" ist. „Ja, die Vertiefung deutschen Wesens … ist ein Werk dieser unpolitischen Bürgerkultur, dieser Zeit einer behaglich-genauen, helläugig-satirischen Alltagsgestaltung, der Zeit der Predigt und Mystik, der Fastnachtsspiele, Rechtsbücher und Chroniken." Inbegriff bürgerlicher Kultur sei die Welt der Hansestädte, eine Epoche, die Treitschke korrekt als „etwas durchaus Patriotisches" bezeichnet habe. „Und der ‚Weltbürger', ist nicht auch er – ein Bürger? Was stellt er denn anderes vor als die Verbindung deutscher Bürgerlichkeit mit humanistischer Bildung? Ja, wie in das deutsche Wort für ‚Kosmopolitismus' Wort und Begriff des ‚Bürgers' aufgenommen ist, so ist auch diesem Wort und Begriffe selbst der Welt- und Grenzenlosigkeitssinn immanent."[19]

„Deutsches Wesen" als Vermittler zwischen Bürger und Künstler *(Marginalie)*

Ästhetizismus und Moral *(Marginalie)*

Das Leben des Mystizismus, der Fastnachtsspiele und Religiosität, das Mann preist, deckt sich in erstaunlichem Maße mit dem Leben und der Ethik, die der gleichzeitig schreibende Hofmannsthal als den spezifisch österreichischen, ausdrücklich anti-preußischen Lebensstil preist: religiös, theatral und weltbürgerlich. Mann und Hofmannsthal verwenden ein und dieselbe Sprache: die Sprache des nationalistischen Weltbürgertums, des Gegenteils von „Internationalismus".

Im Dezember 1914 schreibt Hofmannsthal einen kurzen Aufsatz, der erstaunliche Parallelen zu dem Manns aus den Kriegsjahren aufweist. „Worte zum Gedächtnis des Prinzen Eugen" ist der geflissentliche Versuch, die Phantasie der Österreicher während des Krieges mit dem Helden eines unbestreitbar historischen Augenblicks zu beflügeln. Prinz Eugen (1663–1736) legt nach der **Prinz Eugen** Vertreibung der Türken aus Wien 1683 jene südlichen und östlichen Grenzen des Habsburgerreichs fest, die im Großen und Ganzen bis 1918 Bestand haben. Hofmannsthal sagt ausdrücklich, Eugen solle Österreich in der gegenwärtigen Stunde der Not dienen wie Friedrich der Große den Preußen dient. So ungewöhnlich der weltbürgerliche Friedrich in Manns nationalistischem Programm zunächst wirkt, so ungewöhnlich wirkt bei Hofmannsthal der in Frankreich geborene und erzogene Prinz Eugen. Es liegt daher eine doppelte Ironie in Hofmannsthals Satz: „Wir vermögen eines Menschen Großheit zu erkennen und müssen ihn unbedingt lieben; so stehen die heutigen Preußen zu ihrem Friedrich, so wir Österreicher zu dem größten Österreicher, zu Eugen von Savoyen."[20]

Wie Mann Friedrich, so zieht Hofmannsthal in der aktuellen militärischen Herausforderung Eugen als Vorbild heran. Hofmannsthal vergleicht das gesamteuropäische Chaos „vor einem Vierteljahrtausend" mit dem gegenwärtigen und fährt dann in undurchsichtiger Verwendung des Präsens fort: „Aus diesen Kämpfen, erfahren wir, wird unser Österreich geboren … Österreich ist das Reich des Friedens, und es wurde in Kämpfen geboren."[21] Von der Gestalt Eugens gehe „unerschöpfliche Hoffnung" aus, dass das Land imstande sein werde, sich selbst zu verteidigen. Hofmannsthal wie Mann verknüpfen die Abfolge von Krieg und Frieden im Nationalcharakter mit der von Weltbürgertum und Nationalismus. (Doch wie immer benützt Hofmannsthal die Gelegenheit, die österreichische Überlegenheit über Preußen zu betonen, und erinnert seine Leser daran, dass Eugen „der anerkannte Lehrer" Friedrichs war.)

Prinz Eugen, 1718

Der Aufsatz über Prinz Eugen gehört zu einer Reihe patriotischer Schriften, die Hofmannsthal während des Krieges verfasst; der Krieg bietet ihm die langersehnte Gelegenheit, sich in politischen Dingen zu äußern. Er will als Schriftsteller mitwirken, nicht als Soldat; als er im Sommer in ein Reserveregiment der Infanterie eingezogen wird, bittet er einen Freund, den Politiker und Rechtstheoretiker Josef Redlich, um Hilfe; Redlich setzt sich bei Graf Stürckh, dem Ministerpräsidenten, erfolgreich für Hofmannsthals Freistellung ein.[22] Wieder am Schreibtisch, konzentriert sich Hofmannsthal auf die sogenannte „Österreichische Bibliothek", eine im Insel-Verlag geplante patriotische Anthologie; der erste Band soll eine Sammlung politischer Schriften von Grillparzer enthalten. Mit anderen Worten, es geht um die Politisierung der österreichischen Literatur.

Grillparzer spielt dabei eine entscheidende Rolle, wie Hofmannsthal im Aufsatz „Grillparzers politisches Vermächtnis" von 1915 erläutert. Grillparzer ist für ihn „kein Politiker, aber neben Goethe und Kleist der politischste Kopf unter den neueren Dichtern deutscher Sprache". Damit verfolgt er zwei Ziele. Erstens erhebt er Politik und politisches Bewusstsein von der Ebene eines Berufsstands – „ein gewisses L'art pour l'art der Politik", wie er sich ausdrückt – auf die Ebene poetischer Zuständigkeit. Zweitens benützt er seine Definition von Grillparzer als politischem Dichter und Denker, um ihn als seinen Vorgänger zu etablieren. Die Stellung, die Hofmannsthal mit Grillparzer zusammen einnehmen will, ist die des Schöpfers einer nationalen Metadichtung, die Kunst und Politik vereint und damit ein Österreich zurückerobert, das „von starker und tiefer Natur, geduldig, weise, gottergeben, unverkünstelt und ausharrend"[23] ist.

Unter Mitwirkung von Josef Redlich, dem katholischen Dramatiker Max Mell, Felix Braun, Stefan Zweig, Anton Wildgans, Robert Michel, Richard von Kralik und Paul Eisner erscheinen bis Ende 1916 26 Bände der „Österreichischen Bibliothek".[24] Als er einen Text des tschechischen Nationalisten Thomas Masaryk aufnehmen will, fragt Hofmannsthal Redlich um Rat, für welches Thema er sich entscheiden solle: „Entweder einen Abschnitt, wo er den notwendigen Anschluß der Westslaven an Europa, nicht an Rußland formuliert; oder einen Absatz über ein großes deutsches Culturphänomen, etwa Goethe."[25] Hofmannsthals Absicht ist klar: Er wünscht sich vom berühmtesten tschechischen Nationalisten eine – entweder literarische oder politische – großdeutsche Stellungnahme.

Franz Grillparzer
(1791–1872)

Im November 1915 schreibt Redlich in sein Tagebuch: „Der Krieg hat Hofmannsthal spürbar beeinflusst. Er ist Realist geworden, ein politischer Mensch, er möchte öffentlich handeln, mit Ergebnissen. Es rührt mich wirklich, wie praktisch er mit seinem zutiefst innerlichen Österreichertum umgeht.“[26] Natürlich wissen wir nicht genau, was Redlich zu dieser Bewertung bringt. Jedenfalls beginnt Hofmannsthal in dieser Zeit, seine politischen Gedanken in Form kurzer Aufsätze – einer von ihnen ist der über Grillparzer – in der liberalen *Neuen Freien Presse*, gelegentlich auch in anderen Zeitungen und Zeitschriften (*Vossische Zeitung, Österreichische Rundschau*) zu veröffentlichen.

Das erste bedeutende – und höchst streitbare – Essay von 1914 behandelt den „Boycott fremder Sprachen“. Hofmannsthal plädiert gegen einen Boykott der Sprachen und des Kulturschaffens deutsch- und österreichfeindlicher Nationen. Zuerst bemüht er die vielzitierte grundsätzliche Trennung von Kultur und Politik: Das Land Bismarcks sei auch das Land Beethovens, das von Krupp auch das von Kant und Herder.[27] Das Argument erinnert an das Plädoyer für politische Enthaltsamkeit nicht aus dem Munde eines Pazifisten wie Stefan Zweig, sondern aus dem des „Unpolitischen“ Thomas Mann. Politik sei keine legitime Kategorie, mit der sich die Nation definieren und beurteilen ließe; eine Kulturnation schaffe bei Bedarf eine sich selbst legitimierende Metapolitik.

Hofmannsthals Sympathie für Deutschland beruht auf rein kulturellen, nicht auf politischen Kriterien. Indes, die deutsche Kultur, fährt er fort, sei anderen europäischen Kulturen genau deshalb überlegen, weil sie als einzige Nationalkultur vom wahren Geist des Weltbürgertums geprägt sei. Anders ausgedrückt: es ist eine deutsche Tugend, fremde Nationen und Kulturen zu verstehen. Kein Deutscher würde, wie Maurice Maeterlinck es angeblich tat, fragen, ob ein so schönes Land wie Deutschland bereits Eisenbahnen gebaut habe, oder noch schlimmer, kein Deutscher würde, wie ein nicht genannter französischer Minister es angeblich tat, die Frau eines ungarischen Botschafters fragen, ob ihre Reisen in den Westen sie von den Zwängen des Ostens befreie, wie etwa von der Pflicht, in der Öffentlichkeit Schleier zu tragen. Deutsche Lehrer müssten ihre Schüler zur deutschen Tugend des Weltbürgertums anhalten: „Unseren Kindern die fremden Sprachen sperren, das, gerade das hieße ja, Franzosen und Engländer aus ihnen zu machen.“[28] Für Hofmannsthal vereint die deutsche Kultur Deutschland und Österreich und garantiert eine

Deutsche Nationalkultur und Weltbürgertum

großdeutsche Überlegenheit über die anderen europäischen Nationen.

In einem anderen Aufsatz von 1914, „Die Bejahung Österreichs. Gedanken zum gegenwärtigen Augenblick", entwickelt Hofmannsthal seine Metapolitik weiter, indem er schreibt: „Man vergißt allzu oft, daß Politik und Geist identisch sind."[29] Der gegenwärtige Krieg sei ein Verteidigungskrieg und daher eine Neuauflage der Verteidigung Wiens gegen die Türken 1683. Der Geist von damals sei 1914 noch lebendig. Darüber hinaus habe die erfolgreiche Behauptung von 1683 in eine Epoche einzigartiger „nationaler künstlerischer Leistungen" gemündet; 1914 könne dasselbe eintreten. Hofmannsthal versucht nicht das Unmögliche: die Definition einer Nationalkultur im habsburgischen Kontext. Doch bleibt sein Begriff einer österreichischen Nationalkultur unsinnig – falls er damit etwas meint, was über die deutschösterreichische Kultur hinausgeht.

Hofmannsthal erweist der angeblichen Einheit der österreichisch-ungarischen Doppelmonarchie Reverenz, indem er auf ziemlich naive Weise das Heer als Wirklichkeit gewordenes Symbol politischer und ethischer Einheit verklärt. Im Aufsatz „Aufbauen, nicht einreissen" schreibt er, die Beteiligung ungarischer Soldaten am Krieg stärke die österreichisch-ungarische Einheit.[30] Das hoffnungsfrohe Bild einer geistig – von sprachlich nicht zu reden – geeinten Streitmacht stimmt mit der Wirklichkeit nicht überein. Deutsch ist zwar die offizielle Heeressprache, doch nur wenige Unteroffiziere der ungarischen und slawischen Regimenter sprechen es; das Ergebnis ist das sogenannte „Roßdeutsch", vor allem in den slawischen Regimentern.[31]

Hofmannsthals Österreichbild ist desungeachtet deutsch. Doch mit der Fortdauer des Krieges spürt er das Bedürfnis, eine Position auszuarbeiten, die die politische Achse mit Deutschland und die deutschen Grundlagen der österreichischen Kultur verteidigt, zugleich aber die Idee eines neuen, vom deutschen Staat unabhängigen Österreichs unterstützt. So entwickelt er schrittweise politische Sympathie für die ungarischen und slawischen „Minderheiten" auf österreichischem Staatsgebiet und zudem ausgesprochene Feindseligkeit gegen das deutsche Reich.

Den Feind sucht Hofmannsthal nun auf dem Feld der Kultur und er konzentriert sich dabei taktisch auf Preußen, der Verkörperung deutscher Kulturwerte und Antithese zu Österreich: „Preuße und Österreicher" von 1917, sein bekannter Katalog der Kultur-

Hugo von Hofmannsthal als Ulanenleutnant, 1897

und Wesenunterschiede (eine innerdeutsche Zivilisations/Kultur-Dichotomie) soll hier nicht fehlen:

PREUSSE UND ÖSTERREICHER
Ein Schema

PREUSSEN	ÖSTERREICH
Im Ganzen	
Geschaffen, ein künstlicher Bau, von Natur armes Land, alles im Menschen und von Menschen, daher: Staatsgesinnung als Zusammenhaltendes, mehr Tugend, mehr Tüchtigkeit	Gewachsen, geschichtliches Gewebe, von Natur reiches Land, alles von außen her: Natur und Gott, Heimatliebe als Zusammenhaltendes, mehr Frömmigkeit, mehr Menschlichkeit.
Soziale Struktur	
Ein undichtes soziales Gewebe, die Stände in der Kultur geschieden; aber präzise Maschinerie. Niedriger Adel scharf gesondert, einheitlich in sich. Homogene Beamtenwelt: Träger eines Geistes. „Herrschende" Anschauungen und Gepflogenheiten. Volk: Disziplinierbarste Masse, grenzenlose Autorität (Armee; wissenschaftliche Sozialdemokratie). Höchste Autorität der Krone.	Ein dichtes soziales Gewebe, die Stände in der Kultur verbunden; die Mechanik des Ganzen unpräzise. Hoher Adel reich an Typen, politisch uneinheitlich. Polygene Beamtenwelt: Keine geforderte Denk- und Fühlweise. Volk: Selbständigste Masse, unbegrenzter Individualismus. Höchstes Zutrauen der Krone.
Der Einzelne	
Aktuelle Gesinnung (um 1800 kosmopolitisch, um 1848 liberal, jetzt bismarckisch fast ohne Gedächtnis für vergangene Phasen). Mangel an historischem Sinn. Stärke der Abstraktion. Unvergleichlich in der geordneten Durchführung. Handelt nach der Vorschrift. Stärke der Dialektik. Größere Gewandtheit des Ausdrucks. Mehr Konsequenz. Selbstgefühl. Scheinbar männlich.	Traditionelle Gesinnung, stabil fast durch Jahrhunderte. Besitzt historischen Instinkt. Geringe Begabung für Abstraktion. Rascher in der Auffassung. Handelt nach der Schicklichkeit. Ablehnung der Dialektik. Mehr Balance. Mehr Fähigkeit, sich im Dasein zurechtzufinden. Selbstironie. Scheinbar unmündig.

Verwandelt alles in Funktion.	Biegt alles ins Soziale um.
Behauptet und rechtfertigt sich selbst.	Bleibt lieber im Unklaren.
Selbstgerecht, anmaßend schulmeisterlich.	Verschämt, eitel, witzig.
Drängt zu Krisen.	Weicht den Krisen aus.
Kampf ums Recht.	Lässigkeit.
Unfähigkeit, sich in andere hineinzudenken.	Hineindenken in andere bis zur Charakterlosigkeit.
Gewollter Charakter.	Schauspielerei.
Jeder Einzelne Träger eines Teiles der Autorität.	Jeder Einzelne Träger einer ganzen Menschlichkeit.
Streberei.	Genußsucht.
Vorwiegen des Geschäftlichen.	Vorwiegen des Privaten.
Harte Übertreibung.	Ironie bis zur Auflösung.[32]

Die Wende hin zu dieser preußisch-österreichischen Dichotomie markiert der 1915 entstandene Aufsatz „Wir Österreicher und Deutschland". Er beginnt mit den Worten: „Es darf, auch in dem heutigen sehr ernsten Zusammenhang, ausgesprochen werden, daß Österreich unter den Ländern der Erde eines der von Deutschen ungekanntesten oder schlechtest gekannten ist."[33] Seit Bismarcks Tod habe Deutschland „keinen eminenten Beobachter Österreichs aufzuweisen", keinen, der nicht dem gängigen Irrtum verfiele, „Wien für Österreich, wienerisch für österreichisch … [zu] substituieren". Das klügste und bedeutendste Buch über Österreich sei das des Engländers W. Steed. Hofmannsthal äußert weiter nichts darüber, doch schon das Lob Steeds aus dem Munde eines Österreichers ist bemerkenswert. Während seiner Tätigkeit als Korrespondent der Londoner *Times* in Berlin, Rom und Wien, wo er über zehn Jahre lang stationiert ist, gilt H. Wickham Steed als Englands scharfsinnigster außenpolitischer Kolumnist. Als er Wien 1913 verlässt, veröffentlicht er den begeistert aufgenommenen Aufsatz *The Hapsburg Monarchy*[34]. Die einzige Hoffnung für die Donaumonarchie, so Steed, sei eine neue Föderation, die den Südslawen den gleichen Status gewährt wie Österreich und Ungarn. Das Buch wird von der österreichischen Regierung verboten. Steeds antihabsburgische Äußerungen und Aktivitäten nehmen während der ersten Kriegsjahre so stark zu, dass der tschechische Politiker Eduard Beneš ihn als tschechischen Befreiungskämpfer bezeichnet.[35] Dass Hofmannsthal 1915 so nachdrücklich auf Steed hinweist, kommt einem eindeutigen, wenn auch impliziten politischen Bekenntnis gleich. Dasselbe gilt für sein Lob des Schotten Seton-Watson, der für die Umwandlung der Doppelmonarchie in ein Dreierreich unter Einbeziehung Südslawiens plädiert.

Hofmannsthals Aufsatz fährt fort mit der These, in der gegenwärtigen politischen Situation kristallisiere sich das Problem der gesamten deutschen Geschichte: die Kolonisierung der Slawen. Österreich sei ein heterogenes Völkergemisch, das nicht durch kulturelle Sympathien, sondern durch eine gemeinsame militärische Bedrohung von außen verbunden sei – ein Spiegelbild der deutschen Situation im Dreißigjährigen Krieg. „Sieht man Österreich so, als den einen Teil des alten deutschen Imperiums, worin alle Kräfte der deutschen Geschichte lebendig und wirkend sind, so ergibt sich für die Deutschen: Österreich ist kein schlechthin Bestehendes, sondern eine ungelöste Aufgabe … Österreich muß *als deutsche Aufgabe in Europa* wieder und wieder erkannt werden."[36] (Der darin enthaltene Gedanke, die slawischen Bestandteile des Reiches seien ausschließlich dazu da, den Deutschösterreichern als Puffer gegen den Osten zu dienen, ist radikal und widerspricht Hofmannsthals posthabsburgischem „liberalen Pluralismus" und Föderalismus.) Ziel dieser deutschen Mission ist die Verschmelzung der „Idee Europa" mit der „österreichischen Idee" – so die Kapitelüberschriften des Aufsatzes. Das neue Europa, schreibt Hofmannsthal am Ende des zweiten Kapitels, „bedarf eines Österreichs: eines Gebildes von ungekünstelter Elastizität, aber eines Gebildes, eines wahren Organismus, durchströmt von der inneren Religion zu sich selbst".[37] Österreich sei das unentbehrliche Bindeglied zwischen West- und Osteuropa. Hofmannsthals „österreichische Idee" ist daher ein Destillat aus seiner persönlichen Vorstellung einer vom zeitgenössischen Deutschland unabhängigen deutschen Kultur. (Die Vorstellung von einem Österreich, das in deutscher Mission Ost und West verbinden soll, ist natürlich auch nach dem Zweiten Weltkrieg vorherrschend; es kann diese Rolle noch wirkungsvoller übernehmen, da ein geteiltes Deutschland dazu nicht in der Lage ist.) Die Idee ist an diesem Punkt völlig unprogrammatisch: Hofmannsthal stellt sich eine „ungekünstelte", eine „natürliche Utopie" vor. Man mag einwenden, dies sei die einzig wahre ethische und ideologiefreie Utopie; dennoch ist sie ein Widerspruch in sich, ein Ideal, das jede praktische Aktivität zu seiner Verwirklichung ausschließt. Hofmannsthal kombiniert seinen abgehobenen Begriff von deutscher Kultur mit der Weigerung, sich einer programmatischen Ideologie zu verschreiben; ob diese Weigerung ethische Gründe hat oder auf ein

Österreich als „deutsche Aufgabe in Europa"

unpolitisches Naturell zurückgeht, ist schwer zu sagen. Sie verhindert jedenfalls, dass Hofmannsthals kulturelle Vorstellungen in die Tradition deutsch-völkischer Ideologie zurückfallen.

Dennoch kommt Hofmannsthal in seiner ungenauen Art im Fragment „Krieg und Kultur" von 1915 der völkischen Idee sehr nahe. Es handelt sich um einen offenen Brief an das *Svenska Dagbladet*, der allerdings nie ankommt. In einem Ton, der ironischerweise dem seines Widersachers Karl Kraus gleicht, schreibt Hofmannsthal, Österreich besitze als Mikrokosmos Europas einen besonders scharfen Sinn für den Stellenwert des Krieges innerhalb des Jahrtausends. „Es scheint mir, daß wir nun am Ende einer Entwicklung angelangt sein müssen, deren Anfänge ebensowohl mit der französischen Revolution verknüpft sind als mit dem Höhepunkt deutschen Geisteslebens in den Dezennien um 1800." Den anschließenden Prozess „von der Humanität – durch Nationalität – zur Bestialität" habe „unser großer österreichischer Dichter Grillparzer" vorausgesagt. Hofmannsthal setzt auf das, was man das österreichische Privileg nennen könnte: auf antinationalistischen oder weltbürgerlichen Nationalismus. Da Österreich (im habsburgischen Sinne) keine Nation ist, ist der österreichische „Nationalismus" unbefleckt vom politischen Hegemoniestreben im Nationalismus jedes anderen Nationalstaats, besonders dem des deutschen Reiches.

Das österreichische Privileg: weltbürgerlicher Nationalismus

Die zweite Hälfte des Fragments verweist auf die Überwindung der aktuellen Krise der „materiellen Zivilisation" (eine völkische Diagnose, die durch die Verwendung des belasteten Begriffs „Zivilisation" im Gegensatz zu „Kultur" betont wird): „… diese materielle Zivilisation selber wird sich ohne Zweifel weiterentwickeln, aber – dürfen wir hoffen – gleichsam unter einem anderen Stern und unter der Möglichkeit, sich selber zu überwinden … Es wird sich darum handeln, daß neue Autorität zu Tage tritt, daß diese Autorität sich verkörpere, nicht in amtlichen Formen, sondern in rein geistigen, dem Wiedererwachen des religiösen Geistes und dem in Massen latenten Ehrfurchtssinne gemäß; daß der Begriff der Masse, der furchtbarste und gefährlichste in diesem Kriege und in den Dezennien vor ihm, überwunden und ihm der hohe Begriff des Volkes, welchen dieser Krieg uns wieder geoffenbart hat … mit Entschiedenheit substituiert werde."[38]

Inbegriff des wiedererweckten nationalreligiösen Volks soll das Publikum der Salzburger Festspiele sein, das seine eigene österreichisch-katholisch-barocke Kultur im Spiegel der Mysterienspiele feiert, die Hofmannsthal für diesen Anlass schreiben will. Doch am Ende sind die Eintrittspreise, wie in den vorausgehenden Kapiteln beschrieben, so hoch, dass fast allen Salzburgern der Zutritt verwehrt bleibt und vor allem die (vergleichsweise) begüterten Kurgäste aus Bayern anreisen. Dieses Publikum ist nicht darauf vorbereitet, an der von Hofmannsthal, Reinhardt und Roller inszenierten rituellen Feier des Österreichertums teilzunehmen. Daher wird die völkische Salzburger Mythologie im wesentlichen für ein Publikum auf die Bühne gestellt, das seine eigene Mythologie hat und keinen Zusammenhang zwischen der ihrigen und der Salzburger erkennt. Ironischerweise erwerben sich die Salzburger Festspiele europaweites Renommee als Ort, an dem Unterhaltung geboten wird, die von der frömmelnden Bedeutungsschwere des größten Konkurrenten Bayreuth unbelastet ist. Die „materielle Zivilisation" scheint den Keim national-religiöser „Selbstüberwindung" erstickt zu haben: 1925/26 ist Hofmannsthal so schlau, an der Verbesserung der materiellen Erfolgschancen zu arbeiten statt weiterhin auf einen toten ideologischen Gaul einzuschlagen. Er gibt die Idee eines unveränderlichen Salzburger Spielplans nicht auf, wohl aber den Versuch, ein geistig und kulturell homogenes Publikum heranzuziehen. 1928 schreibt er zwei Aufsätze zu Salzburg; der eine betont die Homogenität des Programms, der andere preist die Heterogenität des Publikums: „… und doch grenzt, so paradox es klingt, die Atmosphäre unserer Zuhörerschaft auch irgendwo an die des Broadway und des Kurfürstendammes." Salzburg soll noch immer auf dem weltbürgerlichen „deutschen nationalen Programm von 1800" gründen[39], doch es wird nicht länger der Anspruch erhoben, dass sich dessen Kosmologie über die Rampe hinaus in die Gemeinde des Publikums erstreckt. Hofmannsthal wertet diesen wesentlichen Bestandteil der Festspielideologie vielleicht ab, um sich selbst das „nationale Programm" als poetisches Ideal zu bewahren, seit es klarerweise weder durch die Salzburger Festspiele noch durch die österreichische Republik als Ganze angemessen repräsentiert wird.

Zwischen Broadway und Kurfürstendamm

Jedermann, 1920/21: Werner Krauß als Tod, Johanna Terwin-Moissi als Buhlschaft

DEUTSCHE KULTUR UND ÖSTERREICHISCHE KULTURPOLITIK

I

Leser der vorausgehenden Kapitel, die an eine Darstellung der österreichischen Geschichte aus streng österreichischer Sicht gewöhnt sind (der Begriff „national" wäre hier – wie in jedem Zusammenhang, wo ein auf sein Staatsgebiet begrenztes Österreich gemeint ist – nicht korrekt), werden über den übergreifenden deutschintellektuellen Kontext, den ich als „nationalistisches Weltbürgertum" bezeichne und in den die Salzburger Kosmologie meines Erachtens gehört, überrascht gewesen sein. Grund für diesen breiten deutschen Ansatz ist der Wunsch, das deutschösterreichische intellektuelle Erbe in seiner Erscheinungsform zwischen 1914 und 1933 zu analysieren. In diesen Jahren beschäftigt sich Österreich permanent mit dem intellektuellen und politischen Problem, ein neues nationales Selbstverständnis zu entwickeln, und zwar immer im deutschen Kontext. Auf der Tagesordnung österreichischer Intellektueller – seien sie für oder gegen den Anschluss – steht unmittelbar nach dem Zusammenbruch der Donaumonarchie die Definition Österreichs als deutsche Nation. (Die geplante Bezeichnung „Republik Deutschösterreich" findet in der österreichischen Bevölkerung breite Zustimmung, wird jedoch von der Alliierten Kontrollkommission 1919 in St. Germain nicht zugelassen.)

Was die Staatszugehörigkeit betrifft, ergeben inoffizielle Volksbefragungen in den 20er Jahren eine Pro-Anschluss-Mehrheit zwischen 70 und 90 Prozent. Führende Vertreter dieser Mehrheit sind die Sozialdemokraten, ein Teil der Christlich-Sozialen und natürlich die aufkommende, illegale Partei der Nationalsozialisten. Die Anschlussbefürworter unter den Christlich-Sozialen und die Nationalsozialisten haben den stärksten Rückhalt in Regionen, wo deutschsprachige Österreicher unmittelbar mit nichtdeutschen Volksgruppen konfrontiert sind: im Burgenland, in Kärnten und in

Ignaz Seipel (1876–1932)

der Steiermark, an der Grenze zu Ungarn beziehungsweise Jugoslawien. In Salzburg, das mit den „Nationalitäten" vergleichsweise wenig in Berührung kommt, ist der Kulturchauvinismus weniger ausgeprägt, auch wenn, wie Günter Fellner zeigt, der Antisemitismus dort weit verbreitet ist und starken Einfluss auf das politische Leben hat.[1] Der Salzburger Landeshauptmann Franz Rehrl ist, wie erwähnt, sowohl Antisemit wie auch Anschlussbefürworter, doch er führt immerhin wirtschaftliche Motive an.[2]

Die Parteiführung der Christlich-Sozialen, die von 1922 bis 1938 an der Regierung sind, ist gegen den Anschluss. Das katholisch-konservative Österreichbild der Staatskanzler Ignaz Seipel, Engelbert Dollfuß und Kurt von Schuschnigg deckt sich weitgehend mit dem Hofmannsthals und der Salzburger Festspiele. Zwar gegen den Anschluss, war es dennoch Ausdruck deutscher – deutschösterreichischer – Kultursuprematie. So bildet zumindest der Glaube an die Überlegenheit deutscher Kultur einen gemeinsamen Nenner zwischen den Anti-Anschluss-Katholiken der 20er und den einen Anschluss, ja das nationalsozialistische Regime befürwortenden österreichischen Katholiken der 30er Jahre.

Desungeachtet geht es hier um zwei Bereiche mit graduellen Unterschieden, und die Frage nach einer durchgängigen Kulturideologie ist äußerst kompliziert. Der erste Bereich erstreckt sich von der Kulturpolitik zur praktischen Politik, mit Hofmannsthal am einen und Seipel, Schuschnigg und den österreichischen Nationalsozialisten am anderen Ende. Der zweite Bereich betrifft die Ideologie, mit dem deutschösterreichischen Katholizismus am einen und dem österreichischen Nationalsozialismus am anderen Ende. Obwohl die zahlreichen Schattierungen und Abstufungen in beiden Bereichen nicht außer Acht gelassen werden dürfen, behaupte ich, dass der starke Einfluss deutscher Kulturideologie eine gewisse Gemeinsamkeit zwischen den unterschiedlichen Lagern herstellte. Sie erklärt zumindest teilweise, warum es für die österreichischen Bischöfe intellektuell leicht – und politisch vorteilhaft – ist, ihre Aussöhnung mit der deutschen Staatsmacht zu proklamieren, als der Anschluss schließlich erfolgt. Franz Borkenau schreibt im Frühsommer 1938: „Österreichs politischer Katholizismus verdient erhöhte Aufmerksamkeit, da von seiner Haltung zu einem gewissen Grad die Chancen der Nazis abhängen, die Österreicher für sich zu gewinnen. Das Beispiel der bischöflichen Erklärung [für den Anschluss] hat der Welt die

Kurt von Schuschnigg im Café Bazar, 1933

Augen geöffnet für die Tatsache, dass diese Chancen besser sind, als man weithin glauben wollte."[3]

Im vorliegenden Kapitel möchte ich darlegen, dass kulturideologische Aspekte, genauer gesagt eine Ideologie deutscher Kultursuprematie in der Ersten Österreichischen Republik Kernthema des politischen und gesellschaftlichen Diskurses, insbesondere der Geistesgeschichte ist. Dies gilt für das gesamte politische Spektrum. Es liegt nahe, zwischen einer nationalistischen Kulturideologie und einer Politik der „konservativen Revolution" eine gewisse Geistesverwandtschaft anzunehmen; ebenso naheliegend wäre die Annahme, dass sich eine solch nationalistische Kulturideologie mit einer sozialistischen Politik, die vom internationalistischen Marxismus gesteuert ist, nicht vertrüge. Das Überraschende im österreichischen Kontext ist, dass nationalistische Kulturpolitik keineswegs nur Sache der Konservativen ist: Ein nationalistisches Verständnis deutschösterreichischer Kultur lässt sich in allen politischen Schattierungen nachweisen, vom linken Flügel der Sozialdemokraten (mit Adler, Bauer und Renner) bis zum klerikalen Flügel der Christlich-Sozialen (mit Lueger, Seipel, Dollfuß und Schuschnigg, sowie in Salzburg Franz Rehrl).[4]

So gesehen ist das Kulturprogramm der Salzburger Festspiele eindeutig konservativ: Es will das deutsche Kulturerbe bewahren und als gesellschaftliches Modell wiederbeleben. Doch der nationalistische Aspekt allein macht es nach Maßstäben des damaligen politischen Diskurses noch nicht konservativ. Auch wenn Hofmannsthal im Großen und Ganzen proklerikal und Anhänger der Christlich-Sozialen ist, vertritt er wie Josef Redlich der nach dem Tod des Industriellen Eberhard von Bodenhausen 1918 zu Hofmannsthals wichtigstem politischen Vertrauten und Mentor wird, im Verhältnis zu den ehemaligen slawischen „Nationalitäten", vor allem zu den Tschechen eine eindeutig föderalistische Position. Sie ist allerdings nicht liberal im pluralistischen Sinne; Hofmannsthals Föderalismus tut seiner Überzeugung, dass die deutsche (deutschösterreichische) Kultur höher zu bewerten sei, keinen Abbruch. Die Geographie liefert ihm hierzu eine schlagkräftige Metapher: Salzburg verankert Österreich im deutschen Kulturraum; aus dieser gesicherten Position heraus kann sich Hofmannsthal gen Osten wenden und den Tschechen Einlass in sein politisches und intellektuelles Bewusstsein gewähren.

Salzburg verankert Österreich im deutschen Kulturraum

II

In historischen Darstellungen der Ersten Österreichischen Republik ist oft von der „Tragödie der Sozialdemokratie" zwischen 1920 und 1930 die Rede.[5] Es steht außer Frage, dass die Geschichte der Sozialdemokratischen Partei Österreichs (SDAP), wie die ihres deutschen Pendants, von Schwierigkeiten und Gewalt gezeichnet ist, die in den Niederlagen der frühen 30er Jahre gipfeln. Die Sozialdemokraten sind die Hauptleidtragenden der Parlamentsauflösung durch Dollfuß 1933 und des Staatsstreichs von 1934. Die Christlich-Sozialen werden zwar ebenfalls von den Nazis vernichtet (Dollfuß 1934 ermordet, Schuschnigg mit dem Anschluss entmachtet), doch sie bleiben in einem reibungslosen Übergang von der Republik zum austrofaschistischen Staat 1933/34 an der Regierung.

**90 Prozent
Pro-Anschluss**

Trotz schwerwiegender Unterschiede verbindet Sozialdemokraten und Christlich-Soziale, die die „österreichische Idee" für sich beschlagnahmen, eine gemeinsame Kulturpolitik. Obwohl bei Volksabstimmungen in Westösterreich bis zu 90 Prozent der abgegebenen Stimmen für den Anschluss sind, bleiben die Christlich-Sozialen in diesem Punkt gespalten. Die Sozialdemokraten hingegen sind geschlossen für den Anschluss. Nach 1933 bleibt der sogenannte „rechte" Flügel der SDAP unter Karl Renner bei dieser Haltung, obwohl Österreich von einem faschistischen, nicht von einem sozialistischen oder sozialdemokratischen Deutschland annektiert würde. Als am 13. März 1938 der Anschluss tatsächlich erfolgt, reagiert Renner mit der Bemerkung: „Nun ist die zwanzigjährige Irrfahrt des österreichischen Volkes beendigt."[6] Der „linke Flügel" der Partei unter Otto Bauer gibt seine Pro-Anschluss-Haltung nach 1933 auf.

Otto Bauer (1881–1938)

Für den Historiker stellt sich angesichts der genannten Ereignisse und Konstellationen die Frage, wie Renner seine ursprüngliche Haltung über die gesamten 30er Jahre beibehalten konnte. Wenn die Sozialdemokraten 1918 den Anschluss an ein sozialistisches Deutschland wirklich wünschten, weil es sozialistisch war, hätte Renner den Vollzug von 1938 nicht mit der von ihm verwendeten nationalistischen Rhetorik begrüßen können. Dasselbe gilt für wirtschaftliche Argumente. Das verbleibende, und wie ich glaube korrekte Argument ist, dass der deutsche Kulturnationalismus zentraler Bestandteil der sozialdemokratischen Pro-Anschluss-Haltung von 1918 war und es für Renner bis 1938 blieb.

Renners Position von 1938 ist nicht der einzige Ansatzpunkt für eine nachträgliche Bewertung der nationalen Positionen innerhalb der österreichischen Sozialdemokratie. Solche finden sich auch in frühen, um die Jahrhundertwende entstandenen theoretischen Schriften von Adler, Bauer und Renner; wie für alle Österreicher ist die Frage der „Nationalitäten" und ihrer politischen Loyalität von höchster Brisanz. Der Begründer der Sozialdemokratie, Viktor Adler, hatte dies auf dem Parteitag 1897 deutlich gemacht, als er Österreich als „Hexenküche" bezeichnete, in der das Gebräu des Nationalitätenproblems wie in einer „Experimentierkammer" der Weltgeschichte gemischt würde.[7] Adlers Charakterisierung erinnert an Friedrich Hebbel, der Österreich beschreibt als „die kleine Welt, in der die große ihre Probe hält". Die „Österreichische Internationale" müsse beweisen, so Adler, dass der Sozialismus in der Lage ist, nationale Unterschiede zu überwinden, und dass der „österreichische" Sozialismus seine Stärke aus dem Proletariat aller in der Donaumonarchie vereinigten Völker bezieht.

Karl Renner (1870–1950)

J. L. Talmon sieht die Ursache für das interne Scheitern des österreichischen Sozialismus darin, dass sein Selbstverständnis von einem internationalistischen Sozialismus zu einem „evolutionären Nationalismus"[8] degeneriert sei. Zum einen habe der Vielvölkerstatus des Reiches, aus dem sich ein multinationales Proletariat formieren sollte, die Sozialdemokraten de facto zu Unterstützern der Monarchie gemacht, was Adler dazu veranlasst habe, von seiner Partei als „Hofräten der Revolution" zu sprechen. Zum zweiten beweise das Beharren auf einer einzigen vereinigten sozialistischen Partei, dass man die bestehende deutsche Hegemonie in der sozialdemokratischen Bewegung für naturgegeben und selbstverständlich hielt.[9]

Renner und Bauer reagieren auf den Parteitag von 1897 mit großen theoretischen Abhandlungen: Renner mit *Staat und Nation: Zur Österreichischen Nationalitätenfrage*, erschienen 1899, Bauer mit *Die Nationalitätenfrage und die Sozialdemokratie*, erschienen 1907. Bauers Abhandlung enthält eine Passage, in der er sein Konzept der Nation definiert und zugleich eine hervorragende Beschreibung dessen liefert, was Talmon „evolutionären Nationalismus" nennt.[10]

Evolutionärer Nationalismus

Sie beginnt mit der Auflistung der eine Nation konstituierenden Elemente, die er von „italienischen Soziologen" übernimmt: „Gemeinsames Wohngebiet, gemeinsame Abstammung, gemeinsame Sprache, gemeinsame Sitten und Gebräuche, gemeinsame Erlebnisse, gemeinsame geschichtliche Vergangenheit und schließlich gemeinsame Gesetze und gemeinsame Religion." Aus all diesen Faktoren formt sich die „Gemeinschaft der Kulturüberlieferung"; an die Stelle ihrer bloßen Aufzählung möchte Bauer aber ein „System" setzen: die „gemeinsame Geschichte als die wirkende Ursache" für die Nation. Habe sich erst eine verbindliche gemeinsame Kultur herausgebildet, sei sie in der Lage, Unterschiede, zum Beispiel konfessionelle (wie in Deutschland), auszugleichen. Bauer folgert:

> „So gelangen wir erst zur vollständigen Begriffsbestimmung der Nation. Die Nation ist die Gesamtheit der durch Schicksalsgemeinschaft zu einer Charaktergemeinschaft verknüpften Menschen. Durch Schicksalsgemeinschaft: dieses Merkmal scheidet sie von den internationalen Charaktergesamtheiten des Berufes, der Klasse, des Staatsvolkes, die auf Gleichartigkeit des Schicksals, nicht auf Schicksalsgemeinschaft beruhen. Die Gesamtheit der Charaktergenossen: das scheidet sie von den engeren Charaktergemeinschaften innerhalb der Nation, die niemals eine sich selbst bestimmende, durch eigenes Schicksal bestimmte Natur- und Kulturgemeinschaft bilden ... So wird die Nation wiederum scharf abgegrenzt sein in der sozialistischen Gesellschaft: die Gesamtheit all derer, die die nationale Erziehung, die nationalen Kulturgüter genießen und deren Charakter daher durch das diese Kulturgüter inhaltlich bestimmte Schicksal der Nation gestaltet wird, wird die Nation bilden."

Bauers Konzept der Nation ist für das sozialdemokratische Denken doppelt verhängnisvoll: hinsichtlich einer österreichischen Bewertung deutscher Kultur im besonderen und einer österreichischen Kulturtheorie und Kulturplanung im allgemeinen. Für Bauer ist Österreich eindeutig eine deutsche Nation; als er 1918 die Pro-Anschluss-Fraktion innerhalb der Sozialdemokraten anführt, ist sein größter Wunsch die Vereinigung mit dem Deutschen Reich. 1918 ist Kulturpolitik wichtiger als sozialistische Politik. Interpretiert man Bauers Werk allgemeiner als Beitrag zur Gesellschaftstheorie, fügt sich sein Denken nahtlos in einen Totalitätsdiskurs. Die Nation ist ein kulturelles Gebilde, das auf einer alles umfassenden „Charaktergemeinschaft" beruht.[11]

Selbstverständlich hat die Kulturpolitik von 1918 ihre Wurzeln vor allem im deutschösterreichischen Selbstverständnis. Tom Bottomore meint, Bauer wie auch Renner seien auf Grund der kulturellen Einheit der deutschsprachigen Völker, die in ihrem Denken von je her eine wichtige Rolle gespielt hätte,[12] für den Anschluss gewesen. Sie erhalten allerdings auch Unterstützung aus dem Ausland, vor allem durch Wilsons Vierzehn Punkte, die das Selbstbestimmungsrecht der Völker postulieren. Wilson hat damit natürlich die slawischen Völker und ihren Kampf um Unabhängigkeit von Österreich im Auge, doch die Deutschösterreicher spannten die Forderung sofort für ihre eigenen Zwecke ein. Das Verbot der Vereinigung mit Deutschland in den Pariser Friedensverträgen ist für die Pro-Anschluss-Politiker und -Staatstheoretiker mit den Vierzehn Punkten unvereinbar.

Auch die sozialistische Presse unterstützt unbeirrt den Anschluss. Ein Kommentar in der *Arbeiter Zeitung* vom 19. April 1927 nennt jede anschlussfeindliche Politik „einen Angriff auf Natur und Kultur". Am 26. Februar 1933 meldet dasselbe Blatt, der Anschluss sei de facto erreicht. Die propagandistische Verknüpfung von Natur und Kultur deutet auf eine Annäherung zwischen sozialistischer Politik und völkischer Rhetorik hin; Karl Renner treibt diese Annäherung, wie der österreichische Historiker Friedrich Heer nachweist, gezielt voran; er verwendet bewusst Begriffe, die auf eine mythische deutsche Vergangenheit rekurrieren, auf eine Zeit vorrationaler gesellschaftlicher Organisation: „Gau", „Stamm", und „Gemeinschaft".[13]

III

Die christlich-soziale Anschlusspolitik ist variantenreicher und komplizierter. Der Anschluss ist bei der Wahl am 15. Februar 1919 das Hauptthema. Die Salzburger Parteiführung ist dafür; in einer offiziellen Stellungnahme der Partei schreibt Rehrl 1918: „Der Zusammenschluß des gesamten deutschen Volkes in einer staatlichen Vereinigung, bisher in treuer Waffenbrüderschaft vorbereitet, wird von uns gebilligt und begrüßt."[14] Bei den Volksabstimmungen der 20er Jahre sind nur noch zwei Prozent der abstimmenden Salzburger und sieben Prozent der Tiroler für eine Unabhängigkeit Österreichs.

Mit dem Amtsantritt von Ignaz Seipel als Bundeskanzler am 31. Mai 1922 erhält Österreich eine national ausgerichtete christlich-soziale Regierung, die trotz mehrfacher Gefährdung bis zum Anschluss 1938 an der Macht bleibt. Ihre Anschlusspolitik bleibt rein akademischer Natur, doch Seipel ist mit einer Welle der

Deutschlandbegeisterung konfrontiert, die jede Art von „Ostpolitik" – um einen Anachronismus zu verwenden –, um die er die ohnehin deutschfeindliche Politik seines Außenministers Heinrich Mataja möglicherweise erweitern will, torpediert. Als Seipel im September 1923 nach Polen reist, wirft ihm das christlich-soziale *Volkswohl* „Verrat am Deutschtum"[15] vor.

Die christlich-soziale Regierung macht den klugen Versuch, die enttäuschten Anschluss-Anhänger durch deutschösterreichische Solidaritätsveranstaltungen kultureller Art aufzufangen oder zumindest zu besänftigen. Hauptereignis ist das „Deutsche Sängerbundfest" im Juli 1928. Am 30. Juli 1928 erklärt Seipel: „Der eigentliche Grund, warum *ich* gegen eine Anschlußagitation bin, liegt im Charakter des österreichischen Volkes." Das Problem nationalsozialistischer Agitation kontert er mit der Bemerkung: „Ein eigenes Nationalbewußtsein zu erzeugen ... ist keine gute deutsche und keine österreichische Konzeption, sondern eine weltfremde französische oder tschechische Vorstellung."[16] Hier kommt das alte Argument „Kultur versus Zivilisation" wieder zum Tragen, doch das interessanteste und ironischste daran ist die Verknüpfung deutscher und österreichischer Vorstellungen zum Zwecke der Diskreditierung einer nationalistischen Bewegung, deren Ziel die deutschösterreichische Vereinigung ist. Denn Seipel, der seine politische Aufgabe in einer „Gegenreformation nach all den von Religion und Kirche abführenden Ereignissen, Zeitrichtungen etc." sieht, hat ein kulturelles Programm für ein konservatives katholisches Österreich, das selbst die Pro- und Anti-Anschlusspolitik ins Reich „bloßer Politik" verweist.[17]

Der mäßige Erfolg der christlich-sozialen Regierung zwischen 1922 und 1938 ist das Ergebnis einer Realpolitik, die nicht viel Spielraum hat für die Durchsetzung ihrer Kulturideologie. Das Ziel, Österreich in eine konservative, katholische, homogene deutsche Nation zu verwandeln (oder sie gar als solche darzustellen), von dem Seipels Amtszeit und die seiner Nachfolger Dollfuß und Schuschnigg geprägt sind, löst sich in der Praxis in Richtungslosigkeit und verachtete Realpolitik auf. Seipel als einen Kanzler zu verteidigen, der mit demokratischen Grundsätzen angetreten sei, diese jedoch Schritt für Schritt zum Wohle seines Landes habe aufgeben müssen, um dann 1929 als Gegner der Demokratie dazustehen, heißt, dem Problem auszuweichen.[18] Der gleitende Übergang in den Austrofaschismus wird nach 1933 sicher durch starken Druck von deutscher Seite beschleunigt, doch er ist intern vorbe-

Gegen ein eigenes österreichisches Nationalbewusstsein

reitet durch das Fehlen jeglicher innenpolitischer oder institutioneller Strukturen, die ein stabiles soziales und politisches System gewährleisten könnten. Der Weg in den Austrofaschismus von 1934 und schließlich zum Anschluss ans nationalsozialistische Deutschland 1938 wird von mindestens drei Faktoren unterstützt.

Der Weg in den Austrofaschismus

Einmal die konservative österreichische Ideologie mit ihrer lähmenden Wirkung auf die Politik, die ich für ausschlaggebend halte; dann die innerösterreichische Nazi-Agitation und drittens die Agitation der deutschen Nationalsozialisten. Wie der Historiker die Bedeutung dieser Faktoren auch gewichten mag: erkennt er sie erst einmal an, reicht das schon aus, den Mythos von der Vergewaltigung Österreichs, der Unschuld und Opferrolle ihrer politischen Führung zu widerlegen, ein Mythos, der unmittelbar nach dem Anschluss von Schuschnigg und anderen genährt, von den mit Österreich sympathisierenden Briten und Amerikanern geglaubt und im Nachkriegsösterreich, um sich von Hitlers Deutschland abzusetzen, wiederbelebt wurde.[19] Schuschnigg betont in seinen Memoiren sein Österreichertum und seinen Widerstand gegen Hitler, behauptet allerdings nicht, eine antinationalsozialistische Haltung sei schon eine antifaschistische; Austrofaschismus und Nazismus stimmen vor 1938, als sie zwei gegnerische Lager bilden, in vielen ideologischen Positionen überein.

Auch wenn die mit deutschem Suprematieanspruch verbundene Kulturideologie von der Linken wie von der regierenden Rechten vertreten wird, sind es in der bestehenden Machtkonstellation selbstredend die Theoretiker der Rechten, die dieser Ideologie die intellektuelle Legitimation verleihen. Vom katholisch-konservativen Standpunkt aus speist sich die deutschösterreichische Suprematie aus dem österreichisch-barocken Katholizismus (mit den beiden Aspekten: praktische Religionsausübung und kulturelle Repräsentation und Festlichkeit) sowie aus der Kirche selbst.

Wenn der Katholizismus Grundlage des österreichischen Konservativismus ist, stellt sich die Frage, warum er es nicht darauf anlegte, Österreich enger an die katholischen „Nationalitäten" zu binden. Das Argument, der Katholizismus hätte dazu dienen können, Österreich und die ehemaligen „Nationalitäten" zu einem stabilen Bundesstaat zusammenzuschließen, ist indes kurzsichtig; es ignoriert das enorme Misstrauen der „Nationalitäten" gegen jede Art von Föderalismus, in dem sie eine Rückkehr der Monarchie unter neuem Namen argwöhnen. In jeder Berufung auf die potenziell einigende Kraft des Katholizismus meldet sich für sie ungeniert das Habsburger Herrschaftsinstrument zu Wort: die katholische Kirche. Man darf sich allerdings fragen, warum der Katholizismus zwischen 1918 und 1938 nicht in diese Richtung *gedacht* hat. Die Antwort muss in der deutschnationalen Grundhaltung des österreichischen Katholizismus liegen – in geistlichen wie in weltlichen Angelegenheiten.

Deutschnationale Grundhaltung des österreichischen Katholizismus

Alfred Diamants Untersuchung zur katholischen Staats- und Gesellschaftstheorie in der Ersten Österreichischen Republik ist in diesem Zusammenhang äußerst aufschlussreich. Sein Vergleich der diversen, teilweise konträren Positionen zeigt, dass klerikale, prodeutsche, antiliberale (nicht immer ausdrücklich antidemokratische) und antisemitische Haltungen durchaus miteinander vereinbar waren und Bündnisse eingingen. Gemeinsame Grundlage ist eine konservative Auslegung der Enzyklika *Rerum Novarum* von Papst Leo XIII. aus dem Jahr 1891 sowie der nachfolgenden, vierzig Jahre später, 1931, erlassenen *Quadragesimo Anno* von Papst Pius XI. Beide Enzykliken kritisieren den Sozialismus als System, das mit katholischen Wertvorstellungen unvereinbar sei, und schlagen stattdessen einen Ständestaat vor, dessen praktische Ausgestaltung der Interpretation überlassen wird.

Ständestaat statt Sozialismus

Diamant teilt die katholischen Theoretiker in zwei Gruppen ein: die gemäßigteren Sozialpolitiker und die radikaleren Sozialreformer. Zur Gruppe der Sozialpolitiker gehören der Klerus, Seipel und Dollfuß, die weltlichen „Realisten" Josef Dobretsberger, Franz Zehentbauer und Oskar Schmitz sowie die Bewegung „Österreichische Reform". Zur Gruppe der Sozialreformer gehören die religiösen Sozialisten unter dem „kleinen" Otto Bauer[20], die „Vogelsang-Schule" mit Josef Eberle und Eugen Kogon, Othmar Spann und Ernst Winter sowie die Verfasser und Anhänger des christlich-sozialen „Linzer Programms".

Die diversen Gruppierungen innerhalb dieser allgemeinen katholischen Bewegung haben eine gemeinsame Grundlage, die sich ziemlich präzise beschreiben lässt. Allein ihre Existenz innerhalb eines Denkspektrums, das von einer Verknüpfung von Katholizismus und Sozialismus (der „kleine" Otto Bauer) bis zum vehementen Antisozialismus (Seipel und Dollfuß) reicht, deutet darauf hin, dass dieses Spektrum weniger breit ist als es zunächst scheint. Gemeinsame Grundlage ist der utopische Wunsch, die Gesellschaft nicht als Klassengesellschaft, sondern als Ständegesellschaft neu zu definieren. Es handelt sich also um eine völkische Ideologie. Der „Stand" ist eine religiös (katholisch) und kulturell (deutsch) definierte Kategorie, die sich der sozialen Bestimmung nach politischen (Partei) und ökonomischen (Klasse) Kriterien widersetzt. Die österreichische „Politik der Unpolitischen", um Herbert Reads Formulierung zu verwenden, führt zum Ständestaat vom 1. Mai 1934.

Seipel meint, der Begriff „Stand" beinhalte die Vorstellung von einer Gemeinschaft wie beim „Gelehrtenstand".[21] Gestützt auf die Enzyklika *Quadragesimo Anno*, vor allem auf die Stelle aus Epheser 4:16, mit der der Papst die ideale Gesellschaft beschreibt („ … der ganze Leib zusammengefügt und fest zusammengehalten durch jedes einzelne Gelenk, das da einen Dienst zu verrichten hat je nach der Kraft, die jedem einzelnen Teil zugemessen ist"), konnte Dollfuß dieses Gesellschaftskonzept schlüssig in Politik umsetzen.[22] Das Ergebnis ist seine berühmte „Trabrennplatz-Rede" vom September 1933, in der er „den sozialen, christlichen, deutschen Staat Österreich auf ständischer Grundlage, unter starker, autoritärer Führung" fordert.[23]

Trabrennplatz-Rede

In ähnlicher Weise greift die Österreichische Aktion auf Metternichs industriefeindliche Politik zurück, da in ihren Augen Liberalismus und Industrialisierung das Reich und seine Ideale „Heimat und Haus, Stand und Beruf" zerstört hätten. Die hier verwendeten Begriffe gehören zwar (im Gegensatz etwa zum völkischen „Gau") zum Alltagsvokabular, in ihrer Kombination erzeugen sie jedoch eine mythische Sprache, die an die Rhetorik Renners (und natürlich an die Propaganda der deutsch-völkischen Bewegung im allgemeinen) erinnert. Als Staatsoberhaupt kommt, nach dem Vorbild eines *pater familias*, nur ein Priester in Frage. Ziel der Österreichischen Aktion ist die „Entproletarisierung", die Wiedereingliederung des Arbeiters in die Volksgemeinschaft – der systematische Gegenentwurf zu Marx, der ein revolutionäres proletarisches Klassenbewusstsein forcieren wollte.[24]

Wichtigster Theoretiker des Ständestaats ist Othmar Spann, dessen Buch *Der wahre Staat* von vielen Österreichern, einschließlich Hofmannsthals, gelesen wird. Zwischen beiden bestehen zweifellos katholisch-völkische Gemeinsamkeiten, doch es ist schwierig und wahrscheinlich irreführend, ein Kausalverhältnis zu behaupten. (Ein österreichischer Historiker vertrat es mit der Begründung, Spanns Name habe sich in Hofmannsthals privatem Adressbuch gefunden.[25]) Spann will einen auf „ständischer Demokratie" statt auf „Formaldemokratie" aufgebauten Staat; dieser basiert auf dem Prinzip der Ungleichheit, wobei einige „Glieder" (man beachte die Körpermetapher) wertvoller sind als andere. Die Stände sind in offizielle und inoffizielle unterteilt; zu den offiziellen zählen die „zünftigen Stände" und die „politischen Stände", zu den inoffiziellen die „Vor-Stände", sowie materielle und intellektuelle Gruppierungen („Voll-Stände").[26]

Die Popularität seines Buches und seines Denkens macht Spann zum Vermittler zwischen konservativen Staats- und Sozialtheoretikern auf der einen und Literaten, seien sie für oder gegen den Anschluss, auf der anderen Seite. Die literarische Anti-Anschluss-Fraktion wird durch eine Gruppe vertreten, die als Theoretiker des „österreichischen Menschen" bekannt ist. Zu ihr gehören Hofmannsthal, Bahr, Richard von Kralik, Anton Wildgans, Richard Schaukal, Erwin Hanslick und Richard Müller. Sie sind katholisch, deutsch, monarchistisch und christlich-sozial. Die konservative Pro-Anschluss-Fraktion wird bis in die späten 30er Jahre hinein vom Literaturhistoriker Josef Nadler und dem Historiker Heinrich von Srbik geleitet. Nadlers *Literaturgeschichte der deutschen Stämme und Landschaften* behauptet eine „weit zurückreichende und fortdauernde Theaterlandschaft des ‚bairisch-österreichischen' Stammes", die sich Hofmannsthal für seine Salzburg-Ambitionen zu eigen macht.[27] Hofmannsthals Zustimmung zu Nadlers Thesen belegt den, wie ich meine, wichtigsten Grundsatz der Staatsideologie der Ersten Republik: dass sich das Anti-Anschluss-Argument von der deutschösterreichischen Besonderheit und das Pro-Anschluss-Argument von einer gesamtdeutschen beziehungsweise bayerisch-österreichischen Blutsverwandtschaft keineswegs ausschließen. Beide Positionen basieren auf der Behauptung, die deutsche Kultur sei ein wirkungsvolles Instrument zur Schaffung einer einheitlichen Staats- und Gesellschaftsordnung, mithin: auf der Ablehnung jeder Art von Pluralismus.

Srbiks 1935 erschienenes Buch *Deutsche Einheit* vertritt einen ziemlich komplizierten Begriff von deutscher Einheit.[28] Heer nennt Srbik zwar den „Großmeister der gesamtdeutschen Geschichtsauffassung", doch immerhin beschreibt Srbik seine Haltung nicht als „großdeutsch" sondern als „gesamtdeutsch".[29] Stanley Suval bezeichnet Srbiks Buch als den Versuch, die Habsburger- und Hohenzollern-Dynastien als gleichwertige historische Kräfte darzustellen und „eine Erbauungsgeschichte zur Überwindung des durch den Zusammenbruch verursachten Defätismus und zur Gesundung der deutschen Psyche"[30] zu schreiben. Die gesunde deutsche Psyche ist das Schlagwort, über das Srbik den österreichi-

Josef Nadler, 1918

schen Katholizismus mit einer nazifreundlichen Haltung kombinieren kann.[31]

Der politische Austro-Katholizismus mit seinem Kulturnationalismus schließt sich einem Salzburg-Kreuzzug an, der, unabhängig von den Festspielen geführt, ein paar Parallelen zu diesen aufweist. Es ist die Kampagne für eine katholische Universität in Salzburg als vollwertige deutsche Universität; sie wird 1917 von Erzbischof Ignaz Rieder, einem Festspiel-Befürworter, ins Leben gerufen und in den 20er Jahren weitergeführt. Es besteht kein Zweifel, dass die Idee ursprünglich einer anschlussfreundlichen Haltung entsprach: eine deutsche katholische Universität in Salzburg, die die deutschsprachigen Katholiken Österreichs und Bayerns vereinen soll. Nachdem der Anschluss untersagt worden ist, verliert die Kampagne trotz Rieders anhaltender Bemühungen an Boden.

Kampagne für eine katholische Universität in Salzburg

Rieder erläutert die ideologische Wirkung der geplanten Universität in einer *Denkschrift über eine katholische Universität des deutschen Volkstums in Salzburg*. Ausgangspunkt ist stets der deutsche Katholizismus, nicht der österreichische, und der Begriff „deutsches Volkstum" im Titel deutet darauf hin, dass Rieders Position nicht nur gesamtdeutsch, sondern klassisch „völkisch" ist. „Nicht in der Politik zuerst", beginnt Rieder, „sondern in der eigenen inneren Fülle liegt die Stärke des deutschen Volkes." Ziel einer katholischen Universität ist es natürlich, die Gesellschaft aus dieser inneren Fülle heraus neu zu errichten, als gesellschaftlicher Kern zu fungieren wie im Mittelalter: „Im Mittelalter war das Katholische der mächtigste Kulturfaktor nur deshalb, weil es sich aus seinem Geist heraus Universitäten schaffen konnte." Die Universität ist ein Projekt der 1849 gegründeten Katholischen Vereine Deutschlands und Österreichs, aus der 1864 der Verein zur Gründung einer katholischen Universität in Deutschland hervorgeht. Der Krieg von 1866 habe den Plan zum Erliegen gebracht, so Rieder, jetzt sei es an der Zeit, ihn wiederzubeleben.[32]

Das Projekt einer katholischen Universität in Salzburg findet auch Seipels Interesse. Im Dezember 1916 informiert er Hermann Bahr über das Projekt, von dem er sich eine „Begegnungsstätte für Reichsdeutsche und Österreicher"[33] verspricht. Interessant ist dabei, dass sich Seipel bereits 1916, bevor die Anschlussfrage akut wird, eine katholische Universität als Vermittlerin zwischen Österreich und Deutschland wünscht.

Zu den vernehmlichsten Gegnern des Universitätsprojektes seit seiner Neubelebung 1917 gehört Max Weber, der für die *Frankfur-*

ter Zeitung vom 10. Mai 1917 einen Artikel dazu verfasst.[34] Weber erläutert seine Haltung, indem er das Projekt zum Exempel für den Gegensatz zwischen Kulturpolitik und Wissenschaft macht: „… daß Anstrengungen bestehen, im Anschluß an die in Salzburg bestehende theologische Fakultät eine auch für einen Teil der weltlichen Professuren konfessionell gebundene Hochschule zu errichten … ist das vom Standpunkt einer rein wissenschaftlichen Auslese der Bewerber unbedingt abzulehnen … In Salzburg soll aber die kaiserliche Ernennung für nicht weniger als fünf von den weltlichen Professuren an die vorhergehende Zustimmung des Erzbischofs gebunden werden, also: eine *missio canonica* in aller Form bestehen. Eine solche Hochschule wäre natürlich keine Universität, die irgendwelche Aussicht hätte, von akademischen Körperschaften als gleich berechtigt angesehen und als vollwertig behandelt zu werden."

IV

Wenn Kulturpolitik als vorrangig angesehen wird, ist es sinnvoll, die Quellen praktischer Politik zumindest teilweise im Denken und ideologischen Engagement maßgeblicher Kulturpersönlichkeiten außerhalb der politischen Arena zu suchen. Eine kulturelle Gruppierung, die Theoretiker des „österreichischen Menschen", strebt eindeutig eine aktive politische Mitwirkung an. Zwei Mitglieder, nämlich Bahr und Hofmannsthal, können sich Gehör verschaffen: Bahr beginnt einen kleinen Briefwechsel mit Seipel, Hofmannsthal schreibt ausgiebig in der Presse. Von besonderem Interesse ist die umfangreiche Korrespondenz zwischen den Christlich-Sozialen Bahr und Hofmannsthal und dem Liberalen Josef Redlich, ein Dreiecksgespräch, das sich nach 1918 fast ausschließlich auf den kulturellen Wiederaufbau Österreichs im allgemeinen und das Verhältnis zwischen Deutschösterreichern und Tschechen im besonderen konzentriert. In der freundschaftlichen, in liberal-pluralistischer Diktion geführten Debatte zwischen Bahr und Hofmannsthal einerseits und Redlich andererseits prallen katholischer Konservativismus und echter liberaler Pluralismus aufeinander. Redlich vertritt einen echten staatsrechtlichen Pluralismus und legte die Betonung nicht auf kulturelle Fragen; die bleiben für Hofmannsthal und Bahr von übergeordneter Bedeutung und hindern sie daran, ihre liberale Rhetorik mit einer wahrhaft pluralistischen Haltung zu verbinden. Den Schlüssel zur konservativen Grundierung ihres liberalen Diskurses liefert der Vierte im Bunde: Rudolf Pannwitz.

Redlich ist studierter Rechtswissenschaftler; sein anglophiler Liberalismus stammt wahrscheinlich aus dem lebenslangen Studium des englischen Rechts- und Verwaltungssystems. In seiner Doktorarbeit von 1901 *(Englische Lokalverwaltung)* schreibt er, die Lokalverwaltung sei Grundlage der einzigartigen politischen Reife der Briten und unabdingbare Voraussetzung des britischen Parlamentarismus. Ein zweites Werk, *Recht und Technik des englischen Parlamentarismus*, macht ihn in Großbritannien und auf dem Kontinent zur Autorität auf dem Gebiet des englischen Staatssystems. Das Buch wird von Premierminister Aquith oft zitiert. Redlich überträgt die antizentralistische englische Haltung auf die österreichische Situation und wird zum leidenschaftlichen Föderalisten, vor wie auch nach 1918. Als solcher ist er gegen den Anschluss, was ihn von der Mehrheit der deutschnationalen „Liberalen" isoliert.

Redlichs Föderalismus bedeutet keineswegs den Glauben an eine kulturelle Gleichrangigkeit. In der Überzeugung, dass die deutsche Kultur überlegen sei, unterscheidet er sich weder von Hofmannsthal oder Bahr noch von der traditionellen Position der österreichischen Liberalen. Dennoch bedeutet kulturelle Überlegenheit für Redlich nicht automatisch kulturelle Hegemonie. Hierin unterscheidet er sich von Hofmannsthal, Bahr, Rudolf Pannwitz und der Position der liberalen Traditionalisten, die J. N. Berger, führender Liberaler der Vorläufergeneration, 1861 so formuliert hatte: „Die Deutschen in Österreich haben nicht die politische, sondern die Hegemonie der Kultur unter den Völkern Österreichs anzustreben, die Kultur nach dem Osten zu tragen, die Propaganda des deutschen Gedankens, der deutschen Wissenschaft, der deutschen Humanität zu vermitteln."[35] Sein Desinteresse an kulturpolitischen Fragen macht Redlich immun für den Austropatriotismus, dem Bahr und Hofmannsthal in den 20er Jahren hoffnungslos verfallen sind. Auch sein Auslandsaufenthalt trägt dazu bei; Redlich verbringt die letzten fünfzehn Jahre vor seinem Tod im Jahr 1936 als Professor der Rechte an amerikanischen Universitäten.

Nicht politische Hegemonie, sondern Hegemonie der Kultur

Hermann Bahr, den Ignaz Seipel „einen Apostel des österreichischen Denkens" nennt, ist das Marketing-Genie des österreichischen Geisteslebens.[36] Er besitzt ein untrügliches Gespür für das, was intellektuell, ästhetisch und politisch en vogue ist, sowie

Hermann Bahr mit Anna Bahr-Mildenburg in Schloss Arenberg, 20er Jahre

„Deutsches Wesen obenan in der Menschheit"

die Fähigkeit, sich selbst in den Mittelpunkt neuer Trends zu stellen, ohne selbst zu ihnen beizutragen. Er ist ein Verfechter der pangermanischen Bewegung in den 1880er Jahren, der Secession in den 1890er Jahren, der Kriegsbegeisterung von 1914 und der christlich-sozialen, den Anschluss ablehnenden „österreichischen Idee" der 20er Jahre. Der scheinbare Widerspruch zwischen dem Pangermanismus der 1880er Jahre und der christlich-sozialen Position der 20er Jahre löst sich – nicht nur bei Bahr, sondern generell – auf, sobald die gemeinsame Überzeugung von der Überlegenheit der deutschen Kultur zutage tritt.

C. E. Williams macht in Bahrs politischem Bewusstsein die beharrliche Überzeugung aus, „dass es die Pflicht der Deutsch-österreicher sei, den benachteiligten Nachbarn ihre überlegene Kultur zu bringen wie Missionare unter Heiden".[37] So schreibt Bahr 1909 in der *Dalmatinischen Reise* (die sich im Titel, wenn auch nicht inhaltlich, an Goethe anlehnt): „Und geht es denn immer bloß um die Sprache, geht es nicht vielmehr um unsere alte deutsche Stammesart? Ist es nicht wichtiger, diese südlichen und östlichen Völkern einzuhauchen? Lassen wir doch in der weiten Welt die deutsche Seele für uns werben! In welcher Sprache sie dann wirkt, was kümmerts uns, wenn nur deutsches Wesen obenan in der Menschheit steht."[38] Der aktuelle politische Zusammenhang ist hier eindeutig die Annexion Bosniens und der Herzegowina durch die Habsburger im Jahr davor. Sie verrät indes eine Denkweise und eine Sprache, die der Anti-Anschluss-Ideologie der 20er ebenso wie dem Pangermanismus der 1880er Jahre angemessen wäre.

In der Tat, eine gesamtdeutsche Position ist mit der Ablehnung des Anschlusses für Bahr (und Hofmannsthal) nicht notwendig unvereinbar. Die Erfahrung des Krieges erweckt in Bahr und Hofmannsthal das Gefühl einer deutschen Schicksalsgemeinschaft, beide halten jedoch an der Vorstellung eines unabhängigen Österreichs fest. Im September 1914 berichtet Bahr Hofmannsthal von einem Aufenthalt in Bayreuth (wo seine Frau, Anna Bahr-Mildenburg, bei den Wagner-Festspielen sang) und seinem Erlebnis der deutschen Mobilmachung. „Noch nie habe ich einen großartigeren Anblick erlebt … noch so rein den deutschen Geist gespürt."[39] Am 16. Juni schreibt er allerdings: „Ich fürchte, Sie sehen die schreckliche Gefahr nicht, die Österreich droht. Es ist derzeit in der Hand von Verrätern, die es systematisch an das deutsche Reich ausliefern. Formell werden die Habsburger bleiben, wenn sie denn selbst überdauern, doch wir werden etwas nach der Art Serbiens geworden sein. Hilfe kann nur von unseren Slawen kommen und von der Kirche, die beide versuchen werden, sich der Vernichtung bis zum letzten Atemzug zu widersetzen. Im heutigen Österreich ist jede Politik, die nicht slawisch oder katholisch ist, unöster-reichisch."[40] Die deutsche Kulturideologie und eine proslawische Politik ergeben bei Bahr dieselbe Haltung, die auch Hofmanns-thals Verhältnis zur slawischen Welt prägt: Die deutsche Kultur ist die Basis, die ein „liberales" Interesse an den ehemaligen „Natio-nalitäten", bis hin zur Anerkennung, erst möglich macht.

Im Jahr 1912 zieht Bahr von Wien nach Salzburg, lässt sich dort als Intellektueller und Stimme des wahren Österreichs nieder, kauft Schloss Arenberg und festigt so seine Position als Kulturari-stokrat der Stadt. Die Übersiedlung nach Salzburg, in sich eine kulturelle Wallfahrt, gibt einen Vorgeschmack auf den Symbolge-halt der Festspiele, für die Bahr die Werbetrommel rührt. (Als die Festspiele dann begonnen haben, schwankt Bahr zwischen der anfänglichen Begeisterung des „Theatermenschen" und den Bedenken eines konservativen Salzburger Bürgers; einerseits tritt er bei den Verhandlungen zwischen Hofmannsthal, Reinhardt und Erzbischof Rieder um die Nutzung der Kollegienkirche für das *Welttheater* als Vermittler auf; andererseits schreibt er im August 1920: „Hier ist es jetzt scheußlich … Salzburg wird aufatmen, wenn *Jedermann* vorüber ist."[41]

Bahrs Überzeugung, eine slawenfreundliche Politik sei im Interesse der österreichischen Autonomie notwendig, findet bei Hofmannsthal ein offenes Ohr. Im Juni 1917 unternimmt Hof-mannsthal eine einwöchige Reise nach Prag, über die ausführlich berichtet wird. Er betrachtet sie als kulturelle Mission, und so wird sie auch von seinem Freundeskreis verstanden.[42] Hofmannsthal lernt einige Leute persönlich kennen, mit denen er seit Kriegsbe-ginn in Briefkontakt steht. Die wichtigsten sind Jaroslav Kvapil, der ebenfalls Opernlibretti schreibt und das Tschechische Natio-naltheater leitet (und ein Bekannter von Bahr ist), und Paul Eisner, ein Schriftsteller und Übersetzer vom Deutschen ins Tschechische (er wird später Thomas Mann und Kafka übersetzen).[43]

Mit Kvapil hatte Hofmannsthal anlässlich des geplanten Foto-buches „Ehrenstätten Österreichs" Kontakt aufgenommen, da der Band auch Aufnahmen und Beschreibungen aus der Tschechoslo-wakei enthalten sollte. Der vorgesehene Titel stammt natürlich aus einer Zeit, als die Donaumonarchie noch existierte, dennoch ist er, wenn man so will, ein Beleg für Hofmannsthals Austrozentrismus. Kvapils Briefe an Hofmannsthal zeugen von hohem Respekt, lassen aber genügend intellektuelle und politische Meinungsverschiedenheiten erkennen, um ein gespanntes Verhältnis zu bewirken.

Im ersten Brief an Hofmannsthal schreibt Kvapil: „Ich muß da mit einigen Worten wiederholen, was ich an Bahr eben schreibe: das Schönste und Ruhmvollste, was wir in unserer Vergangenheit haben, wa[r] sehr selten von Österreich als solches angesehen – und umgekehrt betrachtet schaut die Sache noch schlechter aus. Das Meiste, was mein Volk verloren hat, in seine[r] politischen, nationalen und religiösen Selbständigkeit, verlor es durch Österreich und an Österreich. ... Das sind keine Worte eines verrückten Patrioten."[44] In einem Brief vom Januar 1915 kommentiert er Hofmannsthals kurz zuvor erschienene Polemik „Bejahung Österreichs":

„Aber gleich am Anfang werden wir prinzipiell nicht einig, denn Ihr Standpunkt – ich berufe mich nicht einmal so sehr auf Ihren Brief, als vielmehr auf den Artikel, den ich von Ihnen unlängst in der *Schaubühne* (‚Bejahung Österreichs') gelesen habe – beruht auf einem festen Glauben an Österreich – und diesen Glauben habe ich nicht und kann ihn leider auch durch die letzten Ereignisse nicht gewinnen ... In Ihrem oben erwähnten Artikel schreiben Sie so bezeichnend von der großen österreichischen Kunstblüte nach 1683, die bis zu Joseph II. andauerte. Nun, diese hundert Jahre bedeuten für meine Nation in Österreich die größte kulturelle, nationale und wirtschaftliche Erniedrigung ... Was wir in diesen hundert Jahren von Wien und Rom (von Rom durch Wien) gelitten haben! ... Früher war es die religiöse, heute ist es die nationale Frage. Und was wir in den letzten hundert Jahren wurden, wurden wir ohne Österreich, trotz Österreich – und manchmal sogar gegen Österreich."[45]

Im vorletzten Brief heißt es schließlich: „Das, was man ein ‚österreichisches Problem' bezeichnet, werden wir niemals mit denselben Augen sehen können."[46] Kvapil zieht sich vom Projekt „Ehrenstätten Österreichs" zurück, das Hofmannsthal seinerseits bald aufgibt.

Im Jahr 1917 nimmt Hofmannsthal ein „Tschechische Bibliothek" betiteltes Folgeprojekt in Angriff, das als begleitende Anthologie zur „Österreichischen Bibliothek" geplant ist, an der er bereits arbeitet. Paul Eisner soll dafür tschechische Gedichte ins Deutsche übersetzen. Eisner verlangt, dass Bahr und Pannwitz

„die sich um die Erschließung des tschechischen Wesens verdient gemacht haben", in das Projekt miteinbezogen werden, ebenso die beiden Brüder Mann, Rilke, Hesse und der in Prag geborene Franz Werfel.[47] Eisner argumentiert eindeutig aus deutscher Sicht, die eine grundsätzlich andere ist als die Kvapils. Das gilt umso mehr für Franz Spina, einen deutschen Literaturwissenschaftler an der Universität Prag, den Eisner für eine Mitarbeit an der „Tschechischen Bibliothek" gewonnen hatte. Für Spina ist der Erhalt der österreichisch-tschechischen Einheit lebenswichtig. In einem Brief an Hofmannsthal vom Januar 1918 preist er dessen kurz zuvor erschienenen Aufsatz zu Prinz Eugen und Grillparzer; darin habe er den Glauben an die „gottgewollte Gegebenheit und unzerstörbare Einheit, die innere Notwendigkeit Österreichs" bestätigt, „die die real denkenden austroslavischen tschechischen Politiker (Havlíček, auch Palacký) so klar erkannt haben und die jetzt unter der verheerenden Wirkung des bösen Halbwortes vom Selbstbestimmungsrecht, in der gefährlichen Rezidive eines politischen Romantismus, kein Tscheche mehr erkennen will. … Dem innerlich germanisierten Volke scheint als einzig echtes slavisches Merkmal die Maßlosigkeit seiner Ziele, die Überschätzung des Erreichbaren und der eigenen Kräfte und die Unbelehrbarkeit durch die Geschichte und die Realitäten gegeben zu sein. Die Entwicklung der Psychose seit der Rückkehr Kramárs, des Politikers der Leidenschaft, deutet auf eine *gewollte* Isolierung des Volkes hin (Zustand nach den Hussitenkriegen), auf eine radikale Losreißung der tschechischen Kultur vom deutschen Element, was doch völlig unorganisch und realpolitisch gar nicht möglich ist."[48]

Hofmannsthal selber schreibt nie so emphatisch, billigt eine derartige Rhetorik aber bei anderen. Neben Spina ist Rudolf Pannwitz vielleicht das markanteste Beispiel. Hofmannsthals Prag-Reise fällt zeitlich mit seiner begeisterten Entdeckung von Pannwitz' Buch *Die Krise der europäischen Kultur* zusammen. Er schickt sofort Exemplare an Bahr und Redlich, die beide beeindruckt sind, und bittet Pannwitz, Jaroslav Kvapil und Paul Eisner je ein Exemplar zukommen zu lassen.[49]

In einem Brief vom September 1917, von dem Hofmannsthal höchst angetan ist, skizziert Pannwitz eine Kulturtheorie, die er mit einer Aufsatzreihe über die Tschechen illustrieren will. (Die Reihe erscheint 1918 in der Wiener Zeitschrift *Der Friede.*) Die Theorie, in Pannwitz' üblicher eigenwilliger Rechtschreibung formuliert, kreist um die zentrale Unterscheidung zwischen Weltkultur und nationaler oder „kleiner" Kultur: „Österreich-Ungarn basiert aber als reich auf der deutschen Weltkultur. von den Deutschen zu fordern, dass sie in Österreich sich als Weltkultur empfinden lernen und überhaupt nicht als nationalkultur … Von den Tschechen zu fordern dass sie einer Weltkultur als nurnationalkultur sich unterordnen. dass sie sie als historische tatsache anerkennend nicht bekämpfen sondern mit ihren steigenden nationalen Kräften auf alle weise bereichern und verjüngen."[50]

Zu diesem Zeitpunkt plant Pannwitz ein Buch mit dem Titel „Österreichische Kulturpolitik", das zwei Abschnitte enthalten soll: „Österreichs Potential" und „Der Geist der Tschechen". Als in Deutschland geborener Austrophiler ist Pannwitz der Ansicht, Österreich habe sich das Privileg verdient, als rechtmäßiger Träger der deutschen Kultur aufzutreten, und das Buch will für diesen Fall die Vorlage liefern.[51] Hofmannsthal rät ihm dringend, nach Prag zu reisen, wie er es mehrere Monate zuvor selbst getan hatte. Pannwitz fährt Anfang Dezember 1917 und schreibt nach seiner Rückkehr an Hofmannsthal: „Ich erkenne jetzt dass die Tschechen der stärkste gegensatz zu den Deutschösterreichern sind und doch zutiefst mit ihnen verwandt und dass ‚der Östreicher' der reinste typus ist." Und: „Ich fand alles anders vor als ich erwartet hatte und kehre mit einem hellbegeisterten glauben an Östreich und ein österreichisches Europa zurück."[52]

Im selben Brief schreibt Pannwitz, er möchte unbedingt Max Mell, Redlich und die ganze Hofmannsthal-„Gesellschaft" kennenlernen. Über Hofmannsthal nimmt Pannwitz Kontakt mit Paul Eisner in Prag, Redlich in Wien und Bahr in Salzburg auf. Im Oktober 1917 stellt er sich schriftlich bei Bahr vor und äußert den Wunsch, Bahr kennenzulernen, warnt ihn jedoch: „Sie werden in mir nicht weniger als einen revolutionär finden."[53] Vier Tage später erörtert er in einem langen Brief, inwieweit sich seine und Bahrs politische Vorstellungen decken. „Östreich ist organisch es muss überorganisch werden (und Europa das anorganisch ist noch kann nur in einem überorganisierten mit Östreich zusammen kommen)."[54] In diesem zweiten Brief erwähnt Pannwitz kurz, das neue Österreich müsse „geschaffen" werden. Sieben Monate später erläutert er den Gedanken etwas ausführlicher. Die katholische Kirche dürfe nur das Symbol, nicht aber die Realität dieser Neuschöpfung sein; die Kirche unterliege institutionellen Beschränkungen, die vom neuen Österreich transzendiert würden.[55] Ein Jahr später liefert Pannwitz im nämlichen Zusammenhang eine Interpretation von Bahrs Katho-

lizismus, den er respektiert; er sei „das absolute gegenteil zur derzeitigen katholischen Kultur … eine art protestantismus gegen den
Protestantismus".[56] Nichts davon ist schlüssig, und es gibt keinen
Hinweis, dass Bahr auf diese Briefe geantwortet hat, doch Pannwitz' religiöse Vorstellungen sind als Hinweis auf das mythische
Universum, in dem er operiert, von Interesse. Selbst ein Deutscher,
behauptet Pannwitz, seine wahre deutsche Identität in Österreich
und in Hofmannsthals „österreichischer Idee" (wie er Bahr gegenüber gesteht) gefunden zu haben, und seine Vision von einer neuen
deutschen Kulturschöpfung mit Österreich als Basis entspricht seiner psychologischen Disposition, sich als Fremder zu fühlen.

Die Freundschaft mit Hofmannsthal und dessen Kreis ist 1920
mit einem Schlag zu Ende. Zum einen scheint Pannwitz bei allen
Schulden zu haben; der entscheidende Bruch erfolgt indes mit
einem bizarren Brief vom Januar 1920, in dem Pannwitz Redlich
die Freundschaft aufkündigt und ihn persönlich beleidigt. In
einem Anfall von Paranoia wirft er Redlich vor, seine „Deutsche
Lehre" ausgebeutet und die Freundschaft verraten zu haben: „Ich
halte Sie für unfähig auch nur zu verstehen was ich Ihnen vorwerfe
… Sie sind ein jämmerlicher liberaler ein kleiner mann und kleiner
jud."[57] Redlich berichtet Bahr von dem Vorfall und vermutet, seine
Weigerung, Pannwitz eine Italienreise in Begleitung mehrerer
Damen („dem neuen Mohammed mit seinen vier Frauen") zu
finanzieren, habe den in Rage gebracht. Er habe auf dessen Brief
nicht reagiert, da er nicht „mit Irrsinnigen zu korrespondieren"
pflege.[58] Man kann nur darüber spekulieren, ob es tiefere, inhaltliche Gründe für diesen Wutausbruch gab; sein Vorwurf, Redlich sei
ein „jämmerlicher liberaler" verrät jedenfalls etwas über seine
wahre politische Überzeugung, der eine Kulturtheorie entspringt,
die für kurze Zeit so viele führende österreichische Intellektuelle
beeinflusst.

Auch wenn Pannwitz daraufhin von der Bildfläche verschwindet, wird sein Ansatz, kulturelle Fragen im allgemeinen und die
Rolle der deutschösterreichischen Kultur in Europa im besonderen
zu behandeln, bei Hofmannsthal und Bahr fester Bestandteil des
Denkens, nicht jedoch bei Redlich, dessen ernsthafter Liberalismus ihn von den anderen unterscheidet. Die Pannwitzsche Den-
kungsart ist nichts Neues; er schreibt in einem schwadronierenden
„Zarathustra-Ton", wie Redlich es nennt, der ihm „schon bei
Nietzsche manchmal recht schwer erträglich" war.[59] In seiner Kulturkritik verwendet er ein Vokabular, das die tschechisch-öster-

reichische Frage in den Kontext des von mir so genannten „nationalistischen Weltbürgertums" stellt. Den Tschechen als Trägern einer „Nationalkultur" soll durch die deutschösterreichische „Weltkultur" Anerkennung zuteil werden.

„Anerkennung" ist zweifellos das treffende Wort für Hofmannsthals Verhältnis zur tschechischen Kultur. Das Thema liegt ihm am Herzen; er macht es zum Angelpunkt von *Arabella*, seinem letzten Opernlibretto für Richard Strauss, auf das ich im nächsten Kapitel eingehen werde. Auch wenn es in *Arabella* um die Vermählung der österreichischen und tschechischen Kultur geht (repräsentiert durch die Hauptfiguren Arabella und Mandryka), ist es offiziell eine deutsche Oper. Es wäre Hofmannsthal nie in den Sinn gekommen, bei den Salzburger Festspielen eine tschechische Oper aufzuführen (wie etwa Dvořáks *Rusalka*, dessen Libretto von Jaroslav Kvapil stammt). Die tschechische Kultur bleibt etwas, das man durch die deutsche Brille betrachtet und würdigt.

Hugo von Hofmannsthal im Salon in Rodaun

ALLEGORIE UND AUTORITÄT
IM WERK
HUGO VON HOFMANNSTHALS

I

Zwischen den Salzburger Festspielen als ideologischem Kulturprogramm und der intellektuellen Biografie ihres geistigen Vaters Hugo von Hofmannsthal gibt es eine Konvergenz. Wenngleich ich in meiner Untersuchung nicht biografisch vorgehe, sondern persönliche Entwicklung als Teil allgemeiner kultureller Ideen und Ideologien verstehe, so ist dennoch ein eingehenderes Porträt Hofmannsthals vonnöten: die Darstellung der Aspekte seiner Laufbahn, die für die Problematik der Salzburger Festspiele relevant sind. Wie in den anderen drei Kapiteln, in denen ich die ideologischen Ursprünge der Festspiele in ihrem Kontext zu definieren versuche, möchte ich auch im vorliegenden zweigleisig verfahren und mit der Erklärung der Ursprünge auch die Folgen beleuchten. Ich behaupte, dass es eine Dialektik zwischen Hofmannsthals politischer Ideologie und seinem schöpferischen Werk, zwischen der Entstehung eines konservativen Modells nationaler Autorität und der Hinwendung zu einem Modell kognitiver und literarischer Autorität gibt: dem der Allegorie.

Führender Dichter seiner Generation, Produkt wie auch Diagnostiker einer allgemeinen kulturellen Verunsicherung, ist Hofmannsthal seit seinem Tod 1929 immer wieder Gegenstand der Forschung gewesen. Literaturwissenschaftler konzentrieren sich zumeist auf die frühe Schaffensphase der 1890er Jahre, als der Jugendliche in Wiener Literatenkreisen als „Wunderkind" galt. Hofmannsthal selbst hat eine Einteilung in Schaffensphasen vorgenommen, der die Forschung für gewöhnlich folgt. Die lyrische Phase endet 1900 mit der Veröffentlichung des berühmten „Briefs des Lord Chandos", in dem Hofmannsthal Dichtung und Sprache generell als unaufrichtig ablehnt, als untaugliches Instrument, die menschliche Erfahrung zu begreifen und auszudrücken. Die mittlere Phase kann zwischen 1900 und 1914 angesetzt werden, als sich

Hofmannsthal mit griechischen Dramen und Opernlibretti beschäftigt; das Problem des Scheiterns von Sprache, Kommunikation und Rationalität behandelt er nun im Medium der griechischen Tragödie (*Elektra, Ödipus und die Sphinx*) als apokalyptische Vision. Hofmannsthal verschreibt sich freilich nie ganz dem Tragischen und verfasst in dieser Zeit auch Komödien (*Ariadne auf Naxos, Der Rosenkavalier*), die zwar weiterhin die genannte ernste Thematik behandeln, aber positive Lösungen anbieten.

Hofmannsthals apokalyptische Schriften gehen der tatsächlichen politischen Apokalypse von 1918 voraus. Entsprechend beginnt die nächste Schaffensperiode, die Wiederherstellung mit Hilfe der „konservativen Revolution", bereits mit Kriegsausbruch 1914. Was Hofmannsthal zur Politik bringt, ist eine Ideologie der Wiederherstellung, die in seinem dichterischen Werk wie auch in seinen politischen und kritischen Schriften ihren Niederschlag findet. Bei den dramatischen Werken der Spätphase handelt es sich um das (im Krieg entstandene) Libretto *Die Frau ohne Schatten*, um *Arabella*, das Lustspiel *Der Schwierige* sowie das Trauerspiel *Der Turm*, das Hofmannsthal über ein Vierteljahrhundert hinweg immer wieder umschreibt; es ist das Werk, das ihm am meisten am Herzen liegt. Die endgültige Fassung behält einen pessimistischen Grundton bei, der der Aufbau-Ideologie der Spätphase widerspricht. Abgerundet wird das Spätwerk von den katholischen Mysterienspielen *Jedermann* und *Das Salzburger große Welttheater*.

Mit Ausnahme von *Der Turm* vielleicht zeigen diese Parabeln der Wiederherstellung Hofmannsthals Weg in die Ideologie und einen damit einhergehenden ästhetischen Niedergang. Sein vielleicht schwächstes Werk, *Das Salzburger große Welttheater*, ist sowohl das allegorischste als auch das programmatischste. Wie viele andere Denker seiner Zeit, unter anderem Lukács und Benjamin, rehabilitiert Hofmannsthal die Allegorie als diskursive Form, durch die sich die Moderne verstehen lässt. Doch er tut dies aus der Perspektive seiner (formal und politisch) konservativsten **Autorität und Allegorie** Anschauungen. Die Allegorie wird für ihn zu einer Diskursform, die den *Autoritätsanspruch* religiöser Modelle und Projektionen übernimmt und anwendet, einen Autoritätsanspruch, der auf kulturelle Kontrolle wie auch auf Kontrolle von Bedeutung und Darstellung zielt. Das Symbol bleibt für Hofmannsthal in seinem Bezug unbestimmt, die Allegorie erklärt den Kosmos.

Hierbei hört Hofmannsthal nie auf, in Totalitäten zu denken. In der, wenn ich es so nennen darf, „apokalyptischen Periode"

behandelt er die politische Apokalypse als Unteraspekt der metaphysischen: das Scheitern von Sprache und Kommunikation zieht
das Scheitern der Politik nach sich. Mit der thematischen Hinwendung zur Wiederherstellung muss Hofmannsthal die metaphysischen und epistemologischen Aspekte seiner bisherigen Kosmologie ignorieren. (Dass sie im *Turm* nicht ignoriert werden, beweist,
dass Hofmannsthal das Stück nicht abgeschlossen hat und dazu
auch nicht imstande war.)

Der Schritt von einer Kosmologie der metaphysischen und
politischen Apokalypse zu einer Kosmologie der ideologischen
Wiederherstellung lässt sich anhand einer, wenn man so will,
Abwertung des Symbolischen aufzeigen. Hofmannsthals dichteri-
sches und dramatisches Werk basiert während der gesamten Schaffenszeit auf der Verwendung von Symbolen. Seine frühe Lyrik
reflektiert die symbolistische Lyrik der Franzosen und die von **Ideologische Verwen-**
Yeats; das Symbol als formales Grundprinzip zieht sich durch **dung der Allegorie**
seine gesamten Schriften. Allerdings erfährt es, wie ich meine, eine
Abwertung vom Status der Metapher zu dem einer eingeschränk-
ten Allegorie. In der ideologischen Verwendung der Allegorie, die
für Hofmannsthals Spätwerk charakteristisch ist, erhalten imaginä-
re Konstrukte durch ein präzise bestimmtes Bezugssystem gesellschaftliche und politische Relevanz. *Jedermann* wird zu Österreich
und Österreich wird zum Selbstzweck – ästhetisch wie politisch.
So verarmt die barocke allegorische Praxis (in einem allgemeinen
wie im spezifisch österreichischen Sinne) in dem Maße, wie die
Beziehung zwischen Symbol und Symbolisiertem erstarrt. Und in
der Tat lässt sich die im 19. Jahrhundert erfolgte Verwandlung der
Idee der Nation in den symbolisierten Gegenstand (das Bezeichnete) statt in ein Symbol höherer Ebene (ein Zeichen) als Merkmal
nationalistischer Ideologie beschreiben. Hofmannsthals österreichisch-barocke Ideologie nimmt in der literarischen Praxis
Gestalt an durch einen Prozess der Allegorisierung, der Walter
Benjamins berühmte Definition bestätigt:

> „Denn die Allegorie ist beides, Konvention und Ausdruck; und beide
> sind von Haus aus widerstreitend. Doch so wie die barocke Lehre über-
> haupt Geschichte als erschaffenes Geschehn begriff, gilt insbesondere die
> Allegorie, wennschon als Konvention jede Schrift, so doch als geschaffene
> wie die heilige. Die Allegorie des XVII. Jahrhunderts ist nicht Konvention
> des Ausdrucks, sondern Ausdruck der Konvention. Ausdruck der Auto-
> rität mithin, geheim der Würde ihres Ursprungs nach und öffentlich nach
> dem Bereiche ihrer Geltung."[1]

Walter Benjamin
(1892–1940)

Die Eltern Hugo von Hof-
mannsthals

Das symbolische Universum der frühen Lyrik und seine Beziehung zu Hofmannsthals Jugendjahren sowie zum gesellschaftlichen und politischen Umfeld ist von Hermann Broch meisterhaft analysiert worden. Im folgenden möchte ich die wichtigsten Aspekte wiedergeben und sie, über die von Broch behandelte Lyrik und literarische Prosa hinaus, auf das dramatische Werk der mittleren und späten Schaffensperiode ausdehnen. Brochs Studie *Hofmannsthal und seine Zeit* zeigt, so Broch, „wie aus einem hochbegabten Mann, der sich aus Schwäche allzusehr den Bedingungen seiner Zeit unterwarf, ein schlechter Dichter wurde".[2]

In einem biografischen Abriss geht Broch vier Generationen in der Geschichte der Familie Hofmannsthal zurück – eine „Geschichte der Assimilation", wie er es nennt. Der Urgroßvater des Dichters, Isaak Löw Hofmann, kommt 1788 als junger Mann nach Wien, einer von vielen böhmisch-mährischen Juden, die nach den Josephinischen Toleranz-Edikten von 1781 zuwandern. Für seine Verdienste um die österreichische Textilindustrie, die er nach seiner Ankunft in Wien zu seinem Gewerbe macht, wird Isaak Hofmann 1835 von Kaiser Ferdinand mit dem Adelsprädikat und dem Titel „Edler von Hofmannsthal" geehrt. Mit den Rothschilds gehört Isaak Hofmann zu den Gründern der „Wiener Israelitischen Kultusgemeinde", deren Synagoge in der Seitenstättengasse er mitfinanziert. Mit Hofmanns Sohn August beginnt der Weg in die Assimilation, von der Broch spricht. Er heiratet die Tochter eines katholischen Mailänder Patriziers; der gemeinsame Sohn, Hugo senior, wird katholisch erzogen. Ihr Enkel, der Dichter Hofmannsthal, ist der erste, der zwei katholische Eltern hat, aber schon der zweite, der als Katholik erzogen wird.

Das Verhältnis zur religiösen Herkunft bleibt zwiespältig. Als Erwachsener gehört Hofmannsthal zu keiner Pfarrgemeinde, sondern ist Laienmitglied des Franziskanerordens; als junger Mann äußert er den Wunsch, in der Franziskanerkutte begraben zu werden. Dem wird bei seinem Tod 1929 willfahren, obgleich sein Nachlassverwalter, der Literaturwissenschaftler Rudolf Hirsch, meint, er hätte sich von dem Wunsch längst stillschweigend verabschiedet gehabt.[3]

Wie dem auch sei, als ästhetisches Prinzip bleibt der Katholizismus grundlegender Bestandteil von Hofmannsthals Weltsicht. Er behält seine Bedeutung als ästhetischer Stil und wird im Verlauf

Hugo von Hofmannsthal als
Student, 1893

von Hofmannsthals Karriere zum gesellschaftspolitischen Programm. Hofmannsthal verbindet den katholischen Stil mit dem Wiener Theater, vor allem mit dem Burgtheater. Broch sieht die Abende, die er dort verbringt, als prägend an und beschreibt das Burgtheater als Bastion des Habsburger barocken weltlichen Katholizismus, analog zur Comédie Française in Paris; allerdings macht er die Rolle des „katholischen" Burgtheaters bei der Entstehung der Hofmannsthalschen Poetik nicht explizit – dies gilt es nachzuholen.[4]

Hofmannsthal geht aufs Wiener Akademische Gymnasium, eine weltliche Institution, doch seine *Education sentimentale* erhält er durch den vom Vater vermittelten Bildungsbegriff. Broch beschreibt diesen Begriff als „‚Schaufähigkeit', also … die Entwicklung von Fähigkeiten, durch welche die Mußestunden des Bürgertums zu ‚edlem Genuß' verwandelt werden, zu ‚Kunstgenuß' im Winter, zu ‚Naturgenuß' im Sommer, oder richtiger in der Sommerfrischenzeit."[5] Carl Schorske stellt Hofmannsthals ästhetische Erziehung in den Kontext der Entpolitisierung des österreichischen Mittelstands nach dem wirtschaftlichen Zusammenbruch von 1873 und der anschließenden Krise des Liberalismus, von der die Wiener Juden besonders stark betroffen sind.[6] Soweit diese Krise die Toleranz gegenüber den Juden – die Voraussetzung ihrer Assimilation – erschüttert, muss der Bildungskult, in dem Hugo von Hofmannsthal senior, Sohn eines jüdischen Vaters, den eigenen Sohn erzieht, als Ergebnis der Assimilationskrise betrachtet werden. So erweist sich das Bildungsethos der 1870er Jahre – in Deutschland in einem nationalistischen, in Österreich in einem „postliberalen" Klima – als zunehmend illusorischer Glaube an die Möglichkeit von Assimilation durch Sprache. Es zeigt sich zudem, dass der Liberalismus der 1860er Jahre im allgemeinen politischen Bewusstsein wesentlich weniger verankert ist als Schorske glaubt. Bei Hofmannsthals Geburt 1874 ist die Familie vollständig assimiliert, doch die Erziehung im Geist barocker Kultur, die Hofmannsthal als Kind erfährt, bezeugt die anhaltende Vorherrschaft einer Kulturform, die nichts Liberales an sich hat.

Dass das Burgtheater für Hofmannsthal zu einer Traumwelt wird, in der er lebt und die seine Phantasie prägt, wurde bereits in Kapitel 2 erwähnt, als es um die grundsätzliche Übereinstimmung seiner Theaterauffassung mit der Reinhardts ging. Broch charakterisiert diese Traumwelt so:

Krise des Liberalismus und Assimilationskrise

*Hermann Broch (rechts) 1933
in Salzburg*

„Unzweifelhaft bildeten für Vater und Sohn Hofmannsthal die Burgtheaterbesuche – vorher waren es wohl die im ‚Prater' und beim dortigen Kasperle-Theater gewesen – die Höhepunkte des ästhetisch-ästhetisierenden Erziehungsspieles, in dem und mit dem sie, einander zugeneigt, ihre menschliche Beziehung aufbauten und dauerhaft machten. Doch dieser Einfluß des Vaters vermindert keineswegs die Selektivleistung, die der Knabe aus eigenem hiezu einbrachte. Daß ein so junges Menschenkind sich der ausschließlich auf Dekoration und ‚Verschönerung' eingestellten Epoche nicht hatte völlig entziehen können, das war nur selbstverständlich; daß es ihm trotzdem gelungen war, die darin vielleicht einzig fruchtbare Stelle, nämlich die der im Burgtheater geübten hohen Schauspielkunst herauszufinden – die der Comédie Française kannte er damals noch nicht –, also die Stelle, an der die dekorative Kunstübung der Zeit über sich selbst hinaus und ins Echte, Wieder-Echte gewachsen war, das war für den Knaben ein außerordentlicher Instinkt, war eine Leistung, die weiterwirken mußte."[7]

Vom Burgtheater sei, so Broch, „Hofmannsthals nur allzu gern aufgegriffener Kompromiß mit der Bühne" gekommen, daraus resultiere das Stilprinzip, das seinem Werk, gleichgültig in welchem Genre, zugrundeliege: „Die Welt ... wird zum schönen Theater, das der Künstler eben dieser selben Welt vorzuführen hat, er ihr idealer Zuschauer und infolgedessen zugleich auch ihr idealer Darsteller, so daß er auf seinem Parkettplatz innerhalb der Menge sitzend ... sich zugleich auch in der Abgesonderheit und Einsamkeit der Bühne befindet."[8] Broch zeigt, wie dieses Prinzip Hofmannsthals Lyrik bis zur Übergangsform des lyrischen Dramas, das die frühe Schaffensperiode abschließt, durchzieht. Das Theater transportiert Hofmannsthals Kindheitsbildung in die Werke der reifen Schaffensphase und bleibt Vehikel für sein kognitives, ästhetisches sowie ethisches Verhältnis zur Gesellschaft. Die barocken Ursprünge seines theatralen Kosmos führen freilich nicht automatisch zu einer unveränderlichen Ideologie, wie die mittlere Schaffensperiode zeigt.

III

Hofmannsthals „mittlere Periode" beginnt mit der „Sprachkrise" des „Chandos-Briefes" und der anschließenden Absage an die Lyrik. Verfasst in Form eines Briefs an den Lordkanzler Francis Bacon, spricht ein imaginärer Lord Chandos von der Qual der Erkenntnis, dass aller Sprache die Bedeutung, Wörtern und

Gegenständen der Zusammenhang abhanden gekommen sei und dass Dichtung nicht mehr tauge, menschliche Erfahrung zu fassen. Michael Hamburger meint, Hofmannsthal habe die „Lord Chandos-Periode" nie wirklich überwunden; „Sprachbezweiflung" und das Problem der Kommunizierbarkeit seien bis ins reife Werk zentrales Thema geblieben.[9] Hamburger zitiert aus einer der frühesten, 1891 verfassten Prosaschriften, die in der Tat als Erklärung für Hofmannsthals lebenslange Besorgnis dienen kann: „Wir haben keinen allgemeingültigen Konversationston, weil wir keine Gesellschaft und keine Konversation haben, so wie wir keinen Stil und keine Kultur haben."[10] Broch bezweifelt nicht, dass dieses Thema die Schriften nach dem „Chandos-Brief" beherrscht, wohl aber, wie tief die Erschütterung geht. Schon die stilistische Entscheidung, den „Brief" in die elisabethanische Epoche zu verlegen, verrate eine grundlegend konservative Haltung, die die apokalyptische Botschaft untergrabe. Letztlich, meint Broch, entgehe der „Chandos-Brief" nicht der Ironie, dass er sich Worte bediene, um die Sinnlosigkeit von Wort und Schrift zum Ausdruck zu bringen.[11] Genauer gesagt, der Brief ist buchstäblich ein barockes Dokument, das das Barock untergräbt. Ironie gibt Sicherheit.

Dieselbe (beabsichtigte oder unbeabsichtigte) Ironie kann man in *Elektra* entdecken, Hofmannsthals dramatischem Hauptwerk aus der mittleren Schaffensperiode, einer Parabel auf die Zerstörung rationaler politischer Ordnung, symbolisiert durch die Herrschaft des Mykener-Königs Agamemnon, der von seiner Frau und ihrem Liebhaber Ägisth ermordet wird. Elektra, Agamemnons Tochter, ist eine halbwahnsinnige Kreatur, die ob der Weigerung, die alte Welt aufzugeben, ihre Menschlichkeit und Rationalität aufgegeben hat. Sie sehnt sich nach der verdienten Rache, dem Muttermord durch die Hand ihres Bruders Orest. Doch der eigentliche Zweck dieser Rache, die Wiederherstellung der Ordnung, ist nicht erfüllbar, so dass die Rückkehr des Orest und die Ermordung von Klytämnestra und Ägisth – der Höhepunkt des Dramas – letztlich sinnlos sind.

„Sprachkrise" und Unfähigkeit zur Kommunikation herrschen in *Elektra* auf allen Ebenen. Das Drama besteht aus einer Folge von Gesprächen, in denen Kommunikation scheitert. Die Eröffnungsszene etabliert den Verfall: Fünf Mägde aus dem Palast unterhalten sich verängstigt darüber, dass Prinzessin Elektra, gezwungen, bei den Tieren zu leben und selbst zum Tier geworden, jede Nacht zur selben Stunde erscheint und nach ihrem toten Vater jault „wie eine

Gertrud Eysoldt als Elektra,
1903

giftige Katze".[12] Elektra tritt auf und phantasiert in einem Monolog, der als Klage beginnt und als Kampfschrei endet, von der blutigen Rache, die mit Orests Heimkehr vollzogen werden wird.

Die anschließende Szene zwischen Elektra und ihrer Schwester Chrysothemis etabliert den Gegensatz zweier weiblicher „Idealtypen", der Hofmannsthals gesamtes dramatisches Werk durchzieht. Elektra ist die besessene, unter-menschliche und zugleich göttinnengleiche Heldengestalt, die ihren Platz in der Welt aufgegeben hat. (Bei anderen Vertreterinnen dieses Typs, wie etwa Ariadne, ist das Göttinnengleiche klarer erkennbar.) Chrysothemis hingegen will die Vergangenheit vergessen und ein unscheinbares Leben als Ehefrau und Mutter führen. Dieser für Hofmannsthals Werk wesentliche übergeordnete Gegensatz von Apokalypse und Wiederherstellung drückt sich in den beiden Frauengestalten aus. In diesem frühen Stadium gelten seine Sympathie und Aufmerksamkeit der apokalyptischen Haltung Elektras.

Als Elektra hört, Orest sei getötet worden, beschließt sie, sie und Chrysothemis müssten die Rache nun selbst vollziehen. Chrysothemis weigert sich und wird von Elektra verflucht. Orest hat das Gerücht von seinem Tod jedoch selbst in die Welt gesetzt, um überraschend zurückkehren zu können. Als er zum Palast kommt, gräbt Elektra gerade nach der Axt – es ist die, mit der ihr Vater ermordet wurde –, die sie für die geplante Rache versteckt hat. Keiner von beiden erkennt den anderen; der angespannte Dialog bekommt etwas zutiefst Ironisches, als Elektra den Fremden verflucht, weil er ihren Bruder überlebt hat, dessen Leben „tausend mal" das seine wert sei. Schließlich erkennen sie sich, und Orest vollstreckt die zweifache Rache. Im Palast frohlockt man, doch Elektra weigert sich, in den allgemeinen Jubel einzustimmen. Sie verfällt in einen ekstatischen Tanz. Ihre letzten Worte an Chrysothemis sind der Befehl „Schweig, und tanze!", dann stürzt sie tot zu Boden.

Der metaphorische Sieg des Tanzes über die Sprache bildet zweifellos den symbolisch-thematischen Kern des Stückes. Jeder Dialog beweist aufs Neue, dass die Sprache ihre kommunikative Fähigkeit und Rationalität verloren hat – ganz besonders der zwischen Elektra und Orest, der Ordnung und Rationalität ja angeblich wiederherstellt. Der Tanz ist als unkontrollierte Ekstase Metapher für die Macht des Irrationalen und Zerstörerischen und stellt in Elektras Weltverständnis die einzig gültige Form von Kommunikation dar.

Elektra ist bei der Uraufführung 1903 ein Publikumserfolg, was nicht zuletzt an der darstellerischen Leistung Gertrud Eysoldts liegt. Doch Hofmannsthal ist mit seinem Werk insgesamt unzufrieden, er hält es formal für einen Widerspruch in sich selbst. Die Aushöhlung von rationaler Ordnung und sprachlicher Kommunikation und der damit verbundene Ausbruch des Gewaltinstinkts, glaubt er, seien letztlich durch das Medium Theater, dessen wichtigstes Instrument das gesprochene Wort ist, nicht darstellbar. Die „Chandos"-Thematik ist noch immer präsent. Daher bietet Hofmannsthal das Stück Richard Strauss als Opernlibretto an; die Musik hält er für fähig, die irrationalen, metasprachlichen Elemente mitzutransportieren. Strauss' Kompositionsstil ist für die Aufgabe reif: Er hat gerade die Oper *Salome* komponiert, in deren Mittelpunkt der Tanz der sieben Schleier steht. (Selbst wenn darin ein für Elektra völlig irrelevantes Klima schwüler Sinnlichkeit herrscht, ist sie bedeutsames stilistisches Vorbild.) In Hofmannsthals thematischem Kontext gewinnt Strauss' meisterhafte Tanz-Musik metaphorische Tiefe.[13]

Zwischen der „Sprachkrise" des „Chandos-Briefs" und der Entscheidung, das Trauerspiel *Elektra* in ein Libretto umzuwandeln, besteht also ein direkter Zusammenhang. Um die Unzulänglichkeit von Sprache konsequent zu thematisieren, bedarf es des Schritts über den formalen – das heißt sprachlichen – Charakter des Dramas hinaus. Das Schreiben für die Oper erlaubt es Hofmannsthal, das „Chandos"-Thema weiter zu verfolgen. Daher gibt es gute Gründe, finde ich, Hofmannsthals Libretti höher zu bewerten als die gleichzeitig entstandenen Sprechstücke: Den Libretti ist das Bewusstsein, als sprachliche Dokumente nicht allein für sich zu stehen, sozusagen eingeschrieben. Zentraler Punkt der ursprünglichen Sprachkrise ist die Behauptung, Sprache als Zeichensystem habe ihre bezeichnende Kraft, den Zugriff auf ihr Bezugsobjekt verloren. Anders gesagt: das Bezeichnende habe das Bezeichnete verloren. Indem Hofmannsthal den dramatischen Inhalt im Zeichensystem Musik verankert, einem System, dem jede Objektwelt, auf die sich Sprache bezieht, fehlt (da eine musikalische Note oder Phrase als Bezeichnendes ohne Bezeichnetes gelten kann), lässt er das Bezugsobjekt undefiniert – die Bedingung für eine echte Metapher. Es geht um die Unmöglichkeit einer wahren sprachlich-rationalen Ordnung; die Dimension der Musik, der die Objektwelt per definitionem unerreichbar ist, legitimiert das Projekt. Dies erklärt zumindest teilweise, warum Hofmannsthals Stücke fürs

Oper als Bewältigung der Sprachkrise

Anna Bahr-Mildenburg als Elektra, 1909

Sprechtheater, vor allem jene mit den kosmologischen Ansprüchen von *Jedermann* und *Das Salzburger große Welttheater*, von der Ebene der Metapher auf die Ebene der Allegorie absinken, eine Ebene, auf der die Objektwelt als erreichbar und definierbar gilt – mit anderen Worten: auf die Ebene der Ideologie.[14]

IV

Die Frau ohne Schatten, 1919

Geistig liegen Welten zwischen *Elektra* und *Die Frau ohne Schatten*, Hofmannsthals gewaltiger Parabel aus den Kriegsjahren, die 1916 abgeschlossen ist, aber erst 1919 uraufgeführt wird. Es ist die vierte Zusammenarbeit mit Strauss (*Der Rosenkavalier* und die beiden Versionen von *Ariadne auf Naxos* liegen dazwischen); sie kann als Übergang zum politisch bewussten, gesellschaftlich ausgerichteten Spätwerk gewertet werden. Wenn Hofmannsthal in *Elektra* eine griechische Vorlage zur Diskussion der modernen Lebenssituation gewählt hat, so greift er hier – selbstverständlich weniger offensichtlich – auf Motive des Theaters der deutschen Aufklärung zurück, allen voran *Faust* und *Die Zauberflöte*. *Elektra* präsentiert einen qualvollen Zustand, ohne Gegenmittel anzubieten, mit *Die Frau ohne Schatten* beginnt die Wiederherstellung. Das Heilmittel wird nur vage benannt, und das Operngenre verhindert meines Erachtens, dass der Text zur Allegorie absinkt. Doch die Psychologie der Figuren und der Handlungsverlauf deuten darauf hin, dass es dem Dichter zentral um die postapokalyptische Mission der Wiederherstellung geht.

Die Mission lässt sich bei Hofmannsthal, wie in Kapitel 1 erwähnt, auf die Entwicklung seines politischen und nationalen Bewusstseins beim Kriegsausbruch 1914 zurückführen. Hofmannsthals Entschluss, am politischen Diskurs teilzunehmen, und die gewaltige Menge politischer Schriften, die er zeitigt, wird von Josef Redlich als „glückliche zweite Pubertät"[15] begrüsst. Betrachtet man allerdings den Niederschlag dieser Politisierung in Hofmannsthals schöpferischem Werk, muss man das Ausmaß der Wandlung in Frage stellen: Auch jetzt scheint Hofmannsthal das Poetische gegenüber dem Politischen, das Leben in der Kunst gegenüber dem gesellschaftlichen Engagement abzuwerten. Das Ganze wirkt gewissermaßen wie eine Verlängerung der „Chandos"-Krise und der Absage an die ästhetische Tradition der 1890er Jahre. So wie Hofmannsthal das Ästhetendasein 1901 ablehnt, lehnt er es auch 1914 ab. Letztendlich bedeutet der zweimalige

Bewusstseinswandel eine Umformung, keine Absage an den Ästhetizismus, der seit den Jugendjahren den Kern seines Bewusstseins bildet.

Bis 1914 bleibt die Frage „Ästhetizismus oder gesellschaftliches Engagement" bei Hofmannsthal ein werkimmanentes Problem. Das solipsistische Ästhetendasein, die freiwillige Gefangenschaft im „Tempel der Kunst", wie Carl Schorske es nennt, wird zweifellos in Elektras Rückzug aus der Gesellschaft reflektiert.[16] Der Elektra/Chrysothemis-Konflikt erscheint wieder in der Auseinandersetzung von Ariadne und Zerbinetta in *Ariadne auf Naxos*, die als „komische Oper" verbirgt, dass es auch hier um Hofmannsthals Generalthema geht.

Ästhetizismus oder gesellschaftliches Engagement

Ariadne auf Naxos bringt die Konfrontation der beiden weiblichen Archetypen durch eine Handlung auf die Bühne, in der die Opernkonvention selbst thematisiert wird. Die Oper spielt im Stadtpalais eines Wiener Aristokraten aus dem 18. Jahrhundert; er hat eine *Opera seria* mit dem Titel *Ariadne auf Naxos* in Auftrag gegeben, die am selben Abend zur Aufführung kommen soll. Eine Commedia dell'arte-Truppe unter Leitung der Soubrette Zerbinetta soll dazwischen ein heiteres Intermezzo zum Besten geben. Damit der Abend nicht zu lange dauert, ordnet der Adelige kurzfristig an, dass beide Vorstellungen gleichzeitig stattfinden sollen. Das Ergebnis (der zweite Akt der eigentlichen Oper) ist die Auseinandersetzung zwischen der in ihrer Oper monologisierenden Ariadne und Zerbinetta; diese unterbricht die Prinzessin und fordert sie auf, nicht länger ihr Schicksal zu beklagen (Ariadne ist auf der Insel Naxos von ihrem Liebhaber Theseus verlassen worden) und sich einen anderen Mann zu suchen. Zerbinetta plädiert für eine der Unvollkommenheit der Welt angemessene pragmatische Lebenseinstellung, während Ariadne obsessiv an der Vergangenheit und ihrem Rückzug aus dem Leben festhält. Am Ende ihres leidenschaftlichen Plädoyers, das Ariadne nicht umstimmen kann, seufzt Zerbinetta: „Ja, es scheint, die Dame und ich sprechen verschiedene Sprachen." Hofmannsthal behält sich seinen Theatercoup für den Schluss der Oper auf; indem Zerbinetta scheinbar von außen in die *Opera seria* eingreift, verändert sie tatsächlich deren Ausgang: Gott Bacchus erscheint, um sich Ariadne zu holen, doch anstatt in einen *Tristan*-artigen Liebestod zu sinken, sinkt Ariadne Bacchus in die Arme. Die Szene, die als Anspielung auf *Tristan und Isolde* geplant war, wird zu einer Parodie der Schlussszene von *Siegfried*.

Ariadne auf Naxos, 1937.
Viorica Ursuleac als Ariadne,
Torsten Ralf als Bacchus

In *Ariadne auf Naxos* trifft Hofmannsthal eine Entscheidung, welche seiner weiblichen Archetypen die tauglichere Lebensphilosophie besitzt, und sie fällt anders aus als bei *Elektra*. Hofmannsthal unterstützt Elektras Solipsismus und Rückzug nie ausdrücklich, aber er macht deutlich, dass ihre Haltung in einer apokalyptischen Welt, wie sie sie vorfindet, die richtige ist. Das ist bei Ariadne nicht der Fall; Elektras vornehmer Solipsismus ist in seiner Verkörperung durch ihre mythologische Verwandte zweidimensional und artifiziell geworden – eine Pose, verstärkt durch die Tatsache, dass Ariadne eine Schauspielerin in einem Stück ist. Hofmannsthals Sympathie liegt eindeutig bei Zerbinetta und ihrer gesellschaftszugewandten Ethik.

Die Sympathieverschiebung von der einen Seite der weiblichen Dichotomie zur anderen, von Elektra und Ariadne zu Chrysothemis und Zerbinetta, konvergiert mit der aufbauenden Haltung, die Hofmannsthal einnimmt, als die Apokalypse in Form des Ersten Weltkriegs Wirklichkeit zu werden scheint. Die „zweite Pubertät", die sich in seinen Kriegsschriften und politischen Aktivitäten manifestiert, wird in seinem schöpferischen Werk durch Themenverlagerung kontrapunktisch ergänzt.

„Das Allomatische" Die Wandlung vollzieht sich bewusst, und Hofmannsthal entwickelt dafür ein eigenes Vokabular. „Das Soziale" und „das Andere" – oder wie er es reichlich exotisch ausdrückt: „das Allomatische" – werden Leitbegriffe seiner neuen Ethik.

Manfred Hoppe hat die Wurzeln dieser Philosophie im Frühwerk Hofmannsthals untersucht. Entgegen dem landläufigen Modell einer strengen Periodisierung – also auch entgegen Hofmannsthals eigenem Verständnis – will er den Nachweis einer chronologischen wie thematischen Kontinuität im Gesamtwerk führen. Hierin kommen Hoppe und Schorske aus entgegengesetzter Perspektive zu einer ähnlichen Einschätzung: Schorske meint, die ästhetizistische Haltung sei Hofmannsthal früher als allgemein angenommen (das heißt bereits in der Zeit, als seine Lyrik und lyrische Dramatik entstanden) problematisch geworden, während Hoppe argumentiert, Hofmannsthal sei dem Ästhetizismus, wenngleich in anderer Gestalt, auch in der mittleren und späten Schaffensperiode verhaftet geblieben.

Zusammengenommen zeigen die Interpretationen Hoppes und Schorskes einen permanent verunsicherten Hofmannsthal, der während seiner gesamten Schaffenszeit mit dem Problem des Ästhetizismus kämpft. Hoppe meint, Vokabular und Konzeption von Hofmannsthals „allomatischer" Ethik belegten, dass er sich letztlich nie zwischen Innen und Außen, zwischen Psychologie und Politik entschieden (beziehungsweise beides nie als Gegensätze betrachtet) habe. Endergebnis sei letztlich nicht eine Überwindung, sondern Erweiterung des Ästhetizismus ins weltliche – sprich politische – Leben. Der Eintritt in die Politik wird zur psychologischen Notwendigkeit. So entdeckt Hoppe eine überraschende Kongruenz in zwei gewöhnlich als konträr eingeschätzten Prosaschriften: der autobiografischen Skizze *Ad me ipsum* von 1916 und dem späteren (in Kapitel 2 diskutierten) Manifest der „konservativen Revolution", *Das Schrifttum als geistiger Raum der Nation* von 1927. Hoppe stellt beide Schriften in den Kontext der „konservativen Revolution", die er als „Herübernahme der Vergangenheit in eine aus deren lebendigen Kräften sich nährende Gegenwart" definiert.[17]

Der Schritt von der Apokalypse zum Wiederaufbau verbindet also eine psychologische Ethik mit einer politischen. In den katholischen Mysterienspielen rationalisiert Hofmannsthal diese Ethik zur programmatischen Metapolitik; in den Opern hingegen entwickelt er eine Psychopolitik, die unprogrammatisch und damit unideologisch bleibt. Im Krieg konzipiert, wird *Die Frau ohne Schatten* zur psychopolitischen Parabel auf den gesellschaftlichen Wiederaufbau; dabei geht es nicht um dessen praktische Bewerkstelligung, sondern um den psychologischen Läuterungsprozess, den das Individuum durchlaufen muss, um sich ihm widmen zu können. Dieser Prozess bleibt auf die persönliche Ebene beschränkt – Hofmannsthals Konzept ist autobiografisch motiviert.

Die Handlung ist neu, verarbeitet jedoch Motive aus bekannten Märchen und klassischen deutschen Werken (*Faust* und *Die Zauberflöte*). Die Tochter des Geisterfürsten verliebt sich in einen sterblichen Kaiser und heiratet ihn, worauf ihr Vater sie mit einem Fluch belegt: Wenn sie nicht binnen zwölf Monaten schwanger wird, muss sie ins Geisterreich zurückkehren, und ihr Mann wird zu Stein. Der Schatten ist Symbol für Fruchtbarkeit, Sexualität und Menschlichkeit: Wenn die Kaiserin einen Schatten wirft, ist sie „dreidimensional" geworden; das Licht dringt nicht mehr durch ihre gläserne Gestalt. Die Oper setzt im zwölften Monat nach der Hochzeit ein. Der Kaiser ist auf der Jagd; ein vom Geisterfürsten entsandter Bote steht bereit, die Kaiserin zurückzuholen. Verzweifelt steigen die Kaiserin und ihre listige Amme (in einer Art Faust-Mephistopheles-Pakt) auf die unterste Menschheitsstufe, auf die

Die Frau ohne Schatten, 1932. Lotte Lehmann als Färberin, Josef v. Manowarda als Barak

des Färbers Barak und seiner frigiden Frau hinab, in der Hoffnung, dass sich die Färberin bereit erklärt, ihren Schatten zu verkaufen – also ihre Fruchtbarkeit, Sexualität und Menschlichkeit. Das Haus des Färbers ist Abbild des gesellschaftlichen Zusammenbruchs. Barak sorgt für seine drei Brüder: den Einäugigen, den Einarmigen und den Buckligen – deutlichere Metaphern für eine vom Krieg versehrte Gesellschaft sind kaum vorstellbar. Die Brüder reden ständig vom einstigen (Vorkriegs-)Leben in Wohlstand und Sicherheit, als es im Haus des Vaters noch zehn weitere Brüder, Reichtum und genug zu essen gab. Die Färberin ist von ihrer Umgebung angeekelt, die dumpfe Gutmütigkeit des Färbers tut ein Übriges; beide müssen psychologische Prüfungen bestehen, bevor sich ihr Schicksal zum Glücklicheren wendet.

Das Aufeinandertreffen der zwei durch Kaiserin und Färberin repräsentierten Welten – und das Gute, das es am Ende bewirkt – ist seinerseits symbolgeladen. Der moralisch notwendige Abstieg in die schmutzige Welt des Färbers steht für den Entschluss des Dichters, sich aus einer zweidimensionalen, ästhetisierten Realität in den Schmutz der politischen und gesellschaftlichen Wirklichkeit hinab zu begeben. Hans Mayer nennt das Stück „ein Parabelspiel über die Überwindung des egozentrischen Künstlertums mit Hilfe anderer Menschen".[18] Am Ende erleben wir zwei Welten, die durch die Begegnung miteinander besser geworden sind, jedoch keine Verbindung eingehen. Die Ebenen von Kaiserpaar und Färberpaar bleiben getrennt: Die Parallele zur Läuterung der vier Protagonisten aus der *Zauberflöte* (die Fürstenkinder Tamino und Pamina, der erdverbundene Papageno und seine Papagena) ist gewollt.[19]

Während die Amme die Färberin zur Aufgabe ihres Schattens zu überreden versucht, beobachtet die Kaiserin die neue Umgebung mit wachsendem Mitgefühl. Die Färberin willigt schließlich ein, doch der Handel ist erst komplett, wenn die Kaiserin ihn mit einem Schluck aus dem Lebensquell besiegelt. Angesichts der schlimmen Folgen, die der Entschluss der Färberin für ihren Mann und sie selbst haben würde, weigert sich die Kaiserin zu trinken. Für ihre aufopfernde Großmütigkeit erhält sie von unbekannten himmlischen Mächten einen eigenen Schatten. Beide Paare werden glücklich vereint, der Chor ihrer ungeborenen Kinder stimmt ein Loblied an (was Hofmannsthal zahlreiche kritisch-ironische Bemerkungen einträgt, doch er besteht auf der symbolischen Bedeutung des Schlusschors). Hans Mayer interpretiert die Handlungsweise der Kaiserin als Beispiel für die Kantische Verwerfung der instrumentellen Vernunft, für die Maxime, dass „kein Mensch als bloßes Mittel behandelt werden dürfe".[20]

Fruchtbarkeit und das moralische Gebot der Fortpflanzung dienen als Metaphern für den Wiederaufbau; die Frau ohne Schatten ist die Unfruchtbare, die Fruchtbarkeit erlangt, nachdem sie in einem sittlich-emotionalen Reifeprozess deren Bedeutung erkannt hat. Fortpflanzung und Mitmenschlichkeit sind als Prinzipien gesellschaftlichen Wiederaufbaus untrennbar miteinander verbunden. Die Tochter des Geisterfürsten, die auf diese Weise ihre Menschlichkeit erkennt, führt die Problematik von Elektra und Ariadne, Chrysothemis und Zerbinetta fort. Sie ist letztlich die Verbindung zwischen beiden Polen: die ahumane, asoziale Figur, deren moralischer Imperativ (hier ändert sich der Grundton gegenüber früheren Opern) darin besteht, ein mitmenschliches, gesellschaftsbezogenes Leben zu führen.

V

Die Frau ohne Schatten ist Hofmannsthals gewaltigster Versuch, sein wachsendes Gesellschaftsbewusstsein und dessen autobiografische Wurzeln in ein literarisches Werk einfließen zu lassen. Dasselbe gilt (in wesentlich kleinerem Rahmen) für das Lustspiel *Der Schwierige* von 1921. Die Titelfigur, Graf Hans Karl Bühl, ist ein teils selbstkritisches, teils auf Wunschvorstellungen beruhendes Selbstporträt des Dichters. Seine hervorstechenden Eigenschaften sind Ehrenhaftigkeit und eine von Unschuldslamm-Beteuerung freie Ehrlichkeit: Darin ist der Graf eine Art männliche Marschallin (allerdings entscheidet er sich nicht für den Verzicht im Namen der Liebe). Er ist zudem ein Kriegsheld, was Hofmannsthal von sich zu behaupten gern in der Lage gewesen wäre.

Graf Karls vertrackter Ehrenkodex entspringt dem Wunsch, zugleich seine romantischen Flirts und den ererbten Sitz im Oberhaus des Parlaments nicht zu gefährden. Sein Verschwiegenheitskodex wird ihm Erfolg in der Liebe bringen, wenn er erst eine Frau findet, die diesen Kodex teilt. Auch wenn er im Verlauf des Stückes eine Rede an das Parlament hält, machen seine Zweifel an der kommunikativen Kraft der Rede jede sinnvolle politische Mitwirkung unmöglich. Seine Haltung offenbart sich in der entscheidenden Szene mit Helen Altenwyl, seiner schlussendlichen Verlobten: „Durchs Reden kommt ja alles auf der Welt zustande. Aller-

Der Schwierige, 1924. Else Eckersberg als Antoinette Hechingen, Gustav Waldau als Graf Karl

dings, es ist ein bißl lächerlich, wenn man sich einbildet, durch wohlgesetzte Wörter eine weiß Gott wie große Wirkung auszuüben, in einem Leben, wo doch schließlich alles auf die letzte unaussprechliche Nuance ankommt. Das Reden basiert auf einer indezenten Selbstüberschätzung."[21]

Ob seiner Verschwiegenheit in eigenen wie in anderer Angelegenheiten und ob seines Strebens, eine Form persönlicher Kommunikation ohne Worte oder Gesten zu finden, wurde Graf Karl die „am meisten wittgensteinische" Figur Hofmannsthals genannt.[22] Mag der Vergleich mit Wittgenstein hier berechtigt sein oder nicht, es besteht kein Zweifel, dass der Verschwiegenheitskodex des Grafen Karl die hofmannsthalsche Sprachkrise aus dem „Chandos-Brief" aufgreift. Jedenfalls gelingt es Hofmannsthal in diesem Theaterstück, das Problem „Sprache und moderne Gesellschaft" kritisch zu reflektieren, in dem er es zum Thema der Handlung macht.

Arabella, 1933

Auch *Arabella* (geschrieben 1928, uraufgeführt 1933) ist seinem Charakter nach ein Lustspiel, allerdings mit deutlicherem politischen Symbolgehalt. Wo Graf Karl private, nicht aber politische Erfüllung zuteil wird, erfahren die liebenden Hauptfiguren in *Arabella* persönliches Glück, das als Metapher für politische Erfüllung steht, doch nicht mit ihr gleichzusetzen ist. Der einfache Plot erinnert an den *Rosenkavalier*, spielt aber ein Jahrhundert später und eine Gesellschaftsschicht tiefer. Wie Baron Ochs von Lerchenau aus dem *Rosenkavalier* die Tochter eines reichen Parvenüs heiraten möchte, um die Finanzen des Landadels aufzubessern, so will der verschuldete Rittmeister a. D. Graf Waldner seine Tochter Arabella an den slawischen Gutsbesitzer Mandryka verheiraten, der sich in Erwartung der bevorstehenden Hochzeit spendabel zeigt. Zufällig liebt Arabella Mandryka wirklich, und das Happy-End verzögert sich nur durch mehrere verwechslungsbedingte Missverständnisse.

Wie in *Ariadne auf Naxos* sind unerwartete wagnersche Geister am Werk, in diesem Falle aus dem *Fliegenden Holländer*. Das Entscheidende an der Figur des Mandryka ist, dass er aus der Fremde kommt. Der Fliegende Holländer bietet dem Fischer Daland Goldschätze für seine Tochter an, Mandryka bietet Bargeld. Bevor der Handel geschlossen wird, starrt Dalands Tochter immer wieder verklärt das Bild eines Seefahrers an, der auf geheimnisvolle Weise dem Holländer gleicht; Waldners Tochter Arabella tut in einem Wiener Hotel, in dem die Waldners übernachten, desgleichen bei einem „geheimnisvollen Herrn".

Anders als Senta ist Arabella jedoch ein fröhliches Mädchen, und nach der fröhlichen Stimmung des Finales zu urteilen, wird ihre Ehe mit dem exotischen Mandryka glücklich sein. Die Liebesgeschichte wird nie psychologisch ausgeleuchtet, sie dient vielmehr als soziale und politische Metapher. Das müde, dekadente, verarmte städtische Österreich erfährt Erneuerung und Reinigung durch die Verbindung mit der ländlichen Vitalität der slawischen Völker. Die Handlung spielt 1860, in einer Phase politischer Ermüdung, in der aber auch der Bund zwischen Österreich und Ungarn geschlossen wird. Mandryka ist allerdings Slawe; *Arabella* passt zeitlich und thematisch zu Hofmannsthals Flirt mit der in Kapitel 4 beschriebenen österreichisch-tschechischen Annäherung. Hofmannsthal flicht in Mandrykas Rede lange Zitate aus slawischen Volksliedern ein, die er einer von Paul Eisner zusammengestellten Anthologie mit dem Titel „Volkslieder der Slawen" entnimmt.[23]

Arabella, 1943.
Viorica Ursuleac als Arabella,
Hans Reinmar als Mandryka

Die Hochzeit zwischen Arabella und Mandryka steht für die gewünschte Verbindung zwischen Österreich und der slawischen Welt, doch der kunstvolle Ton des Gesellschaftsstücks kommt nie auch nur in die Nähe einer programmatischen Allegorie. In seinem Flirt mit dem liberalen Pluralismus bleibt Hofmannsthal beim Symbol und greift nicht zur Allegorie. Ihm, der schon immer eine Vorliebe für erfundene, offene Symbole (die silberne Rose) hatte, gelingt in *Arabella* ein theatral und intellektuell formvollendetes Vermählungssymbol: Mit dem Glas Wasser bietet Arabella (sprich Hofmannsthal) ihrem Verlobten die Treue dar; zugleich steht es aber auch für Offenheit: klar, durchsichtig und leicht zu „schlucken".

Arabella und Mandryka: Verbindung von Österreich und slawischer Welt

Die Hochzeit als idealisierte Vermählung zweier Nationen oder Kulturen hat Vorläufer in Hofmannsthals symbolischem Instrumentarium. Das Symbol der „heiligen Vermählung" wird von Manfred Hoppe in seinem Aufsatz über Hofmannsthals Skizzen zur Ballettsuite *Die Ruinen von Athen* untersucht. Dort geht es, mit allen Konnotationen der deutschen Frühromantik, um die heilige Vermählung zwischen Deutschland und Griechenland. *Die Ruinen von Athen* ist ein Theaterstück des deutschen Romantikers Kotzebue, geschrieben auf dem Höhepunkt der deutschen Griechenlandbegeisterung; von Beethoven gibt es eine Ouvertüre dazu. 1919 beschließen Hofmannsthal und Strauss, letzterer als Intendant der Wiener Oper, Beethovens Ouvertüren zu *Die Ruinen von Athen* und *Die Geschöpfe des Prometheus* zu einer Ballettmusik zusammenzufassen, für die Hofmannsthal ein neues Szenario schreibt. Hoppe fällt auf, dass Hofmannsthal das Werk konsequent „Festspiel" nennt, ein Begriff, der durch die feierliche Rückbindung an eine vergangene, mythologisierte Kultur zur Ideologie der „konservativen Revolution" gehört – bei den *Ruinen von Athen* wie bei den Salzburger Festspielen.[24]

Die mythologisierte Vergangenheit, die Hofmannsthal hier feiert, ist keine österreichische, sondern eine deutsche. Es ist die poetische Vereinigung Deutschlands und Griechenlands, wie sie die Romantiker von Winckelmann über Hölderlin bis Goethe prophezeien. Nietzsche führt die romantische Griechenlandbegeisterung fort, wenn auch unter völlig anderen Vorzeichen. 1919 liest Hofmannsthal Ernst Bertrams *Nietzsche. Versuch einer Mythologie*, worin Nietzsches Griechenlandbild als Plädoyer für die Übernahme der ästhetischen Einheit der attischen Kultur zwecks Stärkung der modernen interpretiert wird. Hofmannsthal übernimmt Bertrams Nietzsche-Interpretation und macht die Rückbesinnung Deutschlands auf die griechischen Ideale zum Thema von *Die Ruinen von Athen*. Das Stück erzählt von einem Goethe nachgebildeten wandernden Künstler, der die Ruinen von Athen durchstreift.

„Werden" und „Sein"   Nietzsche schreibt, die Deutschen unterschieden sich von den romanischen Völkern dadurch, dass sie grundsätzlich („auch wenn es nie einen Hegel gegeben hätte") an das Hegelsche Konzept des „Werdens" beziehungsweise der Entwicklung glaubten, im Gegensatz zur romanischen Vorstellung vom „Sein".[25]

Was bei Nietzsche Einverständnis mit dem historistischen deutschen Weltbild ist, missversteht Bertram als Ablehnung und deutet dessen „Südweh" als „Heimweh nach dem Sein".[26] In Hofmannsthals *Ruinen von Athen*, schreibt Hoppe, „können wir verfolgen, wie der Wanderer, begleitet von den Schatten Hölderlins und Nietzsches, allmählich Gestalt wird … Gestalt-werden aber heißt *sein*, heißt dem ständigen Werden die gültige Kontur abringen."[27] Vermittelt über Bertrams Nietzsche und ein zweimal gewendetes romantisches Griechenlandverständnis, sublimiert sich für Hofmannsthal in der heiligen Vermählung Deutschlands mit Griechenland nordisches „Werden" in südliches „Sein", Geschichte in Mythos, Fließendes in Dauerhaftes. Wie Hoppe bemerkt, bildet das Hingezogensein zum Mythos den Kern von Hofmannsthals Festspielphilosophie und seiner Ideologie der „konservativen Revolution".

Doch Nietzsche schlägt Hofmannsthal ein Schnippchen. Er propagiert nie die Rückkehr zu einer statischen, mythologischen

Vergangenheit, wie Bertram und in seiner Nachfolge Hofmannsthal herauslesen wollen. Für ihn ist Kultur etwas historisch Gewachsenes, Dynamisches, und Musik begreift er als die kulturelle Form, die diese Bewegung am besten ausdrückt. Daher besteht sein neuartiger Ansatz auf dem Gebiet der Klassischen Philologie (ein Ansatz, der ihm heftige Kritik von der Gelehrtengemeinde der 1870er Jahre unter Führung von Wilamowitz einbringt) in der Theorie der „Geburt der Tragödie aus dem Geiste der Musik"; im gleichnamigen Werk entwickelt er den Gegensatz zwischen dem dynamischen, durch die Musik repräsentierten Prinzip des „Dionysischen" und dem formalen, bildnerischen Prinzip des „Apollinischen". Als selbsternannter Nietzscheaner gründet Richard Strauss seinen Kompositionsstil auf das Prinzip der dionysischen Bewegung. Wenn also in Hofmannsthals antiideologischer Periode der „Sprachkrise" die musikalische Form als solche dem Werk eine zusätzliche antiideologische Dimension verleiht, so bringt die Musik von Strauss in der ideologischen Spätphase ein Element von Bewegung und Geschichte ein, das dem Postulat unveränderlicher kultureller Ideale und Mythen entgegenwirkt. Wo, wie in den katholischen Mysterienspielen, die Musik fehlt, ist der Weg zu Allegorie und Ideologie frei.

Die Geburt der Tragödie aus dem Geiste der Musik, 1872

Flugaufnahme während einer „Jedermann"-Aufführung, 20er Jahre

DIE KATHOLISCHE KULTUR DER ÖSTERREICHISCHEN JUDEN 1890–1938

I

Die Aufführung des *Jedermann*, mit der die ersten Salzburger Festspiele am 22. August 1920 eröffnet werden, hat ein bemerkenswertes Vorspiel. Am Nachmittag der Premiere versammelt sich eine mit Trompeten bewehrte Schülergruppe aus dem Borromäum, dem katholischen Internat der Stadt, in der Absicht, die Vorstellung vor dem Dom vom benachbarten Residenzplatz aus zu stören. Die Aktion wird von der Polizei rechtzeitig verhindert, der Zwischenfall gelangt nicht in die Presse. Wer die Idee zu dieser Aktion hatte und wer sie organisierte, ist nicht bekannt. Der Zeitzeuge, der mir davon erzählte, berichtete, die Schüler hätten gegen das „jüdische Element" der Salzburger Festspiele allgemein und der *Jedermann*-Produktion im besonderen protestieren wollen.[1] In den Tagen nach der Premiere werden ähnlich motivierte Proteste in der Presse laut. Eine ausführliche Diskussion des Presseechos auf den Salzburger *Jedermann* folgt im nächsten Kapitel. Hier möchte ich mich auf einen Aspekt der Kritik am Stück und den Festspielen insgesamt konzentrieren: die antisemitisch motivierte Ablehnung des gesamten Unternehmens als scheinheiligen Profit-Katholizismus von Juden. Im Anschluss daran beschäftige ich mich mit den intellektuellen und ideologischen Mustern der Assimilations- beziehungsweise Anti-Assimilationskultur, die in das Salzburger Unternehmen stark hineinspielt.

Günter Fellner versteht das antisemitische Presseecho als Ausdruck der antisemitischen Grundhaltung im christlich-sozialen Salzburg der frühen 20er Jahre. Wie im Wien der 1890er wird der Antisemitismus im Salzburg der 20er Jahre zum gemeinsamen Nenner für Christlich-Soziale und großdeutsche Parteien. Zwischen 1897 und 1918 ist Wien eine christlich-soziale „schwarze" Stadt; nach dem Krieg und der Ausrufung der Republik wird Wien zu einer Hochburg der österreichischen Sozialdemokratie und damit „rot". Da die Mehrheit der nicht in Wien lebenden Österreicher nach wie vor christlich-sozial wählt, werden die anderen Städte, darunter auch Salzburg, zunehmend zu Bastionen des konservativ-katholischen, antisozialistischen, antisemitischen Lagers. Antisemitismus und Antisozialismus vermischen sich mehr und mehr, da sich in der Bevölkerung zunehmend die Auffassung breit macht, die Sozialdemokratische Partei werde von Juden beherrscht. Wenn es um die sozialdemokratische Wiener Stadtverwaltung geht, ist immer wieder von der „Judenregierung in Wien" die Rede. Als Ignaz Seipel, vor dem Krieg Theologieprofessor in Salzburg, 1922 die Kanzlerschaft antritt, wird der Gegensatz schwarz versus rot, christlich-sozial versus sozialdemokratisch, Salzburg versus Wien für viele zum Synonym für den Gegensatz von „wahrem" Österreich und „unösterreichischem" Wien, der den von Tradition und Dekadenz, Katholizismus und Judentum mit einschließt. Bis 1867, als die Stadt gerichtlich gezwungen wird, ein Gesetz zurückzunehmen, das Juden untersagt, sich länger als eine Stunde im Stadtgebiet aufzuhalten, gibt es in Salzburg keine Juden. Zwei Jahre später gibt es 47 jüdische Einwohner, 1900 sind es 199, 1910 285 und 1934 239. Der in den 1880er Jahren aufkommende großdeutsche Antisemitismus führt zur Gründung von mehreren antiliberalen, antisemitischen Vereinigungen wie dem „Deutschen Schulverein", dem „Salzburger Turnverein", der „Salzburger Liedertafel" und dem „Deutschen und österreichischen Alpenverein".[2] 1888 spricht die deutschnationale Wochenschrift *Der Kyffhäuser* vom Kampf gegen die „hebräische Großmacht" und ein „sich kaninchenartig vermehrendes Judentum". Die christlich-soziale *Salzburger Chronik*, die 1891 den Klerikalismus als „idealsten Antisemitismus" bezeichnet hat, schreibt 1906: „Es kann für die Christenheit wohl ziemlich gleichgiltig sein, ob die Juden auf diesem oder jenem Wege zur Weltherrschaft gelangen wollen, die Hauptsache ist, daß sie es wollen und daß dies verhindert werden muß."[3]

Im Dezember 1918 fordern die Salzburger Christlich-Sozialen in ihrem Wahlprogramm zum „schärfsten Abwehrkampf gegen die jüdische Gefahr" auf. Im Mai davor hat die *Salzburger Chronik* das Volk zum „Kampf gegen die Juden, gegen diese semitischen Vampyre" ermuntert. Im September 1920, vier Wochen nach der *Jedermann*-Premiere, tagt die Salzburger Großdeutsche Volkspartei und formuliert ihr „Salzburger Programm". Es enthält mehrere Seiten zur „Judenfrage" und stellt fest, die Juden seien ein „Fremdenkörper" (sic!), ein Parasit der „Volksgemeinschaft".[4]

Salzburg versus Wien, schwarz versus rot

Kampf gegen die „hebräische Großmacht"

Dasselbe Bild taucht in den Polemiken gegen die Festspiele auf; Hofmannsthal, Reinhardt und ihr Publikum werden als „jüdische Sommerfrischler" tituliert. Im Februar 1923 berichtet die *Salzburger Chronik*, die Gautagung des Salzburger Antisemitenbundes habe „Abwehrmaßnahmen" gegen das „Eindringen jüdischer Sommerfrischler" beschlossen und „schärfsten Einspruch ... gegen das Wiederauftreten der Juden Max Reinhart [sic] und [Alexander] Moissi [dem Hauptdarsteller in *Jedermann*] mit den Dichtungen des Juden Hofmannstal [sic] bei den heurigen Festspielen" erhoben. Ein Jahr später meldet das Blatt unter der Überschrift „Jüdische Sommergäste unerwünscht" einen gleichlautenden Beschluss, den die Christlich-Sozialen und Großdeutschen der Marktgemeinde Oberndorf gefasst hatten. 1921 empfiehlt das großdeutsche *Salzburger Volksblatt* „emsige Propaganda, die arische Reisende ins Land ruft, sodaß für die Juden kein Platz mehr ist."[5]

Zur *Jedermann*-Premiere selbst druckt der nationalsozialistische *Deutsche Volksruf* einen Kommentar mit der Überschrift „Zirkus Reinhardt", der die „Verfälschung deutscher Kunst durch jüdische Dilettanten" verurteilt. Die Besprechung des *Salzburger großen Welttheaters* im selben Blatt vom August 1922 stellt fest: „Der Inhalt dieses Werkes ist ganz im Sinne der Rassegenossen des Verfassers, alles wird in den Kot gezerrt ... die Idee des Klassenkampfes wird hineingetragen ... einen derartigen Kniefall vor der Internationale und eine solche Hilfe für das internationale Judentum, das alles andere Nationale vertilgen will, hätte die Festspielhaus-Gemeinde nicht zulassen sollen." Die *Freie Salzburger Bauernstimme*, das Organ der deutschnationalen Bauernverbände, verleiht seiner Verwunderung Ausdruck, dass überhaupt „ein Jude ein katholisches Mysterienspiel" schreibe. Und der *Eiserne Besen*, das Organ des Antisemitenbundes, empfiehlt Reinhardt, „der seine jüdischen ‚Kunstprodukte' auf Domplätzen und in christlichen Bethäusern zum besten gibt", einen frostigen Empfang zu bereiten. 1924 heißt es im selben Blatt: „Rauchende Jüdinnen in unseren christlichen Gotteshäusern ... werden wir nicht mehr dulden, die von den Semiten Max Reinhardt, Moissi, Hofmannstal [sic] usw. aus allen Ländern zusammengetrieben wurden."[6]

Sind solche Attacken auf die Festspielästhetik eindeutig antisemitisch gefärbt, so kommt der Vorwurf der Verfälschung auch aus anderer Richtung. Else Lasker-Schüler etwa reagiert, wenn auch aus anderen Gründen, ähnlich negativ auf die *Jedermann*-Inszenie-

Das Salzburger große Welt-theater, 1922. Anna Bahr-Mildenburg als Welt, Otto Pflanzl als Vorwitz

rung: „Das Leben und der Tod, die Sünde und die Strafe, Himmel und Hölle – alles wird zur Schaustellung herabgewürdigt, wie die Elefanten und Araberpferde mit Bändern und Kinkerlitzchen geschmückt, allerdings nicht einmal wie hier den Kindern zur Freude, dem reichen, sensationslustigen Publikum zur Erbauung … Die Aufführung des Jedermann ist eine unkünstlerische Tat, eine schmähliche …"[7]

Für Reinhardt ist das katholische Mysterienspiel tatsächlich ein Vehikel für großen Theaterzauber. Wenn er *Jedermann* und *Das Salzburger große Welttheater* inszeniert, hat das nichts mit Hofmannsthals reformatorischen Bestrebungen zu tun. Hofmannsthal meint es ernst, wenn er österreichisch-katholische Werte auf die Bühne stellen will, für Reinhardt hingegen stellen Bühne und Theater in sich die höchsten Werte dar. Auch seine Berliner Intendantenzeit widerlegt dies nicht. Reinhardt war nicht nach Berlin gegangen, um Österreich oder dem österreichischen Theater zu entfliehen, sondern um es nach Berlin zu tragen. Das bedeutet nicht, dass er einfach die konservative Burgtheaterästhetik verpflanzen wollte. In seinem Spielplan und seinem Inszenierungsstil ist Reinhardt ein Erneuerer; seine erste Inszenierung an den Berliner Kammerspielen ist Ibsens *Gespenster* im Bühnenbild von Edvard Munch; er ignoriert die konventionellen Grenzen der Guckkastenbühne und versucht stets, das Publikum räumlich wie emotional in seine Inszenierungen einzubeziehen. Andererseits übernimmt er die wesentlichen Merkmale des österreichischen Barocktheaters: den Glauben an das Welttheater – die Kraft der Repräsentation – und an die ästhetische Gültigkeit einer Traumwelt, die sich als geschlossenes System phantasievoller Tableaux präsentiert. Dieser Ansatz gilt für seine Inszenierungen symbolistischer und expressionistischer Stücke ebenso wie für das Märchen, das er aus dem *Sommernachtstraum* macht. Auch die manieristische Spielweise, die er seinen Darstellern abverlangt, bestätigt, dass er dem barocken Burgtheaterstil treu geblieben ist. Alexander Moissis Jedermann gehört hier vielleicht zu den berühmtesten Beispielen.

Wenn Reinhardt auch keinen Effekt auslässt, so scheint er in Salzburg doch nie so weit gegangen zu sein wie in seiner New Yorker Inszenierung der Mysterienpantomime *Das Mirakel* von 1924, für die er das Century Theater in eine Kathedrale verwandelt, mit „hohen Säulen und Kreuzbögen … die sich durch den Zuschauerraum bis hinten zum Rang" ziehen; der Effekt wird vervollständigt durch „Kirchenmusik, während die Zuschauer hereinkommen und von Platzanweiserinnen im Nonnenschleier in kirchlichem Halbdunkel zu ihren Plätzen geführt werden".[8]

Hofmannsthal hingegen meint es mit der Barockideologie tief ernst. Als er sich mit den Salzburger Mysterienspielen zu ihr bekennt, erwartet er nicht, dass die lauteste Kritik von den katholischen Konservativen kommt. Sie kritisieren eben jenes Element als scheinheilig, das für Hofmannsthal am unmittelbarsten an die wiederzugewinnende Barocktradition anknüpft: die Theatralität der *Jedermann*-Inszenierung (und 1922 der vom *Welttheater*). Damit ist die katholisch-konservative Ablehnung der Salzburger Festspiele ein interessanter Fall für die Kulturpsychologie: Man könnte sagen, in ihr drücke sich das Eingeständnis aus, dass der kulturelle Anspruch der Festspiele, der sich präzise mit dem der katholischen Konservativen deckt, künstlich ist. Den Kritikern selbst geht es vor allem um die Entlarvung eines großen Schwindels. Für sie ist der unmittelbare, ausdrückliche Feind nicht der Jude, sondern vielmehr die katholische Kultur des Juden und ihr Anspruch auf Authentizität. Dabei überrascht an der antisemitischen Kritik am meisten, dass auch Hofmannsthal mit seiner tiefen Verwurzelung in der österreichisch-katholischen Kultur Zielscheibe wird, nicht nur Reinhardt; dieser ist als assimilierter, aber nicht konvertierter Jude und als Theatermann, der mehr als Berliner denn als Österreicher gilt, zweifach suspekt. Nicht selten titulieren ihn seine Kritiker mit seinem Geburtsnamen: Max Goldmann. (Den Nachnamen Reinhardt nimmt er zu Beginn seiner Schauspielerlaufbahn 1890 an; darüber hinaus gibt es keine Hinweise, dass er jemals offizielle Schritte unternimmt, sich von seiner jüdischen Herkunft zu distanzieren.)

Hugo von Hofmannsthal und Max Reinhardt, 1920

Die antisemitischen Attacken gegen Reinhardt und Hofmannsthal sind daher bezeichnend für eine zentrale Bedeutungsebene der Festspiele insgesamt. Die heikle Frage, wie jüdisch Hofmannsthal und Reinhardt eigentlich sind, einmal beiseite, lassen sich die von ihnen initiierten barocken Salzburger Mysterienspiele als Endprodukt einer traditions- und einflussreichen Assimilationskultur in Österreich verstehen. Ein entscheidender Unterschied zwischen dem Antisemitismus der 1890er und dem der 1920er Jahre ist die Haltung gegenüber assimilierten und konvertierten Juden: Der Antisemitismus im Wien Luegers fördert Assimilation und Konversion, der Antisemitismus der Pro-Anschluss-Zeit kann in beidem nur eine weitere Verseuchung der herrschenden Kultur erblicken.

Salzburger Festspiele als späte Manifestation der katholischen Kultur österreichischer Juden

Eine wichtige Facette in der Bedeutung der Salzburger Festspiele ergibt sich daher, wenn man sie als späte Manifestation der katholischen Kultur österreichischer Juden begreift. Das bedeutet nicht, sie zu trivialisieren oder herabzusetzen, so wie eine Untersuchung der Assimilationskultur der vorausgehenden Generation – bei Mahler etwa – keine Trivialisierung oder Herabsetzung bedeutet. Es wäre zu kurz gegriffen, im Streben nach Assimilation in der Kultur des österreichischen Fin de siècle einzig gesellschaftlichen Opportunismus zu erblicken: Es ist zuvorderst die Entscheidung für oder gegen eine Teilhabe an der herrschenden *weltlichen* Kultur. Die Barockkultur bestimmt die Repräsentation Österreichs als einer Totalität und wird daher zu einer kulturellen Ausdrucksform, an der österreichische Juden teilhaben wollen. Für viele von ihnen sind Assimilation und Konversion keine instrumentellen zynischen Gesten mit dem einzigen Zweck, Türen zu öffnen, sondern bedeuten eine tiefgreifende intellektuelle Neuorientierung. Der Übertritt zum Katholizismus ist so mehr eine kulturelle als eine gesellschaftliche oder religiöse Entscheidung; bei vielen Intellektuellen kommt sie aus dem Wunsch, an öffentlichen Ausdrucksformen teilzuhaben, sich intellektuell und spirituell der herrschenden Kultur anzugleichen, und weniger aus dem Drang, einem Glauben beizutreten, oder – wie häufiger behauptet wird –, sich gesellschaftlich oder politisch in die herrschende katholische Kultur zu integrieren. Soziale und politische Erwägungen gibt es natürlich, aber sie sind im Leben vieler Intellektueller zweitrangig gegenüber kulturellen und intellektuellen. So zieht Freud, der in den 1880er und 90er Jahren sehr an einer – Juden damals praktisch unerreichbaren – Professur interessiert ist, nie den Übertritt zum Katholizismus in Betracht, da dies seiner gesamten intellektuellen Haltung fremd wäre. Mahler, vor eine ähnliche Situation gestellt, konvertiert; er tut es ein gutes Jahr nach Abschluss der *Auferstehungssymphonie*, eines Werks, das schon den spirituellen Impuls zur Konversion verrät.

Im Problem des Juden im katholischen Österreich spiegelt sich vergrößert das Problem des kritischen Intellektuellen in der Welt. Es sind mehrere Dimensionen einer Dialektik: von Jude und Katholik, von Dazugehören und Nicht-Dazugehören, von Verstummen und Sich-Artikulieren (die „Chandos"-Problematik), von formaler Strenge und Dekorativität (Loos gegen die historisierende Architektur). Keine steht für oder symbolisiert die andere; es handelt sich um gleichwertige, sich gegenseitig bedingende Dimensionen der Dialektik im österreichischen – und speziell Wiener – intellektuellen Leben um die Jahrhundertwende. Die Salzburger Festspiele, wie auch ein Großteil von Hofmannsthals Spätwerk, sind das Ergebnis eines bewussten Seitenwechsels: von Sprachlosigkeit à la „Chandos" zu Sprachgewalt, vom Abseitsstehen zum Dazugehören (mehr im Verständnis des Betreffenden als in den Augen der Öffentlichkeit), von politischer Enthaltsamkeit zu politischer Teilhabe, vom Avantgardisten zum Dekorationskünstler. Der Übertritt vom Judentum zum Katholizismus ist bei Hofmannsthal natürlich nicht relevant, wohl aber bei anderen Intellektuellen; somit gehört er zur Fragestellung, mit der wir uns hier beschäftigen.

II

Die jüdischen Intellektuellen im österreichischen Fin de siècle leben in einem zunehmend antisemitischen gesellschaftlichen und kulturellen Umfeld. Der österreichische Antisemitismus in der zweiten Hälfte des 19. und im ersten Drittel des 20. Jahrhunderts ist mehr inoffizieller als offizieller, mehr gesellschaftlicher als politischer Natur. Doch der Rückgang politischer und rechtlicher Formen von Antisemitismus zwischen den Aufständen von 1848 und dem Amtsantritt Karl Luegers als Wiener Bürgermeister 1897 wird konterkariert – und ist vielleicht sogar bedingt – durch eine gravierende Zunahme des gesellschaftlichen und kulturellen Antisemitismus. Die offizielle Toleranz wird durch inoffizielle Intoleranz aufgewogen; Antisemitismus ist mehr eine Frage der persönlichen Einstellung als der Politik. Er ist stark genug, um von Juden, die an der herrschenden katholischen Kultur teilhaben wollen, die inoffizielle Assimilation und häufig den Übertritt zum Katholizismus zu fordern. Wie Broch bemerkt: „Toleranz ist intolerant und verlangt nach Assimilation."[9]

Karl Lueger, 1875

Die Jahre nach 1848 sind gekennzeichnet von einem wachsenden Antisemitismus bei jenen, die gegen die große Anzahl von Juden auf den Barrikaden, hauptsächlich Ärzte und Medizinstudenten, protestiert hatten. Die österreichischen Juden müssen, obwohl sie seit 1859 rechtlich gleichgestellt und von der sogenannten liberalen Phase bis zur Wirtschaftskrise von 1873 profitieren, stets mit einem inoffiziellen Antisemitismus leben. Nach 1873, mit der Gründung der Christlich-Sozialen Partei und der Ernennung Karl Vogelsangs zum Herausgeber der katholisch-konservativen, antisemitischen Zeitschrift *Vaterland* im Jahr 1875 wird der Druck stärker. Im Theater ist der Antisemitismus inoffiziell, doch er gewinnt zunehmend an Einfluss, so dass man Gustav Mahler ein Jahr nach Luegers erster Wahl zum Bürgermeister 1895 (der Kaiser verweigert ihm die Bestätigung) mitteilt, wenn er nicht zum Katholizismus übertrete, könne er die Leitung der Wiener Oper nicht übernehmen.[10]

Bei der Diskussion der intellektuellen Kultur Österreichs zwischen 1890 und 1938 sind zwei sich überschneidende Spektren zu unterscheiden: das erste reicht vom kritisch-avantgardistischen oder revolutionären bis zum konservativen Lager; das zweite, kulturell-religiöse Spektrum reicht vom Judentum, der am wenigsten in die gesellschaftliche Mehrheit integrierten Position, über den Protestantismus im Mittelfeld bis zum Katholizismus, der am stärksten integriert ist. Jede mögliche Kombination innerhalb beider Spektren hat prominente Vertreter. Eine Liste kritischer jüdischer Intellektueller würde Freud, Herzl, Schnitzler, Kraus, Mahler, Schönberg, Broch, Viktor Adler, Max Adler, Otto Bauer und viele andere umfassen – dies sind vielleicht die geläufigsten Namen. Doch von den genannten zehn sind fünf konvertiert, drei zum Katholizismus, zwei zum Protestantismus. Um die Sache weiter zu komplizieren, verlässt einer der katholischen Konvertiten – Kraus – die katholische Kirche (Auslöser ist die Empörung über den katholischen Anspruch der Salzburger Festspiele), einer der protestantischen – Schönberg – kehrt offiziell zum Judentum zurück. Dennoch wäre es eine unverantwortliche Verfälschung, die Wiener Kultur als eine jüdische zu bezeichnen; man kann Mach und Musil, Otto Wagner, Josef Hoffmann, Loos, Schiele, Klimt, Berg und Webern nicht ignorieren. Ebenso gibt es einen jüdischen Kulturkonservativismus – er verbindet Max Reinhardt, Richard Beer-Hofmann, Stefan Zweig, vielleicht auch Josef Redlich. Der christliche Konservativismus wird durch christlich-soziale Politik und Kultur vertreten. Und dann gibt es ein paar schillernde Figuren, die sich nicht einordnen lassen: Zu ihnen gehört Hofmannsthal, der auf Grund seiner kulturellen Vielschichtigkeit vielleicht der Österreicher par excellence ist. Ist er Jude oder Katholik, revolutionär oder konservativ? Er ist all dies und nichts von all dem, im positiven wie im negativen Sinne. Es lässt sich kaum feststellen, wann er von seiner jüdischen Abstammung erfahren und was diese Entdeckung im Kind, das in einem katholischen Haushalt katholisch erzogen wurde, bewirkt hat. Das gleiche gilt auf protestantischer Seite für Wittgenstein, wenngleich das Judentum in seiner Familie eine größere Rolle spielt und er sich selbst als Jude bezeichnet.[11]

Jüdische Identität spielt im Privatleben von Intellektuellen und in der Kultur allgemein eine wichtige und ambivalente Rolle. Um nicht in die gängige methodische Falle zu tappen und die Hervorbringungen einer Person oder – schlimmer – den Stil einer ganzen Epoche einer bestimmten kulturellen oder religiösen Identität („die jüdische Moderne") zuzurechnen, bedarf der Analytiker eines differenzierten Modells: Es muss fähig sein, die Beziehung zwischen einer ambivalenten, doch ausgeprägten kulturellen Identität und einer ebenso ambivalenten ausgeprägten kulturellen Produktion zu interpretieren, indem es Bedeutungsfragen in den Vordergrund stellt und Spekulationen über ein etwaiges deterministisches Kausalverhältnis vermeidet.

In der österreichischen Moderne des Fin de siècle gibt es viele Juden und viel Jüdisches, aber es ist methodisch falsch und politisch fatal, sie als „jüdisches Phänomen" zu bezeichnen, sei es aus einer modernefeindlichen antisemitischen oder einer modernefreundlichen philosemitischen Perspektive. Wer das Zwölftonsystem aus Schönbergs Judentum heraus zu „erklären" sucht, versteht Alban Berg nicht; wer dasselbe mit einem so uneinheitlichen Autor wie Broch tut, versteht Musil nicht. Abgesehen von den logischen Problemen, die sich ergeben, wenn man eine komplexe Vielfalt kultureller und intellektueller Hervorbringungen in ein kausalistisches Modell presst, verleitet die Gleichsetzung von kritischer und jüdischer Kultur den Historiker zu einer Verdinglichung jüdischer Kultur, zur Bekräftigung eines vorrangig „jüdischen Problems", mag er es auch nur als „jüdisches Phänomen" beschreiben. Anders ausgedrückt, ein solches Modell stülpt der jüdischen Kultur erneut eine falsche Homogenität und Zweidimensionalität über und erklärt sie zum potenziell unveränderlichen Kodex, der leicht zu verstehen und leicht zu unterscheiden ist von der christlichen – oder auch österreichischen – Kultur. So finden sich zwei Arten der Geschichtsschreibung in fataler logischer und methodologischer Gemeinschaft: die ernst gemeinte philosemitische, die den „jüdischen Beitrag" zur modernen Kultur hervorheben will, und die ältere antisemitische, die der Moderne die Legitimation entziehen möchte, indem sie sie für jüdisch und somit für unauthentisch und äußerlich erklärt. Beide schaffen historische Konstruktionen, in denen die Vielfalt kultureller Produktion auf Uniformität und

Moderne als angeblich „jüdisches Phänomen"

Bedeutungsfragen auf deterministische Formeln reduziert werden.[12] Judentum in der österreichischen Kultur ist eine Frage der Deutung, nicht der kausalen Zuordnung.

Über die schlichte Definition dieser beiden Positionen hinaus halte ich den Versuch, die komplizierte Diskussion des Verhältnisses zwischen persönlicher kultureller Ausrichtung und intellektuellem Werk an kollektiven Werten festzumachen, für unproduktiv. Sinnvoller scheint mir, einige Einzelbeispiele herauszugreifen, wobei ich lieber die Willkür der Auswahl riskiere als die Gefahr, verschlungene Lebenswege in höchstwahrscheinlich eindimensionale Raster zu zwingen. Ich möchte kurz auf vier prominente Gestalten eingehen, bei denen revolutionäre künstlerische und intellektuelle Innovation mit einer Neudefinition kultureller und religiöser Identität einhergeht: Theodor Herzl, Sigmund Freud, Gustav Mahler und Arnold Schönberg. Für sie alle ist jüdische, katholische oder protestantische Identität nichts Absolutes; ihr Judentum, ihr Protestantismus oder Katholizismus beruhen auf einer intellektuellen Wahl: *eine* – wenn auch entscheidende – Komponente im sich wandelnden Selbstverständnis des kritischen Intellektuellen. Hinzu kommt, dass sich ihre Auseinandersetzung mit der Frage persönlicher kultureller und intellektueller Identität – einer Frage des persönlichen Umfelds – symbiotisch mit ihren innovativen Tätigkeiten innerhalb ihres speziellen (wissenschaftlichen, künstlerischen, politischen) Diskurses verwebt.

Im Falle Sigmund Freuds etwa ist die Entscheidung für das Judentum unproblematisch. Auch wenn dies nicht für seine Religiosität als solche gilt: sein Entschluss, Jude zu bleiben und sich selbst als solchen zu bezeichnen, bildet einen unproblematischen integralen Bestandteil seines intellektuellen Selbstverständnisses. Theodor Herzls Zukunftsvisionen verlieren nie, auch nicht in der zionistischen Radikalisierung, ein Element barocker Theatralität; Herzl ist von ihr fasziniert und beruft sich bei seinem ersten Vorschlag einer Massenkonversion der Juden auf sie. Bei Künstlern kann sich das praktisch-ästhetische Problem von Totalität versus Fragmentierung mit einer persönlichen Identitätskrise verbinden, die bis zur qualvollen Konversion geht. Mahler und Schönberg sind hier zwei berühmte Beispiele. Ich beginne mit Hofmannsthal, der trotz weit zurückliegender jüdischer Vorfahren dieses österreichische Problem in vielerlei Hinsicht illustriert.

III

Hofmannsthal gehört zu den kompliziertesten Fällen, nicht nur auf Grund der Verschlungenheit des jüdisch-katholischen Erbes, sondern auch, weil nicht klar ist, welche Bedeutung dieses Erbe für ihn hat. Broch ist der einzige, der Hofmannsthals jüdische Abstammung als potenziellen Faktor in der intellektuellen Entwicklung ernst nimmt, doch selbst er kann diesbezüglich nur Andeutungen machen. Er behandelt die Frage in seiner Darstellung der Entwicklung des erwachsenen Künstlers (also des Produzenten, nicht so sehr des Kritikers oder passiven Ästheten) Hofmannsthal unter der Rubrik „zweite Assimilation".[13] Sein künstlerischer Werdegang beweise den wachsenden Wunsch, sich in einer romantisch verklärten Aristokratie und nicht im österreichischen Bürgertum zu assimilieren. Brochs Argument ist schlüssig; es lässt nur die Frage offen, wie Hofmannsthals „Assimilationsprogramm" konkret ausgesehen hat – ein Programm, das im Spätwerk und im Programm der Salzburger Festspiele zum Ausdruck kommt.

Hugo von Hofmannsthal, 1924

Hofmannsthals zwei Assimilationen

Die „erste Assimilation", auf die sich Broch implizit bezieht, ist die des jüdischen Großvaters August von Hofmannsthal in die katholische Gesellschaft. Es handelt sich um eine doppelte Assimilation: vom Judentum in den Katholizismus und vom Adel, in den Augusts Vater Isaak Löw Hofmann von Hofmannsthal aufgenommen worden war, ins Bürgertum. Die Assimilation des Dichters Hofmannsthal, so Broch, entspringe dem Wunsch, mit Hilfe der Kunst und des „Adelsanspruchs des Künstlers" in den Adelsstand zurückzukehren, und so die Wertvorstellungen des Familiengründers, seines Urgroßvaters, gewissermaßen zu rehabilitieren:

„Denn auch jene beiden [Vater und Großvater] hatten Schuld auf sich geladen, da sie die jüdisch-feudalen Absichten des Ahnen zunichte gemacht hatten und ins christlich-bürgerliche Lager abgeschwenkt waren, und so konnte – die Gerechtigkeitskalkulationen der Seele sind von traumhafter Kompliziertheit – die neuerliche Abtrünnigkeit, mit der das Bürgerliche zugunsten des Künstlerischen preisgegeben wurde, nur durch eine Wiederaufnahme des ganzen, mit der katholischen Heirat des Großvaters fehlgegangenen Assimilationsprozesses und seines Feudalzieles gutgemacht werden. In der Tat, zwar nicht als Jude – obschon er als erster Hofmannsthal nach drei Generationen wieder eine jüdische Ehe eingeht –, wohl aber als Künstler und mit dem Adelsanspruch des Künstlers stellt sich Hugo von Hofmannsthal aufs neue der Assimilationsaufgabe. Dem Geist des Urgroßvaters, verkörpert in dem mystisch nachwirkenden Bild der Gesetzestafeln im Familienwappen, wurde solcherart eine glänzende nachträgliche Abbitte geleistet, wenn es auch nicht jener Glanz war, den er sich für seine Kindeskinder erträumt haben mochte."[14]

Durch diese „zweite Assimilation" habe Hofmannsthal einige Wertvorstellungen des Familiengründers sozusagen reassimiliert, allerdings nicht als Jude, sondern als Künstler. Künstler und Jude laufen in gewisser Weise parallel, doch es gibt bei Broch keinerlei Hinweis auf einen bewussten – oder unbewussten – Zusammenhang zwischen Künstler- und (partiell) jüdischer Identität im Selbstverständnis Hofmannsthals. Die Parallele beschränkt sich, wie die „zweite Assimilation", auf den Bereich der „poetischen Gerechtigkeit".

Die These, die Broch auf den Dichter Hofmannsthal bezieht, lässt sich nur sehr schwer auf den Intellektuellen und „partiellen" Juden erweitern. Psychobiografische Informationen wären hier möglicherweise hilfreich, so sie sich belegen ließen. Trotzdem möchte ich die These aufstellen, dass Hofmannsthal in der ethischen Problematik eines zentralen, während des Ersten Weltkriegs entstandenen Textes, der Erzählung und des späteren Librettos *Die Frau ohne Schatten*, seine jüdische Abstammung mitthematisiert. Ich beziehe mich dabei bewusst auf meine scheinbar widersprechende These aus den vorausgehenden Kapiteln. Trotz des dort beschriebenen ideologischen und formalen Qualitätsverlusts schafft Hofmannsthal in einigen seiner profundesten Werken eine höchst wirkungsvolle geheime Symbolik, wie das Glas Wasser in *Arabella* beweist. Der symbolische Dschungel der *Frau ohne Schatten* deutet auf eine Auseinandersetzung mit Themen hin, die er vielleicht nie beabsichtigt hatte.

Die Frau ohne Schatten, 1932. Gertrud Rünger als Amme, Viorica Ursuleac als Kaiserin

In diesem Kunstmärchen liegen Macht und Magie bei Keikobad, dem abwesenden Vater der Kaiserin. Die ethische Entwicklung der Kaiserin ist der rote Faden der Handlung; ihre Weigerung, aus einem Quell zu trinken, der ihr auf Kosten anderer zum ersehnten Glück verhülfe, ist der Moment ihrer Läuterung, Menschwerdung und magischen Belohnung. Er geschieht in der zweiten Hälfte des dritten Aktes und bildet mit seiner kathartischen Lösung der bis dahin aufgebauten Spannung (von Richard Strauss meisterhaft umgesetzt) den dramatischen Höhepunkt des Werks. Die Kaiserin ruft den in seiner Abwesenheit stets präsenten Vater an:

Vater, bist du's?
Drohest du mir
aus dem Dunkel her?
Hier siehe dein Kind!
Mich hinzugeben,
hab' ich gelernt,
aber Schatten
hab' ich keinen
mir erhandelt.

Es ist der dunkelste Moment der Kaiserin, der in seiner Symbolik nichts mit dem glänzenden Finale der *Zauberflöte* gemein hat. Die Anrufung des Vaters erinnert an Elektras Anrufung des toten Agamemnon („Vater! Agamemnon! Hast du nicht die Kraft, dein Angesicht herauf zu mir zu schleppen?"); in den wenigen zitierten Zeilen verwandelt sich die Anrufung des abwesenden Vaters aus dem griechischen Mythos in die Anrufung des anwesenden, gütigen Vaters christlicher Prägung. Der strafende Keikobad (er hat den Kaiser in Stein verwandelt) erinnert zudem an Jehovah, der durch die moralische Läuterung der Tochter in einen liebenden Vater verwandelt wird. Hofmannsthal sieht sich selbst offenkundig an der Stelle der Kaiserin; mit der Wende in ihrem Schicksal und der Verwandlung ihrer Welt vollzieht sich die poetische Christianisierung und Allegorisierung der dunklen Symbolwelt der griechischen und hebräischen Mythologie. Im Anschluss an die Anrufung des Vaters weigert sich die Kaiserin, aus einem Springquell zu trinken, weil Blut im Wasser ist. So wie Baraks Weigerung, den Fisch zu essen, aus dem das Publikum die Stimmen ungeborener Kinder vernimmt, dessen christlichen Symbolgehalt beglaubigt, befreit die moralische Haltung der Kaiserin das Wasser von seinen mosaischen Konnotationen (die Verwandlung des Nilwassers in Verderben bringendes Blut, mit der Moses dem Pharao droht) und überführt es ins christliche Symbol Segen spendenden geweihten Wassers. Die parallele Symbolik von nichtgegessenem Fisch und nichtgetrunkenem Wasser gipfelt im Chor der Ungeborenen, der sich unmittelbar an die durch die Kaiserin ermöglichte glückliche Schicksalswendung der vier Hauptfiguren als strahlendes Finale anschließt.

Hermann Broch schreibt, *Die Frau ohne Schatten* bilde den Höhepunkt von Hofmannsthals „Entdeckungsfahrten ins Urwaldgebiet der Symbole". Aber er fährt fort: „Hofmannsthal führt in das Dschungel hinein, doch da zeigt sich, dass es nicht der Urwald ist; nein, es ist ein Symbol-Garten".[15] Hofmannsthal löse den unlösbaren Konflikt zwischen symbolischer Unbestimmtheit und programmatischer Gesellschaftserneuerung durch die Wiedereinsetzung barocker Theatralität, mit der die Überwindung der jüdischen Symbolik seiner Vorfahren verbunden sei. Die Symbolik der *Frau ohne Schatten* gleiche in ihrer Vielschichtigkeit und Undurchdringlichkeit der Symbolik in *Elektra*, doch mit dem Happy-End erträume sich Hofmannsthal seine Befreiung aus der symbolischen Unbestimmtheit: aus dem Dschungel in den Garten.

IV

In den politischen Wunschträumen Theodor Herzls ist das Barock immer präsent, auch wenn sein Spätwerk eine zunehmende Radikalisierung aufweist, wie umgekehrt das Hofmannsthalsche zunehmend konservativer wird. Obgleich es verlockend ist, die endgültige Formulierung der zionistischen Position als Resultat der Erkenntnis zu verstehen, dass der Konflikt unlösbar ist und nur die Abspaltung übrigbleibt, weist Herzls zionistische Alternative in einigen Aspekten überraschende Gemeinsamkeiten mit Formulierungen aus den früheren Jahren auf, als er noch den Weg der Assimilation vertritt.

Theodor Herzl (1860–1904)

Herzls ursprüngliche Strategie zur Lösung des Judenproblems besteht darin, eine Reihe antisemitischer Führungspersönlichkeiten – Schönerer, Lueger und Prinz Alois von Liechtenstein – zum Duell zu fordern.[16] Die zweite Strategie ist noch theatralischer: 1893 träumt er von einem Pakt mit dem Vatikan. In seinem Tagebuch schreibt Herzl einen imaginären Brief an den Papst: „Helfen Sie uns gegen den Antisemitismus, und ich leite eine große Bewegung des freien und anständigen Übertritts der Juden zum Christentum ein ... Am hellichten Tage, an Sonntagen um zwölf Uhr, sollte in feierlichen Aufzügen unter Glockengeläute der Übertritt stattfinden in der Stefanskirche. Nicht verschämt, wie es einzelne bisher getan, sondern mit stolzen Gebärden ... (im Gegensatz zum bisherigen) wo der Übertritt wie Feigheit oder Streberei aussieht."[17]

In beiden Strategien wird die Überwindung von Ausgrenzung und Vorurteil mit dem Eintritt in eine Welt gleichgesetzt, die von Theatralität gekennzeichnet und beherrscht wird. Die erste Strategie ist auf Drama, auf Konflikt gestellt: Hat er eine Reihe von Duellen ausgefochten, kommt der Jude zu Respekt und Ehren (in den deutschnationalen schlagenden Verbindungen der damaligen Zeit sind Juden nicht satisfaktionsfähig); ein Übertritt zum Christentum spielt in diesem Szenarium keine Rolle. Die zweite Strategie ist reines Theater: die öffentliche Inszenierung neu gewonnener Totalität. Herzl hat die kosmologischen Ansprüche des weltlich-katholischen österreichischen Theaters sehr wohl verstanden.

Die Tatsache, dass Herzl seinen Sinn für Theatralität nie verliert, prägt die im Entstehen begriffene zionistische Position inhaltlich wie auch stilistisch. Es ist zwar bekannt, dass *Der jüdische Staat* 1895 zu einem gewissen Grad von einer *Tannhäuser*-Vorstellung inspiriert oder zumindest ausgelöst worden ist, doch der konkrete Zusammenhang zwischen Herzls Opernerlebnis und der Entwicklung der zionistischen Position muss erst noch untersucht werden. Bernard Avishai meint, die in *Tannhäuser* enthaltene Botschaft – Erlösung von der Sünde durch germanisch-christliche Frömmigkeit – sei für Herzl der Beweis, wie eingefleischt und damit für Juden letztlich unerreichbar die tradierten Glaubensinhalte und Verheißungen der deutschen Kultur seien.[18] Doch das, was Theater und Theatralität ausmacht, bildet zugleich das verbindende Prinzip. Tannhäuser findet Erlösung und Frieden, als sein Rebellentum nach der vergeblichen Bitte um den Segen des Papstes (die Parallele zu Herzls Brief an den Papst) durch die fromme Selbstaufopferung der Christin Elisabeth besänftigt wird. Der Kunstrevolutionär (aus demselben Holz geschnitzt wie sein Vorgänger, der schwer mit jüdischer Mythologie befrachtete Fliegende Holländer) wird durch eine asexuelle Mutterfigur erlöst, die ihrerseits – die Namensgleichheit mit Kaiserin Elisabeth tut hier vielleicht ein Übriges – als Metapher gedeutet werden kann für die offenen Arme der verzeihenden Mutter Österreich, wie Herzl sie erträumt. Die Oper *Tannhäuser* liefert zweifellos eine theatrale Lösung für den Wunsch nach Assimilation. Theatralität in ihrer barocken Wiener Gestalt, wie sie Herzl selbst übernimmt, präsentiert und repräsentiert eine Totalität, die zur Lösung von Konflikten imstande ist.

Noch lange nach ihrer Entstehung ist Herzls zionistische Vision in hohem Maße von harmonisierender Theatralität geprägt, wie sich am utopischen Entwurf des künftigen jüdischen Staates in seinem Roman *Altneuland* von 1902 zeigt. Die geplante Gesellschaftsstruktur ist eine „gemeinschaftliche", das potenzielle Araberproblem wird in der Figur des Reshid Bey erledigt, „dem Moslem, der sich rasch den Opern und Salons der Neuen Gesellschaft

Herzls Tannhäuser-Erlebnis

anpasst", wie Avishai es formuliert. Herzl präsentiert ein orientalistisches Programm zur Eingliederung einer nicht in der abendländischen Kultur beheimateten Figur in ein Kulturmodell, das mehr österreichisch als jüdisch ist: Der jüdische Staat würde den österreichischen Juden erlauben, gute Österreicher zu bleiben.

V

Sigmund Freud mit Zigarre, 1922

Es gibt keinen Hinweis, dass Freud je einen Übertritt zum Christentum in Erwägung gezogen hat, wenngleich seine Karriere davon profitiert hätte. Jede derartige Erwägung hätte die Hannibal-Phantasie kompromittiert, laut der die Psychoanalyse, analog zum Sieg des semitischen Generals über das römische Heer, den österreichischen Klerikalismus und Katholizismus überwunden habe.[19] Freuds Sinn für Drama (nicht Theater) macht es daher erforderlich, dass Wien und Österreich der Mittelpunkt seiner psychoanalytischen Tätigkeit bleiben. Freud/Hannibal muss in den Fängen Roms, das heißt des katholischen Antisemitismus, bleiben, da dieser den relevanten Gegenkontext bietet. Dass Freud die Wiener Gesellschaft als geeignetes Forschungsgebiet erachtet, zeigt die lebenslange Treue zu einer Stadt, die er eigentlich nicht mag. Gegen Ende seines Lebens gesteht er Ernest Jones, dass er jedesmal depressiv wurde, wenn er von einer Reise nach Wien zurückkehrte. Dennoch zieht er nie weg, trotz sporadisch sich bietender Gelegenheiten, nach England oder Holland zu übersiedeln. Freuds Ansicht über Wien erinnert den Historiker plastisch daran, dass das Wien des Fin de siècle aus der Sicht eines innovativen Geistes kein Hort der Innovation, sondern eine Provinzstadt war. „Ich hab fünfzig Jahre hier gelebt und habe nie eine neue Idee gefunden."[20]

Der zweite Punkt ist: Als Therapie wie als Gesellschaftstheorie bietet die Psychoanalyse die Bearbeitung psychischer oder gesellschaftlicher Konflikte an, nicht aber deren Lösung. So gesehen ist sie ein genuin politischer wie dramatischer Prozess. Freuds Fähigkeit, ja sein Bestreben, in seinen psychologischen und gesellschaftlichen Modellen ein hohes Maß an unlösbaren Konflikten auszuhalten, zeigt von seiner wissenschaftlichen und politischen Ernsthaftigkeit und Integrität, im Gegensatz etwa zu Wilhelm Fließ oder Otto Weininger. Der Gegensatz von Drama und Theater, von Konfliktbearbeitung und Darstellung einer illusorischen Totalität, bewahrheitet sich hier.

Freuds Überzeugung, dass Denken Handeln ist, spiegelt sich in einer Episode wider, die sein Sohn Martin erzählt; sie beweist, dass die Hannibal-Phantasie Freuds Lebensmaxime ist. In einem Artikel für den Band *The Jews of Austria* versucht Martin Freud seinen Vater aus der Perspektive seines Judentums zu porträtieren. Er beginnt mit einem Brief, den sein Vater 1926 an die B'nai B'rith-Loge schreibt, die Freuds siebzigsten Geburtstag begeht: „Als Jude war ich dafür vorbereitet, in die Opposition zu gehen." Im Weiteren zitiert der Sohn als Beleg für den „kämpferischen Juden"[21] aus Briefen, die Freud in den 1880er Jahren an seine langjährige Verlobte Martha Bernays schreibt.

Die Hannibal-Phantasie

Im längsten der zitierten Briefe schildert Freud seiner Verlobten einen Vorfall, der in strukturellem Gegensatz zur Demütigung seines Vaters Jakob in Freiberg steht.[22] Es geht um eine Auseinandersetzung in der Straßenbahn, in der er als dreckiger Jude beschimpft wird, weil er darauf besteht, dass ein Fenster geöffnet bleibt. Freud berichtet, er habe sich gegen einen immer größer werdenden „Mob" behauptet, der gemerkt haben müsse, dass er keine Angst hatte und sich durch dieses Erlebnis „nicht den Schneid abkaufen ließ".[23] Die Episode endet mit dem Auftritt des Schaffners, der das Fenster schließt; dennoch ist Freuds Geschichte die eines Sieges. Was zählt, ist der geistige Sieg, und was Freud betrifft, ist es ein echter.

Bei aller Unabhängigkeit und geistigen Unbeugsamkeit: ist Freud, der intellektuelle Paria, wirklich immun gegen die Ressentiments, denen er ausgesetzt ist? Die Überschneidungen von Freuds Werk und den zwischen 1895 und 1903 entstehenden Schriften von Wilhelm Fließ und Otto Weininger – lange geleugnet und vor einiger Zeit von William McGrath und anderen neu beleuchtet – zeugen zumindest teilweise von einer Beschäftigung mit dem Assimilationsproblem, gegen das er angesichts einer zunehmend antisemitischen Umwelt nicht immun bleiben kann.

Wenn die Psychoanalyse als Gesellschaftskritik Freud in anhaltende Opposition zur österreichischen Gesellschaft stellt und die Hannibal-Vorstellung zumindest insoweit einlöst, als sie die gegnerischen Positionen definiert, kann und muss der Ursprung der Psychoanalyse im Kontext der Assimilationskrise zwischen 1895 und 1897 gesehen werden, als Karl Lueger zum Bürgermeister von Wien gewählt und schließlich bestätigt wird. Als Freud die anfängliche Weigerung des Kaisers, Luegers Wahl zu bestätigen, damit feiert, dass er sich eine Zigarre anzündet, bewältigt er mit dieser typisch bürgerlichen Geste, was er selbst als neurotisches Symptom bezeichnet: seine chronische Nasenentzündung. Fließ hatte ihn zweimal an der Nase operiert, das zweite Mal im Sommer 1895, wenige Monate nach der legendären verhängnisvollen Operation an Emmy Eckstein.[24] Obwohl Freud vermutet, seine Nasenentzündung habe, wie seine chronischen Herzrhythmusstörungen, organische Ursachen, beschwört er Fließ und seinen Mentor Josef Breuer, es ihm nicht zu verheimlichen, falls sie seine Beschwerden für neurotischer Natur hielten. Für Jones steht fest, dass es sich um neurotische Beschwerden handelt; hätten die Herzrhythmusstörungen organische Ursachen gehabt, wäre es nicht möglich gewesen, „daß Freud – als Dreiundvierzigjähriger – die Rax (einen Berg in der Nähe des Semmering) in dreieinhalb Stunden bestieg." Auf Grund des Verdachts, die Symptome könnten organischer Natur sein und durch das Rauchen verstärkt werden, gibt Freud unter großen Schwierigkeiten Anfang 1895 das Zigarrenrauchen auf, um nun für eine theatralische Geste rückfällig zu werden.[25]

Schon geringe Kenntnisse jüdischer und antisemitischer Klischees genügen, um zu verstehen, dass sich an der Nase die Assimilationsproblematik festmacht. Ich nehme an, Freud ist sich der Symbolik sehr wohl bewusst und erkundet spielerisch eigene psychische Muster, eine Methode, aus der in den darauffolgenden fünf Jahren die *Traumdeutung* hervorgehen wird. Hier soll das Spiel mit den eigenen, mutmaßlich neurotischen Symptomen die Reichweite seiner psychosozialen Position demonstrieren.

Eine solch spielerische Haltung wäre bei Fließ und Weininger weder intellektuell noch gar diagnostisch denkbar. Während Lueger im Amt ist und der Antisemitismus zunimmt, lösen sich Freuds neurotische Symptome, wenn es denn welche sind, in der psychoanalytischen Theorie, die zwischen 1896 und 1900 entsteht, auf. Die Symbiose von psychischer und sozialer Konfliktbearbeitung setzt sich fort. Die wissenschaftlichen – oder pseudowissenschaftlichen – Modelle von Fließ und Weininger unterscheiden sich von denen Freuds in ihrer Weigerung, die Unlösbarkeit psychischer oder politischer Konflikte anzuerkennen. Ohne hier zu untersuchen, welche Stellung jeweils bei Freud, Fließ und Weininger die Theorie der Bisexualität des Menschen, die sie alle drei vertreten, einnimmt, kann man davon ausgehen, dass die sexuellen und gesellschaftspolitischen Konsequenzen daraus für Freud andere waren als für seine beiden Kollegen. Weininger ordnet der Achse männlich/weiblich die Kategorien arisch/jüdisch zu; Ariertum/

Männlichkeit steht für Stärke, Judentum/Weiblichkeit für Schwäche. Weiningers peinigende Erkenntnis, dass er nicht nur jüdisch, sondern (auf Grund seiner Homosexualität) auch „weiblich" ist, führt zunächst zum Übertritt zum Protestantismus und ein Jahr später zum Selbstmord. Der Zusammenbruch im Denken und Leben Weiningers rührt also nicht daher, dass er psychosexuelle und soziokulturelle Kategorien kombiniert (was Freud auch tut), sondern dass er sie unerbittlich miteinander zur Deckung bringt, was zwangsläufig zu einer Negativbilanz der eigenen Person führen muss. Seine Theorie fordert die vollständige Lösung des psychologischen und soziokulturellen Konflikts. Während Freud auf jeder Ebene das Fortdauern eines Konflikts anerkennen kann, ist Weininger dazu nicht in der Lage. Bei Weininger setzt sich überall die Theatralität durch, wie die Inszenierung seines Selbstmords (in einem Wiener Palais, in dem Beethoven gewohnt hat) bestätigt.

Weiningers theatralischer Selbstmord

VI

Den Künstlern, die sich im ästhetischen Modell der Repräsentation mittels geschlossener formaler Systeme ausdrücken, fehlt das nötige intellektuelle Instrumentarium, um ein gespaltenes soziokulturelles Weltverständnis in ihren ästhetischen Diskurs integrieren zu können. Ich vertrete die These, dass bereits das Wesen des ästhetischen Diskurses diesen eine intellektuelle Produktivität verwehrt, die auf einem Konfliktverständnis beruht, wie es bei Freud und – nach 1893 – bei Herzl gegeben ist. Wer sich ästhetisch in der Form der Repräsentation ausdrückt, neigt zu einem normativen Verständnis der soziokulturellen Welt als Totalität.

In Österreich neigt vor allen anderen Kunstgattungen das Theater dazu, die Welt als Totalität darzustellen. Weder die Theaterautoren (von den Regisseuren ganz zu schweigen) noch die Vertreter anderer literarischer Formen beschäftigen sich ernsthaft mit dem Problem der Repräsentation. Was das Verhältnis zur Sprache angeht, setzt sich die österreichische Literatur mit den sprachphilosophischen Erkenntnissen der eigenen Landsleute nicht auseinander. Die Philosophie Wittgensteins und der Wiener Schule findet in der Literatur weder positiven noch negativen Niederschlag. Es gibt keinen österreichischen Joyce, wie Hermann Broch schreibt, wenngleich er selbst Joyce wahrscheinlich am nächsten kommt. In den zwischen 1895 und 1905 entstehenden Werken hinterfragt Hofmannsthal zwar das Verhältnis von Sprache und Bedeutung, doch er tut dies nie mit der revolutionären Kompromisslosigkeit eines Joyce, und nach 1905 (vermutlich nach *Elektra*) lässt er das Thema ganz fallen. Ähnlich unentschlossen hält es die Café-Griensteidl-Gruppe, die nach 1891 Hofmannsthals engeren literarischen Kreis bildet. Zu ihr gehören Hermann Bahr, Schnitzler, Richard Beer-Hofmann, Peter Altenberg, Felix Salten, Felix Dörmann und, am Rande, Stefan Zweig.

Wenn Theater, Sprache selbst oder auch bildende Kunst die Möglichkeit revolutionärer Neuerungen eröffnen, die auch nur annähernd mit Schönbergs musikalischer Revolution vergleichbar wären, so schlägt in Österreich davon nichts Wurzeln. Musik ist die Kunstform, die die drastischsten Alternativen bietet; sie ermöglicht Schönberg, alle bisherigen Anforderungen – formale Geschlossenheit, Rückbindung an die Natur – zu verwerfen und ein neues System zu entwickeln. Abschließend möchte ich mich in diesem Kapitel zwei Künstlern zuwenden, deren Werk und Werdegang entlang der Achsen Repräsentation/Nichtrepräsentation und Assimilation/Nichtassimilation verlaufen. Es handelt sich um Gustav Mahler, der zum Katholizismus konvertiert, und Arnold Schönberg, der 1898 zum Protestantismus übertritt und 1933 zum Judentum zurückkehrt.

Mahlers offizieller Übertritt zum Katholizismus, den er in Hamburg im Februar 1897 vollzieht, steht in unmittelbarem Zusammenhang mit der in Aussicht gestellten Ernennung zum Kapellmeister der Wiener Hofoper. Brahms und Karl Goldmark empfehlen ihn ihm und gehen stillschweigend davon aus, dass er kurz darauf Nachfolger von Wilhelm Jahn, dem damaligen Hofoperndirektor wird. Mahlers Engagement erfordert die Zustimmung des Obersthofmeisters Prinz Rudolf Liechtenstein. Henri Louis de la Grange schreibt in seiner Mahler-Biografie, man habe Mahler mitgeteilt (wer es war, wird nicht genannt), dass es „unter den derzeitigen Umständen unmöglich sei, einen Juden für Wien zu engagieren". Was Mahlers Konversion betrifft, meint de la Grange, „er habe die katholische Religion angenommen, weil er wusste, dass sein Judentum ein unüberwindbares Hindernis für seine Ernennung darstellen würde." Mahler selbst meint: „Ich verhehle die Wahrheit nicht … wenn ich sage, dass dieser Schritt, den ich aus instinktivem Selbstschutz getan habe und zu dem ich gänzlich bereit war, mich viel gekostet hat."[26]

Gustav Mahler, 1907

Mahlers Äußerung beweist, dass sein Verhältnis zum Judentum wie zum Katholizismus komplizierter ist, als seine Frau glauben machen will, wenn sie ihn als „christgläubigen Juden" bezeichnet.[27] Zweierlei ist klar: Die Konversion ist erstens mit einem spirituell-intellektuellen Konflikt verbunden; und zweitens verdient das Moment gesellschaftlicher Opportunität, ein unstrittiger Faktor, nähere Betrachtung. Für Mahler ist die Rückkehr nach Wien nicht nur eine Frage der Karriere, sondern die spirituell-intellektuelle Wiedereingliederung in die Kultur, der er sich zugehörig fühlt. Kurz zuvor, als die Frage des Wiener Engagements und der Konversion im Raum steht, hat Mahler gerade die Zweite Symphonie abgeschlossen; seine ambivalente Haltung zu dem Programm, das er für dieses Werk entwickelt – und das ihr den Namen *Auferstehungssymphonie* gibt – ist beredtes Zeugnis für seine Überlegungen an diesem entscheidenden Punkt seines Lebens.

Ende 1888 hat Mahler den gewaltigen ersten Satz der Zweiten Symphonie als Marche funèbre für den Helden aus der Ersten Symphonie begonnen. In dieser frühen Phase der Komposition ist er sich unsicher, wie es weitergehen soll, welches Programm – wenn überhaupt – auf eine „Totenfeier" folgen kann. Die Umstände, die ihn fast sechs Jahre später zum Auferstehungsthema und zur Verwendung des Klopstock-Gedichts „Auferstehn" inspirieren, sind bekannt: Das Gedicht wird bei Hans von Bülows Begräbnis 1894 in Hamburg vorgetragen. Mahlers Freund, der tschechische Komponist Josef Förster, erinnert sich, dass das Klopstock-Gedicht den Komponisten stark beeindruckte und ihm plötzlich den Weg wies, wie er in seiner Symphonie das Problem lösen konnte, das er seit zwei Jahren mit sich herumtrug.[28] Mahler fügt Klopstocks zwei Strophen weitere hinzu und stellt diesem letzten Satz ein kurzes Lied mit dem Titel „Urlicht" voran. Der gesamte Text lautet folgendermaßen:

Urlicht

O Röschen rot!
Der Mensch liegt in größter Not!
Der Mensch liegt in größter Pein!
Je lieber möcht' ich im Himmel sein!
Da kam ich auf einen breiten Weg;
Da kam ein Engelein und wollt' mich abweisen!
Ach nein! Ich ließ mich nicht abweisen:
Ich bin von Gott, ich will wieder zu Gott!
Der liebe Gott wird mir ein Lichtchen geben,
Wird leuchten mir bis in das ewig selig Leben!

Auferstehn'n (Klopstock)

Aufersteh'n, ja aufersteh'n wirst du,
Mein Staub nach kurzer Ruh!
Unsterblich Leben! Unsterblich Leben
Will der dich rief dir geben.

Wieder aufzublühn wirst du gesät!
Der Herr der Ernte geht
Und sammelt Garben
Uns ein, die starben!

(Mahler)
O glaube, mein Herz, O glaube,
Es geht dir nichts verloren!
Dein ist, was du gesehnt,
Dein, was du gelebt,
Was du gestritten!
O glaube,
Du warst nicht umsonst geboren!
Hast nicht umsonst gelebt,

Gelitten!
Was entstanden ist,
Das muss vergehen!
Was vergangen, aufersteh'n!
Hör auf zu beben!
Bereite dich zu leben!

…

Aufersteh'n, ja aufersteh'n
Wirst du, mein Herz, in einem Nu!
Was du geschlagen,
Zu Gott wird es dich tragen![29]

Spricht hier Tannhäuser? Der Inhalt dieser Zeilen ist eindimensional und klar, und die Zeilen, die Mahler selbst hinzufügt, wiederholen Klopstocks Auferstehungsbotschaft mehr, als sie zu vertiefen. Die musikalische Struktur ist ebenso eindimensional, besonders im Vergleich mit dem komplexen ersten Satz der Symphonie. Das Thema Tod und Auferstehung, wie es die Zweite Symphonie behandelt, ist in seiner musikalischen Struktur und im Verhältnis zum programmatischen Text wesentlich simpler als in den späteren Symphonien, besonders der Dritten, Fünften, Achten und Neunten.[30] Der Text scheint das Thema eher zu simplifizieren als auszuarbeiten.

Leon Botstein meint, die formale Schlichtheit des letzten Satzes der *Auferstehungssymphonie* evoziere bewusst das Brucknersche

Gebot der Einfachheit. Diese Interpretation scheint zu bestärken, dass Einfachheit und Totalität in der Repräsentation österreichisch-katholischer Wahrheit zusammengehören.[31]

Die Dritte Symphonie (komponiert im Sommer 1895 und 1896) steht in unmittelbarem Kontrast zur Zweiten. Ihre Texte sind „Das trunkne Lied" aus Nietzsches *Also sprach Zarathustra* und ein Lied aus *Des Knaben Wunderhorn*, das Christus beim letzten Abendmahl beschreibt. Das *Wunderhorn*-Lied bildet den leichtesten und kürzesten Satz, der zwischen der schwermütigen Stimmung des Nietzsche-Liedes im Satz davor – dem musikalischen Höhepunkt der Symphonie – und dem gewaltigen Finale, das ohne Text auskommt, fast verschwindet. Mit dem letzten Satz scheint Mahler dem Bedürfnis Ausdruck zu verleihen, das Wort zu transzendieren, nur die Musik sprechen zu lassen zu einem Thema, das sich jeder Darstellung entzieht. So wird die doppelte Selbstverpflichtung der Zweiten Symphonie – die zur Repräsentation per se und zur Repräsentation christlicher Themen – in der Dritten Symphonie für Mahler wesentlich problematischer – und zumindest partiell verworfen. Kurt Blaukopf meint, der Schlusschor der Zweiten Symphonie sei eine Hommage an Beethovens Neunte; die Dritte Symphonie schlage dagegen den umgekehrten Weg ein: Einer kurzen Chorpassage folge ein langer, feierlich-orchestraler Schlusssatz, der die musikalischen Leitmotive des Werks aufgreife und in eine streng formale, nichtrepräsentierende Struktur integriere.[32]

Mit dem Finale der Zweiten Symphonie erklärt Mahler sein Beharren auf zwei Prinzipien: einem inhaltlichen und einem formalen. Das erste Prinzip ist der Glaube an die Darstellbarkeit der Auferstehungsidee; das zweite das aus Beethoven abgeleitete Vertrauen, Wort und Musik ließen sich in der Symphonie vereinbaren. Doch wie Mahler im Lauf der Zeit im Umgang mit diesen Prinzipien immer unsicherer wird, so schwankt auch seine Meinung über die Zweite Symphonie. Bei einer Aufführung des Werks 1900 in München untersagt er die Verteilung des Texts im Publikum mit der Begründung, die Musik müsse „für sich selbst sprechen".[33]

Auch die Reaktion der Presse auf die Wiener Uraufführung von 1899 hat wohl zu Mahlers schwindendem Vertrauen in den Text beigetragen. Die *Neue Freie Presse* nennt die Symphonie „Phantasietheater". Die antisemitische Presse reagiert erwartungsgemäß schärfer. Aus ihrer Sicht offenbart die *Auferstehungssymphonie* den scheinheiligen Katholizismus eines Juden. So nennt Maximilian

Arnold Schönberg, 1908

Mutz von der *Deutschen Zeitung* das Werk „pompöse Heuchelei" und Mahler die „Inkarnation der jüdischen Dekadenz in der Musik, die jedes Maß, jede Rücksichtnahme, jede Zurückhaltung in der Verfolgung ihres Ziels ignoriert."[34]

Der gebürtige Wiener Arnold Schönberg beginnt seine Komponistenlaufbahn zwar unter anderem mit der Vertonung von Werken des Wiener Literaten Peter Altenberg, doch er fühlt sich weder in Wien noch in der katholischen Kultur zu Hause. Wenn Schönberg, der 1898 zum Protestantismus konvertiert und 1911 nach Berlin übersiedelt (dort hat er bereits zwischen 1903 und 1905 gelebt), nicht unmittelbar in eine Diskussion der katholischen Kultur österreichischer Juden passt, so fügt sich sein Fall doch in die parallele Thematik des Verhältnisses von persönlicher Kulturauffassung und ästhetischer Repräsentation. Der schöpferische Werdegang des einzigen unbestrittenen Revolutionärs im Künstlerpantheon des Wiener Fin de siècle basiert auf der Absage an konventionelle Formen; sein ästhetisches Programm hat unmittelbare Folgen für Schönbergs kulturelle und religiöse Zugehörigkeit.

Seine frühen Werke greifen die formalen Neuerungen von Brahms und Wagner auf. Schönberg erkennt, dass die beiden Komponisten durch Fehden unter ihren Epigonen und nicht infolge grundsätzlich unterschiedlicher Kunstauffassungen zu Antipoden geworden sind. Als Programmstück folgt *Verklärte Nacht* von 1899 der Wagnerschen Tradition, doch die Instrumentierung als Streichquintett orientiert sich an Brahms. Ähnliches gilt, wie H. H. Stuckenschmidt bemerkt, für die Lieder von 1899, die wie *Verklärte Nacht* Vertonungen von Gedichten Richard Dehmels sind: „Die Tristan-Chromatik vermählt sich der klassischen symphonischen Prozedur, die Brahms ins Territorium des Liedes gebracht hatte."[35]

Je weiter sich Schönbergs Musik von Tonalität und Abbildung entfernt, umso wichtiger wird das Vorbild Brahms. Er vertont zwar weiterhin Texte (wie Brahms es getan hat), doch die Musik bezieht sich auf den Text nicht im Sinne einer Programmmusik. Anstatt ein musikalisches Abbild zum Text zu schaffen, scheint Schönberg das Verhältnis von Musik und Text zu thematisieren. Inhalt der „Programmstücke" aus den Jahren 1908 bis 1912, *Erwartung, Die glückliche Hand* und *Pierrot Lunaire*, ist gewissermaßen die Frage der musikalischen Darstellung. In „Mondfleck", dem achtzehnten Teilstück von *Pierre Lunaire*, entdeckt Pierrot einen weißen Fleck an seinem Rücken, den er vergeblich wegzureiben versucht. Die Vorstellung, den eigenen Rücken wie in einem Spiegel sehen zu können, fasziniert Schönberg, und er komponiert einen Kanon, der zuerst vorwärts und dann rückwärts abläuft. Das Stück geht durch einen Spiegel und ist dann von der anderen Seite zu sehen; der Schritt durch den Spiegel erfolgt in dem Moment, als die Worte „ein weißer Flecke" fallen.[36] Die musikalische Selbstbespiegelung gipfelt in der „Entdeckung" der Zwölftonmusik, in der die formale Logik eine bis dahin unerreichte Bedeutung erhält.

Brahms war mehr als das ästhetische Vorbild in diesem komplizierten Prozess. Zu Beginn seines berühmten Aufsatzes „Brahms, der Fortschrittliche" von 1947 schildert Schönberg, welche Stellung Brahms in Wien einnahm, und findet darin ein Echo seiner eigenen innerhalb der Musikwelt. Er beschreibt Brahms als bewussten Einzelgänger: „Wien kannte seine Art, sich mit einem schützenden Wall von Grobheit zu umgeben als Verteidigung gegen eine gewisse Menschensorte, gegen die Aufdringlichkeit öligen Schwulstes, triefender Schmeichelei und honigsüßer Unverschämtheiten."[37] Brahms, der Prophet, ist im Unterschied zu Wagner, dem Priester, Schönbergs persönliches Vorbild.

Man darf wohl zu Recht annehmen, dass es diese Konstellation ist – intellektuelles Einzelgängertum mit Tendenz zum Propheten und wachsende Zweifel an der Bedeutung ästhetischer Repräsentation –, die den Ausschlag für Schönbergs religiöse Konversionen gibt. Der Übertritt zum Protestantismus erfolgt 1898, ein Jahr nach Brahms' Tod; ich denke, dass dieser Übertritt auch eine Hommage an Brahms und dessen antitheatrale Prinzipien ist: Er bedeutet die Abkehr von Repräsentation. Die Rückkehr zum Judentum 1933 in Paris ist fraglos Ausdruck seiner Solidarität mit den Juden; sie hat indes auch intellektuelle Bedeutung: Immerhin erfolgt sie nach Fertigstellung der Oper *Moses und Aaron*, in der Schönberg noch einmal das Thema Repräsentation als moralische und religiöse Frage behandelt.

Die ersten beiden Akte von *Moses und Aaron* komponiert Schönberg nach seinem eigenen Libretto zwischen 1930 und 1932 (den dritten Akt hat er nie auskomponiert). Die Handlung fußt auf der biblischen Geschichte vom goldenen Kalb; die Auseinandersetzung zwischen Moses und Aaron wird zur Diskussion um Idee versus Abbild, Wahrheit versus Repräsentation, Wort versus Musik. Die Partie des Moses ist als Sprechrolle für einen Bass geschrieben, Aaron ist ein Belcanto-Tenor. Der zweite Akt endet mit Moses' verzweifeltem Aufschrei „O Wort, du Wort, das mir fehlt!" Dieser Ruf nach Schweigen angesichts der Falschheit aller Darstellung schließt fast zwangsläufig einen dritten Akt aus.

Wenn Schönberg die Brahmssche Ablehnung bildlicher Darstellung zu einer biblisch untermauerten Frage der Moral erhebt, hat das ihren Vorläufer in einem kleineren Werk, dem zweiten der „Vier Stücke für Gemischten Chor" aus dem Jahr 1926. Der von Schönberg selbst verfasste Text lautet:

> Du sollst dir kein Bild machen!
> Denn ein Bild grenzt ein, begrenzt, faßt,
> was unbegrenzt und unvorstellbar bleiben soll.
> Ein Bild will Namen haben:
> Du kannst ihn nur vom Kleinen nehmen;
> Du sollst das Kleine nicht verehren!
> Du mußt an den Geist glauben!
> Unmittelbar, gefühllos, und selbstlos.
> Du mußt, Auserwählter, mußt, mußt –
> willst du's bleiben![38]

Festspielhaus 1926

Festspielhaus 1938

DAS FESTSPIELREPERTOIRE
IM KONTEXT 1920–1943

I

Das folgende Kapitel bietet eine „Rezeptionsgeschichte" auf zwei Ebenen. Es versucht erstens, die Rezeption des Festspielrepertoires durch Publikum und Presse in Salzburg und Wien zu analysieren; parallel dazu untersucht es genauer, welche Interpretationsprozesse zur Auswahl (und im Falle von *Das Salzburger große Welttheater* zur Entstehung) der Werke führen.

Der Salzburger Spielplan umfasst Orchesterkonzerte, Werke des Sprechtheaters und Opern.[1] Oper bedeutet fast ausnahmslos Mozart. Dass sich die Mozartopern anfangs ihre stilistische und ideologische Unabhängigkeit von den dominierenden Salzburger Inszenierungen bewahren können, hat hauptsächlich organisatorische Gründe. Hofmannsthal versteht *Don Giovanni* als Mysterienspiel, das dieselbe spirituelle Botschaft verkünden soll wie sein *Jedermann*. Der erste Salzburger *Don Giovanni* 1922 ist jedoch eine Gastspielproduktion der Wiener Oper (in der Regie von Hans Breuer und einem Bühnenbild von Roller), die nicht um der spirituellen Festspielambitionen willen abgeändert wird. Ebenso wenig sind Änderungen erkennbar, als 1927 mit *Die Hochzeit des Figaro* und *Don Giovanni* die ersten Mozartopern in eigenen Festspielproduktionen aufgeführt werden. Wien bleibt ein wichtiger Partner: Die Wiener Philharmoniker und der Wiener Opernchor treten weiterhin auf, die Regisseure sind bekannte Wiener Figuren. Der entscheidende Faktor ist jedoch, dass diese Produktionen die Handschrift ihrer Dirigenten tragen; der Salzburger Mozart ist fest in den Händen des Wiener Kapellmeisters Franz Schalk und des in München engagierten Bruno Walter. Die Oper verliert in Salzburg – und das gilt bis in die Ära Karajan – nie den Beigeschmack der Importware.

Anders verhält es sich mit dem Sprechtheater. Den theatralen Kern des Salzburger Repertoires bildet ein Dreigespann von Mysterienspielen: *Jedermann*, 1911 in Berlin uraufgeführt und für

Salzburg neu bearbeitet; das eigens für Salzburg geschriebene *Salz-burger große Welttheater*, uraufgeführt 1922; sowie der als Mysteri-enspiel interpretierte Klassiker *Faust I*. Hat es der Berliner *Jeder-mann* nur auf sechzehn Vorstellungen gebracht, so ist er in Salz-burg, wie Reinhardt sich ausdrückt, ein „smash hit".[2] Das Gleiche lässt sich von Goethes *Faust I* sagen, für den sich Reinhardt von Clemens Holzmeister eine „Fauststadt" in die Felsenreitschule bauen lässt. Als deutscher Klassiker wird *Faust* natürlich auch an anderen Bühnen gespielt, Hofmannsthals Mysterienspiele hinge-gen bleiben fast ausschließlich an die Festspiele gebunden. Sie sind in Salzburg erfolgreich, weil sie ein wirksames Instrument der Fest-spielideologie darstellen; als Dramen gehören sie zu den schwäche-ren Werken. Cynthia Walk meint, der Salzburger Erfolg des *Jeder-mann* läge an der großartigen „natürlichen" Kulisse und der genia-len Art, in der Reinhardt sie eingesetzt habe.[3] Hermann Broch erklärt den Erfolg der Mysterienspiele damit, dass die Allegorisie-rung die psychologischen Kollektivbedürfnisse eines post-apoka-lyptischen Publikums befriedige. Ihr ästhetisches und ethisches Scheitern liege in der Herstellung der Illusion einer wiedergewon-nenen christlichen Gemeinschaft, die ihrerseits durch den fließen-den Übergang von Darsteller und Publikum symbolisiert werde.[4]

Die Pressereaktionen auf die Salzburger *Jedermann*-Premiere am 22. August 1920 (und damit auf die Eröffnung der Salzburger Festspiele selbst) fallen komplex und unterschiedlich aus. Die libe-rale Wiener *Neue Freie Presse* meldet die *Jedermann*-Premiere im Mittelteil ihrer Ausgabe vom 26. August. Sie berichtet von der aus-verkauften Eröffnungspremiere vor internationalem Publikum; die Stadt, die unter anderem Hermann Bahr, Stefan Zweig, Andreas Latzko und Franz Karl Ginzkey zu ihrem Wohnsitz erkoren hät-ten, habe sich zur „Kunststadt" erhoben. Ein Feuilleton, das am Morgen darauf an gewohnter Stelle „unter dem Strich" auf der ersten Seite erscheint, stammt vom regulären Theaterkritiker des Blattes, Raoul Auernheimer, und ist erheblich zynischer. Auernhei-mer äußert den Verdacht, Reinhardt habe mit der Inszenierung vor allem beweisen wollen, dass er Kontakt zu lebenden Autoren habe. (Ein schwaches Argument, da Reinhardt seit zwanzig Jahren Werke von Hofmannsthal inszeniert; Zeitgenossenschaft schließt eine konservative Ideologie keineswegs aus.) Reinhardt habe an „das Gemüt des naiven Zuschauers" appelliert, als er die bedeu-tungsvollen „Jedermann!"-Rufe von den benachbarten Kirchtür-men kommen ließ. Dagegen sei nichts einzuwenden, meint Auernheimer, denn „jeder richtige Zuschauer ist naiv". Seine Zweifel betreffen die religiösen Ambitionen des Stücks; Auernheimer fragt sich, ob die „theatralische Ausspendung kirchlicher Gnadenmittel" nicht zu weit geht: „Daß wir sterben müssen, geht uns alle ausnahmslos an, es ist die Menschheitstragödie schlechthin; daß wir aber katholisch sterben müssen, ist, zumindest für den nicht katholischen Zuschauer, nicht so unbedingt ausgemacht."

Die Salzburger Presse berichtet natürlich ausführlicher von dem Ereignis. Das deutschnationale und später nationalsozialistische *Salzburger Volksblatt* bringt am 5. August eine Vorbesprechung der *Jedermann*-Premiere, die moralische und religiöse Aspekte in den Vordergrund stellt: „Der Name ‚Jedermann' ist zutiefst symbolisch", der göttliche Richterspruch, der den dramatischen Mittelpunkt des Stückes bilde, betreffe nicht nur „einen reichen Mann, einen ‚Kapitalisten', wie es in dem Spiel aus Gründen der größeren Wirkung und Verständlichkeit dargestellt wird", sondern jeden Menschen. Der Premieren-Rezensent im *Volksblatt* vom 23. August übernimmt instinktiv die barocke Ideologie des Mysterienspiels und behauptet, die Aufführung sei „kein Theater mehr; sie erhob sich weit über die Weltlichkeit der modernen Bühne hinaus." Die Kritik bezeugt zudem zwei Elemente der damaligen deutschkonservativen Propaganda: Heiligkeit – das Ergebnis wahrer ästhetischer und kultureller Repräsentation – und die Überwindung der Moderne.

Heiligkeit und die Überwindung der Moderne

Am 1. August meldet die christlich-soziale *Salzburger Chronik* die bevorstehende Aufführung eines „Spiels vom Sterben des reichen Mannes aus dem Mittelalter, wie es einst auf deutschen Marktplätzen von fahrenden Komödianten aufgeführt wurde" – ein englisches Stück wird flugs zu einem deutschen erklärt. Die *Chronik* war nicht ganz so begeistert von Reinhardt wie das *Volksblatt*. In einem Artikel vom 13. August vermutet das Blatt, Reinhardt warte auf die notwendigen finanziellen Mittel und reine politische Luft, bevor er ganz nach Amerika gehe; er und sein Bruder und Geschäftspartner Edmund hätten einen Bauernhof in Schweden geerbt und warteten auf Visa, um von dort in die USA zu emigrieren. Die Besprechung in der *Chronik* vom 24. August ist dagegen enthusiastisch und findet auch für den Regisseur überschwängliches Lob. Eine Woche später schreibt derselbe Autor, Franz Donat, einen zweiten Artikel, indem er die verschiedenen Einwände gegen *Jedermann* zu entkräften sucht – Einwände, die von Beschwerden über das schlechte Wetter und die hohen

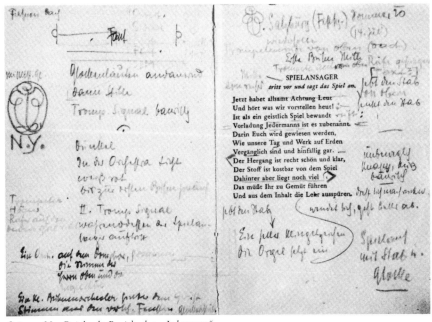

Seite aus Max Reinhardts Regiebuch zu „Jedermann"

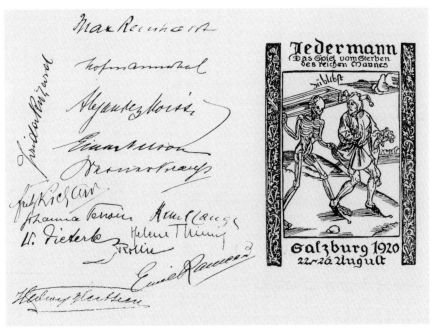

Theaterzettel zu „Jedermann" mit den Unterschriften der Mitwirkenden

Eintrittspreise bis zur „proletarisch-mittelständischen" und auch „antisemitischen Gegnerschaft" gegen die Aufführung selbst reichen. „Das Volk", schreibt Donat mit implizitem Hinweis darauf, dass die Einwände weit verbreitet seien, „fand sowohl den jüdischen Einfluß wie den jüdischen Zuzug zu stark. Auch dies sei nur der Objektivität wegen, nicht aus antisemitischem Geiste heraus festgestellt. Allerdings kontrastierte damit sehr scharf die Auffassung, die im ‚Jedermann' wieder etwas wie versteckten Klerikalismus zu sehen glaubte. Wie man sieht, es bekam jeder Teil, die eine Gegenseite wie die andere, gewissermaßen ihren Hieb." Donat kritisiert insbesondere die, wie er es nennt, „pseudo-klerikale" Empörung eines Artikels in der *Reichspost*, auf den ich später eingehe.

Die sozialdemokratische *Salzburger Wacht* teilt, wie die *Neue Freie Presse*, ihre Berichterstattung zur Eröffnung der Festspiele in eine positive Meldung und eine kritische Rezension. Eine Vorbesprechung am 18. August erwähnt anerkennend einen Aspekt, den die restliche Presse eigenartigerweise übersieht: dass sich die Salzburger Festspielhaus-Gemeinde verpflichtet hatte, die Einnahmen aus den Eröffnungsvorstellungen für wohltätige Zwecke zu stiften: für Veteranen, Witwen und Waisen von Kriegsopfern, für den Heimtransport österreichischer Kriegsgefangener und für amerikanische Kinderorganisationen. In einer Besprechung vom 23. August kritisiert die *Wacht* allerdings, das Stück habe dem Proletariat nichts zu sagen. „Die Tendenz der Moralität des Mysteriendramas wird heute jeder Proletarier, der die rührselige Geschichte von Jedermanns Glück und Ende, Reue und Tod liest, entschieden ablehnen müssen; solch Moralität und deren Lohn vermag nur den Beifall satter Bourgeoisie zu erringen." Dennoch schließt der Beitrag mit dem Wunsch, es möge eine Sondervorstellung für Arbeiter angesetzt werden. In einer zweiten, mit „A." unterzeichneten Besprechung fünf Tage später heißt es, das Stück käme auf einem **„Theaterei und Mache"** Marktplatz besser zur Geltung als auf dem Domplatz mit seinem Übermaß an „Theaterei und Mache".

Die eindeutig negative Presse schlägt mehrere Richtungen ein. *Der Merker* vom 1. September weist als erster daraufhin, dass die exorbitanten Eintrittspreise mit angeblichen Volksfestspielen nicht zu vereinbaren seien. „Die ganze Moralität", heißt es, „wurde mit Eifer tragiert. Ob aber die Moral der Zuschauer dadurch eine andere Richtung genommen hat, bleibt zu bezweifeln … Das Volk hingegen … ja, das Volk! Das stand etwa fünfhundert Schritte weit

Max Reinhardt mit Lillian Gish, 1928

weg hinter einem Kordon und begaffte die Auserwählten, die drei-hundert Kronen für einen Sitz zahlen konnten."

Die Kritik der *Deutschen Tageszeitung* ist nicht weniger deut-lich: „Salzburg will sich zur Festspielstadt entfalten, will ein öster-reichisches Bayreuth, will ein mitteleuropäisches Kulturzentrum werden, und die ‚Jedermann'-Aufführungen auf dem Domplatz waren das erste künstlerische Lebenszeichen des kühnen Unter-nehmens, zu dessen Durchführung nach den Plänen des Architek-ten Poelzig ein Kapital von mindestens hundert Millionen Kronen erforderlich wäre … Als künstlerisches Programm waren die ‚Jedermann'-Aufführungen unter Max Reinhardts Leitung jeden-falls ein schlimmes Zeichen: denn die seltsame Mischung von Katholizismus und Amerikanismus, die man auf dem Domplatz an der Arbeit sah, widerspricht geradezu dem Festspielgedanken, der doch, so sollte man meinen, in Salzburg dem Geiste Mozarts und der Musik der Landschaft entblühen müßte." Dass „Amerikanis-mus" schlicht ein Euphemismus für „Judentum" ist, wird zwei Absätze später klar, als Reinhardt bei seinem Geburtsnamen Max Goldmann genannt wird. Der Artikel zitiert einen „wohlfeilen Witz": der aus Pressburg stammende Reinhardt „sei an der Spitze ungarischer Kommunisten über die bayrische Grenze nach Salz-burg eingebrochen und habe den Dom besetzt und ausgeplündert, um sich seine wertvollsten Stimmungsrequisiten, die große Orgel und die Glocken, zu eigen zu machen".[5]

Die vehementeste Verurteilung – vehement genug, um einen kleineren Skandal zu verursachen – ist in der konservativen Wiener Tageszeitung *Die Reichspost* vom 26. August unter der Überschrift „Der Salzburger Dom und Jedermann" zu lesen. Der Verfasser, ein gewisser Dr. Otto Drinkwelder, Privatdozent zu Salzburg, erlangt damit für ein paar Wochen Prominenz in der österreichischen Presse. Reinhardt ist auch hier der Bösewicht: Mit der *Jedermann*-Inszenierung würden sowohl der Dom als auch der Katholizismus in ästhetischer wie religiöser Hinsicht entweiht. Reinhardt habe bedenkenlos die Domfassade im italienischen Barockstil mit „um etliche hundert Jahre" differierenden, „aus zwei Theatern in Wien und Berlin entlehnten" Kostümen zusammengewürfelt. Der Ein-satz der Orgel und der Domglocken zu Theaterzwecken sei ein Sakrileg. Am schlimmsten ist für Drinkwelder jedoch, dass das Innere der Domkirche als Hinterbühne und Garderobe, das Hauptportal als Auftritt zur Bühne dient: „Da stand eine Schau-spielerin gegenüber vom Sakramentsaltar und vollendete ihre Garderobe vor dem Spiegel, den ihr eine Dienerin vorhielt." Drinkwelder schließt mit der Frage „Katholisches Volk, wo bleibst du?"

„Katholisches Volk, wo bleibst du?"

Vier Tage später veröffentlicht das *Salzburger Volksblatt* eine Antwort von Erwin Rainalter mit der Überschrift „*Jedermann*, der Salzburger Dom und Herr Privatdozent". Rainalter verteidigt *Jedermann* als „frommes deutsches Spiel, das in seiner Frömmigkeit durch diesen Hintergrund noch die letzte Weihe empfing". Drinkwelders Argument sei „pharisäerhaft und jesuitisch". Rainalter schließt, in Anspielung auf Drinkwelder, mit der Frage: „Katholisches Volk, willst du es zulassen, daß ein Hetzer und sonderbarer Schwärmer, der päpstlicher ist als der Papst, dir ein schönes frommes Spiel verleiden will? ... Der Herr Privatdozent nimmt das katholische Volk gegen Reinhardt und Hofmannsthal in Schutz. Ich meine aber, es wäre notwendiger, das katholische Volk vor solchen Hetzkaplänen zu schützen, die mit ihrem unkontrollierbaren Wutgestammel nur ihren Glauben und ihren Beruf kompromittieren."

Das *Salzburger Volksblatt* will die Diskussion zwei Tage später, am 1. September, entweder beenden oder anheizen, indem es ein mit „Ein Salzburger Kind" unterzeichnetes Reimgedicht veröffentlicht, das beginnt mit: „Lasset die Dunkelmänner schrei'n! Sind gar viel Heuchler in ihren Reih'."

Im zweiten Festspieljahr erhält die *Jedermann*-Produktion mehr Vorauspresse als im ersten, aber verständlicherweise weniger Rezensionen. Die überwiegende Mehrheit der Zuschauer reist mit dem Auto aus Bayern an.[6] Die Kirchenglocken werden während der Aufführung nicht geläutet. Erwin Rainalter kritisiert in seiner Besprechung der Premiere das Publikum, das „zum großen Teil aus Menschen bestand, die nur hier saßen, um zu beweisen, daß sie trotz der enormen Eintrittspreise eben hier sitzen konnten."[7]

II

Die Verhandlungen mit Erzbischof Ignaz Rieder um die Genehmigung, *Das Salzburger große Welttheater* in der Kollegienkirche aufzuführen, wurden in Kapitel 2 geschildert. Die Premiere ist ein neuer Höhepunkt im sakralen Anspruch der Salzburger Mysterienspiele. Die Aufführung eines Mysterienspiels an einem kirchlichen Altar setzt zweifellos ein stärkeres Signal als die Aufführung vor einer Kirche. Mit *Jedermann* haben Hofmannsthal, Reinhardt und Roller (der die Bankett-Szene ausgestattet hat)

Das Salzburger große Welttheater, 1922. Sibylle Binder als Schönheit, Luis Rainer als Tod

gemeinsam dazu aufgefordert, ihr Theater als Evangelium zu betrachten; mit dem *Welttheater* sind sie der Meinung, diesen Status erreicht zu haben.[8]

Es ist schwierig und möglicherweise ungerechtfertigt, den sakralen Anspruch auf einen der drei Verantwortlichen zurückzuführen; er ist eher das Resultat ihrer Zusammenarbeit. Hofmannsthal möchte zweifellos ein sakrales Stück schreiben, doch für ihn ist das Sakrale mehr eine Frage des Texts als der Inszenierung. Rudolf Hirsch zufolge hat er zunächst die Felsenreitschule als Spielstätte im Auge und nicht die Kollegienkirche.[9] Reinhardt sucht die Theatralität der barocken Pracht und will die kirchliche Kulisse zudem, weil in der Kirche mehr Zuschauer Platz finden als in anderen überdachten Räumen. Im März 1922 schreibt Hofmannsthal an Georg von Franckenstein: „… ist es nun doch wahrscheinlich dass das ‚Welttheater‘ in dem Raum gespielt wird, den Reinhardt als den richtigen bezeichnet und für den – und nur für den – er seine völlig uneigennützige Mitwirkung zur Verfügung gestellt hat: in der Collegienkirche … Das Entscheidende war wohl das Wohlwollen das der gütige Erzbischof für das Stück gefasst hat, und seine warme einfache entschiedene Art dies auszudrücken – und dann auch seine Hoffnung und sein Wunsch, dass dadurch Geld gewonnen werden könnte um – vereint mit dem Geringen was der Staat tun kann – die schöne schon recht gefährdete Kirche zu retten.“[10] Wie bei vielen Aspekten der Salzburger Festspiele fließt die barocke Verherrlichung weltlichen Pomps und die Erinnerung an vergangenen Ruhm mit religiösen Ambitionen zu einem Stilprinzip zusammen.

Hermann Broch erkennt im *Welttheater* zu Recht eine Neuauflage des *Jedermann* mit höherem Anspruch. Das Szenarium ist auch hier ein katholisches Gottesgericht, nur steht diesmal statt eines einzelnen Mannes die Welt selbst vor dem Richterstuhl. Hofmannsthal scheint nun die ganze Welt durch das Theater erlösen zu wollen; man fühlt sich an Nietzsche erinnert, der Wagner als notorischen Erlöser bezeichnet: „Seine Oper ist die Oper der Erlösung. Irgendwer will bei ihm immer erlöst sein, vom ‚interessanten Sünder‘ (Tannhäuser) über den wandernden Juden (der Fliegende Holländer) bis zum ‚alten Gott‘ (Ring).“[11]

„Großer Welttheater-Schwindel“

Insgesamt erhalten die Festspiele 1922 relativ wenig Presse. Die vielleicht bekannteste Reaktion auf die Uraufführung des *Welttheaters* ist eine der wenigen eindeutig negativen Kritiken: Karl Kraus berichtet in der *Fackel* vom „großen Welttheaterschwindel“

mit einem Stück, dessen Credo „Herr, gib uns unser täglich Barock" laute. Er nennt Hofmannsthal, Reinhardt und Roller „die heilige Dreifaltigkeit" und den Schauspieler Alexander Moissi „tribus parvis impostoribus".[12]

Eine Vorbesprechung in der *Neuen Freien Presse* widmet sich der Problematik einer Theateraufführung in der Kollegienkirche; die laufenden Proben machten deutlich, dass der Inhalt des Stückes der heiligen Umgebung „nicht unwürdig" sei. Eine zweite Vorbesprechung im Feuilleton, von dem jungen Theaterwissenschaftler Joseph Gregor verfasst, beschäftigt sich mit der Tradition des „Welttheaters", betont die beispiellose Leistung des spanischen Barockdramas, das zum ersten Mal seit Aischylos Theater und Religion wieder vereint habe, und rühmt Hofmannsthal seinerseits dafür, dass sein Welttheater ganz im Sinne Calderóns Bühne und Altar vereine.[13]

Karl Kraus, 1908

Die *Neue Freie Presse* vom 14. August meint, das Stück habe ein Calderónsches Konzept in zeitlose Form gebracht und zu einem bewegenden Stück ausgearbeitet, „das für die Probleme unserer Zeit bedeutsam ist." Gleiches Lob ergeht an Reinhardt, vor allem für den „unvergeßlich eindrucksvollen Todestanz". Fünf Tage später bringt die *Reichspost* eine begeisterte Kritik, in der nichts mehr von der Drinkwelderschen *Jedermann*-Polemik zu spüren ist. Franz Donat lobt in der *Salzburger Chronik* vom 15. August den rein religiösen Charakter des Stücks, für das eine Kirche die angemessene Spielstätte sei. Erwin Rainalter schreibt im *Salzburger Volksblatt* vom 14. August: „Die Festspiele haben ihren Höhepunkt überschritten: Hofmannsthals Welttheater liegt hinter uns!" In derselben Ausgabe erscheint ein zweiter Beitrag von Joseph Gregor mit der Überschrift „Die Idee des Welttheaters". Darin heißt es: „Wir Menschen von heute wollen wiedererlangen, was unsere Vorfahren besaßen – wahre Religiosität."

Alles in allem stellt die österreichische Presse den religiösen Gehalt des Stückes in den Vordergrund, lobt Hofmannsthal und nimmt Reinhardts Inszenierung hin. Bemerkenswert sind im Vergleich dazu die ausländischen – die Festspiele werden 1922 bereits international beachtet – Pressereaktionen; sie lassen keinerlei Ehrfurcht vor der Darstellung eines neuen, religiös gefärbten österreichischen Nationalbewusstseins erkennen. W. J. Turner schreibt im *London Mercury*: „Die bloße inszenatorische Wucht war derart, dass man einfach ergriffen sein musste, auch wenn das Stück intellektuell und dichterisch völliger Stuss ist." Und Maurice Sterne

Ausländische Pressereaktionen

Das Salzburger große Welttheater, 1922. Alexander Moissi als Bettler

meint in *Theatre Arts*: „Es waren weder das Stück noch die Darsteller, die … Tausende von Zuschauern anlockten. Es war Reinhardts Inszenierung."[14]

Trotz der insgesamt positiven österreichischen Resonanz auf das *Welttheater* macht eine Kontroverse in der Presse die Runde. Es geht um die Figur des Bettlers, das einzige Element des Stückes, das Erzbischof Rieder ursprünglich als Sakrileg beanstandet hat. Im Prolog werden die Rollen unter den „Schauspielern" verteilt, die das „Mysterienspiel-im-Spiel" aufführen sollen; der für den Bettler vorgesehene Schauspieler (neben den Figuren Meister, Engel, Zweiter Engel, Welt, Vorwitz, Tod, Widersacher, Unverkörperte Seelen, König, Schönheit, Weisheit, Reicher und Bauer) weigert sich, seine Rolle zu spielen mit der Begründung, er wolle „eine Rolle, in der Freiheit ist". Der Engel bringt ihn mit dem Satz zum Schweigen: „Die Frucht aber der Freiheit ist eine: das Rechte zu tun." Rieder hatte einige Sätze des Bettlers als blasphemisch beanstandet, worauf Hofmannsthal einen Teil davon strich.[15]

Viele *Welttheater*-Rezensenten sehen in der Figur des Bettlers den Kern des Dramas und seiner Bedeutung. Die sozialdemokratische *Salzburger Wacht* schreibt am 14. August auf der ersten Seite, der Bettler stehe für das Proletariat, das wiederum für Österreich stehe. Auch Joseph Gregor erkennt in seinem oben zitierten Artikel im *Volksblatt* eine Metapher für die Nation. Raoul Auernheimer ist anderer Auffassung; er nimmt die Figur des Bettlers zum Anlass, seine Kritik am *Jedermann* von 1920 in der *Neuen Freien Presse* zu erneuern. Hofmannsthals Bettler sei keine positive Figur wie bei Calderón, der Autor habe Calderón wohl nicht sorgfältig gelesen: „Calderóns Bettler bettelt; der von Hofmannsthal bettelt nicht mehr." Hofmannsthals Bettler sei daher negativ zu verstehen. Seine wahre Identität: der Bolschewismus. Der Bettler verkörpere die Bedrohung für ein konservatives, in sich stabiles Gemeinwesen – im Stück die „zufriedene Gesellschaft" von König und Bauer.

Cynthia Walk stützt Auernheimers Interpretation zumindest teilweise mit der Hypothese, die Szene, in der der Bettler droht, die Weisheit mit der Axt zu erschlagen, offenbare die politisch-revolutionäre Bedeutung der Figur. Der Bettler werde unschädlich gemacht und zur passiven Religiosität besänftigt. Walk untermauert ihre Argumentation damit, dass das *Welttheater* für Reinhardt nach dem Tode Hofmannsthals als politische Allegorie immer wichtiger wird. 1937 skizziert er sogar eine geplante Hollywood-Verfilmung des Stückes, die im Frankreich von 1789 spielen soll, mit Danton als Bettler, St. Just als Tod, Robespierre und Marat als Widersacher, Robespierre als Reichem und natürlich Louis XVI. und Marie Antoinette als König und Königin. Das Projekt sei gescheitert, so Walk, weil sich die potenziellen amerikanischen Geldgeber nicht für ein revolutionskritisches Epos erwärmen konnten.[16]

Die zwölf *Welttheater*-Vorstellungen im Sommer 1922 entfachen erneut eine Diskussion um die hohen Eintrittspreise, die Karl Kraus mit „Ehre sei Gott in der Höhe der Preise" kommentiert.[17] Die Karten kosten 60.000 Kronen, bei Premieren werden sie für bis zu 500.000 verkauft. Am Tag der Uraufführung des *Welttheaters* veröffentlicht die Salzburger Landesregierung in der *Salzburger Chronik* einen Aufruf mit der Überschrift „Festspiele und Volksnot", der den Ausschluss der einheimischen Bevölkerung kritisiert: „Daß die einheimische Bevölkerung angesichts der bedrängten Wirtschaftslage an den Veranstaltungen kaum teilnehmen konnte, stand in bedenklichem Widerspruch zur Idee volkstümlicher Festspiele."[18] Um den Unmut etwas zu dämpfen, werden öffentliche *Welttheater*-Proben abgehalten, für die Karten zu 2000 und 10.000 Kronen erhältlich sind. Schließlich wird am 25. August auch noch eine Zusatzvorstellung für die örtliche Bevölkerung angesetzt.[19] Nicht nur für Festspielkarten werden überhöhte Preise verlangt; auch Restaurants und Hotels schlagen kräftig auf, wogegen die örtliche Presse ebenfalls protestiert.[20]

Festspiele und Volksnot

1922, auf dem Höhepunkt der Inflation, besitzt die österreichische Krone nur noch ein Fünfzehntausendstel ihres Goldwerts. Die Währung wird durch die Beschlüsse der Genfer Völkerbundkonferenz vom Oktober 1922 stabilisiert, bei der Kanzler Seipel eine Völkerbundanleihe über 650 Millionen Goldkronen aushandelt. Der neu eingeführte Schilling entspricht 10.000 alten Kronen. Langfristig ist diese Stabilisierung von entscheidender Bedeutung für die Salzburger Festspiele, den akuten Kollaps kann sie allerdings nicht mehr verhindern.

III

Die erste volle Festspielsaison nach 1922 findet im Jahr 1925 statt, das zum Jahr des Mysterienspiels wird. Eröffnet wird die Saison mit einer Neuinszenierung des *Welttheaters*, diesmal nicht mehr in der Kollegienkirche, sondern im Festspielhaus. Die Verlegung bedeutet einen Sieg sowohl für die konservativen Salzburger

Das Mirakel, 1925.
Diana Cooper als Madonna

Katholiken, die mit einer Bespielung des Altars nicht einverstanden sind, als auch für Hofmannsthal, der ursprünglich (wenn auch aus völlig anderen Gründen) die Felsenreitschule favorisiert hat. Es stehen noch zwei weitere Mysterienspiele auf dem Plan: Karl Vollmöllers Pantomime *Das Mirakel* und Max Mells *Apostelspiel*. Vollmöllers Stück, ursprünglich für 1924 angesetzt, ist ein weiteres Vehikel für Reinhardts religiös bemäntelten Theaterzauber. 1911, als er die *Jedermann*-Uraufführung in Berlin herausbringt, inszeniert er auch *Das Mirakel* in London. 1923 gastiert er damit in New York; Reinhardt und seinem Assistenten Rudolf Kommer gelingt ein Coup, der dem Stück den erhofften Erfolg beschert: Sie gewinnen für die Rolle der Madonna die englische Schauspielerin und Politikergattin Diana Manners (Diana Cooper). Cooper spielt die Rolle auch in Salzburg – und sichert der Produktion damit den Erfolg.

Obwohl es keinerlei Hinweise gibt, dass sie sich den religiösen Aspekten des Stückes – oder der Festspiele insgesamt – verbunden fühlt, stärkt Coopers Anwesenheit in Salzburg die Beziehungen zwischen den Festspielen und der konservativen britischen Aristokratie, mithin: die konservative Salzburger Ideologie. Als Gattin des konservativen Innenministers Duff Cooper gehört sie zu einem politisch-gesellschaftlichen Kreis, der sich (anders als viele britische Konservative Mitte der 30er Jahre) als Gegner der Nationalsozialisten herausstellen wird, wenngleich er durchwegs antisemitisch ist. 1923, während der Verhandlungen zum New Yorker *Mirakel*-Gastspiel, schreibt sie zwei überschwängliche Briefe an „my dear Herr von Hofmannsthal"; als sie Hofmannsthal 1925 in Salzburg kennenlernt, berichtet sie ihrem Mann, er sei „ein perfekter englischer Gelehrter, ein Jude, nehme ich an".[21]

Max Mell ist bereits eine etablierte Figur. Als selbsterklärter konservativer Katholik steht er seit 1907 in regelmäßigem Kontakt zu Hofmannsthal und hatte an der „Österreichischen Bibliothek" mitgearbeitet.[22] Wie Hofmannsthal versucht Mells katholisches Schauspiel die Barocktradition mit dem zeitgenössischen Volkstheater zu verbinden. Er wird mit Hofmannsthal verglichen bezüglich des „Manierismus, der moderne Bestrebungen, eine ‚volkstümliche' Kultur wiederzubeleben, verhunzt".[23] Mells Engagement für die Festspiele 1925 geht über das Stück hinaus; er lehnt die Verlegung des *Welttheaters* ins Festspielhaus ab, weil diesem der intime, festliche Charakter der Kirchenkulisse fehle.[24]

Die Wiedereröffnung der Salzburger Festspiele 1925 mit diesen Werken macht unmissverständlich klar, dass das Genre des Mysterienspiels im Mittelpunkt des Schauspielrepertoires steht und dass sich daran nichts ändern wird. Wenn der Reinhardtsche Theaterzauber daran ebenso Anteil hat wie die religiösen Ambitionen der Festspielmacher, so darf darüber nicht vergessen werden, dass Reinhardt engagiert – oder eher: in Kauf genommen – wird, weil er diesen Ambitionen und der konservativen politischen Ideologie förderlich ist. C. E. Williams bemerkt zur antirevolutionären Stoßrichtung des *Welttheaters*: „Das Festspielpublikum der frühen 20er Jahre bestand aus kirchlichen Würdenträgern, katholischen Intellektuellen, führenden Mitgliedern der regierenden Christlich-Sozialen, Besuchern aus der ländlichen Umgebung von Salzburg, Oberösterreich und Bayern sowie Touristen aus Amerika und Europa. Ein weitgehend konservatives Publikum erlebt die Wiedereinsetzung einer konservativen Gesellschaftsdoktrin im Gewand religiöser Erbauung."[25] Williams übersieht dabei lediglich, dass Katholizismus und Konservativismus in der österreichischen Politik der 20er Jahre eng miteinander verflochten sind; die konservative Gesellschaftsdoktrin erwächst aus der Ideologie des katholischen Barock, die in den Mysterienspielen und darüber hinaus eine enge Verbindung mit religiöser Kultur eingeht, nicht etwa nur deren Funktion ist.

> **„Konservative Gesellschaftsdoktrin im Gewand religiöser Erbauung"**

Das Salzburger Mysterienspiel mit seiner Verbindung von konservativer Theatralität und religiösem Konservativismus erlebt seinen Höhepunkt in Reinhardts *Faust I*-Inszenierung von 1933. Natürlich unterscheidet sich *Faust* in vielerlei Hinsicht vom bisherigen Repertoire. Abgesehen von augenscheinlichen Unterschieden ist es schlichtweg unmöglich (und zeugt von einiger Arroganz), *Faust* in ein Dreigespann katholischer Mysterienspiele einzureihen. Die anderen beiden Stücke sind als Mysterienspiele konzipiert; *Faust* wird als solches rezipiert und interpretiert. Die Wandlung des *Faust* vom Höhepunkt der protestantischen deutschen Romantik zum Prunkstück des katholisch-österreichischen Konservativismus gehört zu den interessantesten ideologischen Operationen des Salzburger Festspielunternehmens.

Hofmannsthal hat den Weg bereits geebnet, indem er *Jedermann* und *Welttheater* mit zahlreichen Anspielungen und Leitmotiven aus *Faust* versieht. *Jedermann* ist im Goetheschen Tetrameter geschrieben; die Eröffnungsszene ist, was Szenarium und Figurenkonstellation betrifft, eine Kombination aus dem „Vorspiel auf dem Theater" und dem „Prolog im Himmel" aus *Faust I*. Jedermann, um den die Mächte des Guten und des Bösen kämpfen,

Szene aus „Faust I" (Walpurgisnacht), 1933

Die „Faust-Stadt" in der Felsenreitschule

7. Kapitel: Das Festspielrepertoire im Kontext 1920–1943

wird faustischen Versuchungen ausgesetzt. Die entscheidende Szene zwischen Jedermann und der Buhlschaft hat durchaus Ähnlichkeit mit der Szene, in der Faust und Mephistopheles ihren Pakt schließen.[26]

Im Zusammenhang mit dem *Welttheater* kommt Hofmannsthal 1922 in einem Brief an Richard Strauss selbst auf diese Parallele zu sprechen: „Es ist in dem Gedicht freilich ein religiöses Element, wie auch im ‚Faust‘ –, auch ein christliches, denn das Christentum zusammen mit der Antike ists, worauf wir alle ruhen – aber katholisch gebunden ists so wenig als der ‚Jedermann‘, ja im Innersten noch viel freier als der." Die Verneinung der katholischen Aspekte wirkt ein wenig unaufrichtig; sie ist die Reaktion auf eine Bemerkung von Strauss, die „katholisch dogmatische Gebundenheit" des Stücks habe ihn gestört.[27] Die auch für Außenstehende unschwer zu erkennenden textlichen Parallelen zwischen *Welttheater* und *Faust* sind nicht unmittelbar religiöser Natur, sondern beziehen sich auf die gemeinsame theatrale Rahmenhandlung. *Faust* beginnt mit zwei Vorspielen: einem Gespräch zwischen Gott und Teufel, in dem die Wette um Fausts Seele geschlossen wird, und einem „Vorspiel auf dem Theater", in dem der Direktor als Drahtzieher des Stückes die Rolle Gottes übernimmt. *Das große Salzburger Welttheater* beginnt mit der Verteilung der Rollen, der „Meister" bezeichnet sich selbst als „Bühnenmeister". Die Welt fragt: „Meister, was befiehlst du mir, deiner Magd?" Die Antwort: „Ein Fest und Schauspiel will ich dir bereiten. Dazu die Bühne heiß' ich dich aufschlagen. Heb dich und gehs an!"[28]

„Großes Welttheater" und „Faust"

Die interessanteste Parallele muss allerdings Spekulation bleiben. Mir scheint, der Schritt vom *Jedermann* zum *Welttheater* entspricht dem Schritt von *Faust I* zu *Faust II*. In beiden Fällen verlagert sich die Handlung vom Leben eines Einzelnen in kosmische Regionen. Faust und Jedermann sind Gegenstand der ersten Stücke; nichts geringeres als die Welt, zumindest die deutsche Welt, ist Gegenstand der beiden zweiten. Doch in *Faust II* behandelt Goethe die Weltgeschichte anhand einzelner, kunstvoller Geschichtsvignetten, vom wirtschaftlichen Elend des Heiligen Römischen Reiches nach dem Dreißigjährigen Krieg über die Geschichte der deutschen Klassik und Romantik bis zum Verhältnis von Massengesellschaft und Technik in der modernen (postnapoleonischen) Zeit. Für Hofmannsthal erübrigt sich durch das Prinzip des *theatrum mundi* die differenzierte Darstellung der Geschichte in Einzelepisoden zugunsten einer schlichten Behauptung der Welt als barocker Totalität. Goethe glaubt, dass sich die Weltgeschichte nicht auf der Bühne darstellen lasse. *Faust II* ist daher ein metatheatrales Werk. Vor eine solche Herausforderung gestellt, hat das Theater nur begrenzte Ausdrucksmittel; es präsentiert eine Metapher, die angesichts der riesigen, sich selbst ad absurdum führenden darstellerischen Aufgabe unwirksam wird. Die erste Zeile des letzten Verses – „Alles Vergängliche ist nur ein Gleichnis" – kommentiert sowohl die im Schauspiel repräsentierte Welt als auch den Prozess der Repräsentation an sich. Das Schauspiel spricht über sich selbst. Für Hofmannsthal dagegen ist das Theater – in Gestalt des *theatrum mundi* – religiös und epistemologisch beglaubigt und daher omnipotent in der Darstellung der Wirklichkeit, der materiellen wie der spirituellen. Der Kosmos lässt sich durch theatrale Allegorie darstellen. Das Verhängnis der Salzburger Mysterienspiele besteht somit im Absinken der Metapher in allegorische (und moralische) Trivialität.

Diese *Faust*-Problematik lässt sich an einem zweiten Beispiel illustrieren: Gustav Mahlers Vertonung der Schlussszene von *Faust II* im zweiten Satz seiner Achten Symphonie von 1906. Mahler erkennt, dass diese Szene, mehr als alle anderen Szenen des Stücks, nicht mit Bühnenmitteln zu bewältigen ist, und komponiert den Satz quasi als uninszenierbare Meta-Oper. Mahlers Symphonie ist wie Goethes Schauspiel ein Zeugnis für die Grenzen (und metaphysisch gesehen: die Ohnmacht) der Repräsentation.

„Faust I" in der Felsenreitschule

Reinhardts *Faust I* wird am 17. August 1933 unter freiem Himmel in der Felsenreitschule aufgeführt. Als naiver, pragmatischer Theatervirtuose hat Reinhardt keine philosophischen Skrupel bezüglich darstellerischer Grenzen, sondern lediglich praktische. Mit *Faust II* kann er nichts anfangen; seine Inszenierung von 1933 reduziert *Faust* auf die konservative, hypernaturalistische Geschichte von Faust und Gretchen, also den Teil der Handlung, der zum Mythenschatz jedes deutschen Schulkindes gehört. Reinhardt verwirklicht eine Vision, die Hofmannsthal sechzehn Jahre zuvor in seinen ersten Plänen für die Salzburger Festspiele entworfen hat: die Wiederentdeckung des *Faust* als moralische Erbauung fürs Volk. Reinhardts *Faust* ist, so Hans Conrad Fischer, ein „Volksstück" mit Betonung auf „Seele" statt auf „Denken".[29] Die völlige Außerachtlassung von Teil II (die zugegebenermaßen auch an deutschen Theatern und Schulen im 19. Jahrhundert gängige Praxis ist) gestattet es, das Ende von Teil I als Ende des gesamten Stücks zu betrachten: die endgültige christliche Erlösung Fausts durch Gretchens Liebe (eine Art *Fliegender Holländer*-Szenarium) statt einer vorübergehenden Verschnaufpause für Faust, den ewig Strebenden.

Reinhardts *Faust*, die Rückübereignung des größten deutschen Schauspiels an das Volk, entbehrt nicht einer gewissen Ironie. Am 28. Mai hat Hitler, als Reaktion auf Angriffe der Christlich-Sozialen gegen österreichische Nationalsozialisten, eine Gebühr von 1000 Mark für jeden Deutschen eingeführt, der die österreichische Grenze überschritt: die „Tausend-Mark-Sperre". Die Maßnahme soll dem gesamten österreichischen Tourismus schaden, doch die Salzburger Festspiele, deren größte ausländische Klientel aus den bayerischen Nachbarn besteht, haben am stärksten darunter zu leiden. Die *Neue Freie Presse* schätzt, dass die Besucherzahl im Vergleich zum Vorjahr um 20 bis 25 Prozent geringer gewesen sei. Es habe auch keinen nennenswerten Anstieg französischer, englischer, italienischer oder tschechischer Besucher gegeben.[30] Desungeachtet klingt in einem Artikel derselben Zeitung am Tag vor der *Faust*-Premiere leichte Schadenfreude an, als unter der Überschrift „Salzburg als Fremdenstadt" die Zusammensetzung der ausländischen Touristen genannt wird: „England führt, dann kommt das ‚F' der Franzosen und das ‚CS' der Tschechen, aber auch die noblen Kennzeichen der Italiener, Belgier, Schweizer, Holländer und Ungarn."[31]

IV

Die erste Mozartaufführung der Salzburger Festspiele, ein Orchesterkonzert am 2. August 1921 unter Leitung Bernhard Paumgartners, ist der *Neuen Freien Presse* vom 4. August eine Besprechung wert, die das internationale Publikum aus „Deutschen und Franzosen, Amerikanern und Japanern, Engländern und Chinesen, allesamt verehrungsvoll im Geiste Mozarts vereint" erwähnt. Der Kritiker desselben Blattes schließt im Jahr drauf seinen Bericht über die Mozartopern mit ähnlichen, aber deutlicheren Worten: „Die Absicht in Salzburg, eine Pflegestätte österreichischer, deutscher Kultur zu errichten, ist auch politisch von hoher Bedeutung. Denn das verarmte Österreich beweist damit, dass es noch immer reich ist an künstlerischen Impulsen, an künstlerischen Werten, die es der Welt zu schenken vermag; es beweist, dass auch der Krieg unsere idealen Bestrebungen nicht zu zerbrechen vermochte, dass wir fest entschlossen sind, wenigstens in diesem

Erste Mozartauffüh-rung: 2. August 1921

Don Juan (Don Giovanni), 1929, Titelrolle Karl Hammes

Die Zauberflöte, 1937. Jarmila Novotna als Pamina, Willi Domgraf-Faßbaender als Papageno

7. Kapitel: Das Festspielrepertoire im Kontext 1920–1943

einen Punkt an unseren ruhmreichen Überlieferungen festzuhalten und den unerschütterlichen Zusammenhang Österreichs mit seiner Musikkultur auf diese Weise zu dokumentieren … (Diese) Aufführungen bedeuten eigentlich schon Erfüllung des wichtigsten Programmpunkts." (17. August 1922) Mozart wird zur Galionsfigur des nationalistischen Salzburger Weltbürgertums, das sich die Verbreitung deutscher Kultur über alle Welt zur Aufgabe macht.

Mozart als „Galionsfigur des nationalistischen Salzburger Weltbürgertums"

Von allen für die Festspiele vorgesehenen Werken ist hierzu, zumindest in den Augen von Hofmannsthal, Mozarts *Don Giovanni* am besten geeignet. Die wahrscheinlich größte Oper von Salzburgs berühmtestem Sohn lässt sich wirkungsvoll als Mysterienspiel auslegen. Mozart lässt in all seinen Werken viel interpretatorischen Spielraum, im *Don Giovanni* erreicht er wohl seinen Höhepunkt; jede Inszenierung steht vor der Wahl, den Don als Helden oder Antihelden zu deuten: als über der Gesellschaft stehendes Wesen, das von den gewöhnlichen Sterblichen seiner Umgebung beneidet wird, oder als Teufel, der seine Lektion im unvermeidlichen Untergang lernt. Im Epilog ziehen die Überlebenden eine moralische Bilanz, doch es gibt keinerlei Hinweis, dass Mozart (oder Da Ponte) in diesem unspektakulären kurzen Sextett ihre persönliche Meinung zum Ausdruck bringen. Diese Entscheidung liegt bei der jeweiligen Inszenierung.

Don Giovanni als (erlöster oder unerlöster) Antiheld passt gut in die Gesellschaft von Jedermann und Faust. Die aus dem spanischen Barock stammende Figur liefert eine Querverbindung – so man eine sucht – zu Calderóns *Gran teatro del mundo*, das – via Grillparzer – die Vorlage zum *Welttheater* abgibt. Doch um Hofmannsthals *Don Giovanni*-Interpretation umzusetzen, hätte es einer festspieleigenen Produktion bedurft. Dazu fehlen die Mittel; unter dem willkürlich gewählten Titel *Don Juan* und – um sie von der italienischen Fassung zu unterscheiden – auf deutsch gesungen, eröffnet das Werk am 14. August 1922 einen Zyklus mit vier Mozartopern, alles Produktionen der Wiener Staatsoper in der Regie von Hans Breuer, mit Bühnenbildern von Alfred Roller. Der *Don Juan* war bereits 1906 anlässlich des 160. Geburtstags des Komponisten in Salzburg gezeigt worden, mit Gustav Mahler am Dirigentenpult und Lilli Lehmann als Donna Anna.

Die anderen drei Opern, alle auf deutsch gesungen, sind *Così fan tutte*, *Die Hochzeit des Figaro* und *Die Entführung aus dem Serail*. Die merkwürdig anmutende Entscheidung für die *Entführung* in Verbindung mit drei „Hauptwerken", deren viertes die

Zauberflöte ist, hat ihren besonderen Grund. Weitgehend ein Produkt der „Türkenbegeisterung", von der Wien im 18. Jahrhundert (nach dem Ende der türkischen Bedrohung) erfasst war, ist die *Entführung* eine komische Darstellung des Ost-West-Problems. Das interessanteste daran ist in unserem Zusammenhang der überraschende Schluss: Der türkische Pascha entpuppt sich als aufgeklärter Herrscher, der auf das Barbarentum seines ehemaligen abendländischen Feindes (des Vaters des verliebten Helden) hinweist. Österreich hat 1922 ein Ost-Problem: nicht mit den Türken, sondern mit den Tschechen und Ungarn. In diesem Klima ist die *Entführung* ein Aufruf zur Versöhnung, wie später auch Hofmannsthals *Arabella*, die 1928 vollendet ist und 1942 zum ersten Mal in Salzburg aufgeführt wird.

In den Jahren vor dem Zweiten Weltkrieg ändert sich kaum etwas an den Salzburger Mozartinszenierungen; 1934 und 1937 werden *Don Giovanni* und *Die Hochzeit des Figaro* jedoch auf italienisch gegeben. 1938 und 1939 behält die nationalsozialistische Regierung diese Praxis bei, um mit dieser Geste, wie Hans Conrad Fischer zeigt, das deutsch-italienische Bündnis zu festigen. Während des Krieges wird *Figaro* wieder auf deutsch aufgeführt; 1946 kehren italienische Versionen beider Opern zurück. Die verbindliche Geste der Nazis hält offensichtlich nicht bis in den Krieg, als alle nationalen Register gezogen werden; die Sprache, in der gesungen wird, ist eine wichtige ideologische Frage.

Zwischen 1938 und 1945 stehen die Salzburger Festspiele teils umständehalber, teil ganz bewusst im Dienste der Nazi-Ideologie. Arturo Toscanini, der sich 1933 weigert, nach Bayreuth zurückzukehren, steht anschließend bei den Festspielen am Pult; 1936 und 1937 dirigiert er in Salzburg *Die Meistersinger von Nürnberg*. Nach dem Anschluss arbeitet er auch dort nicht mehr. *Die Meistersinger* unter der Leitung von Wilhelm Furtwängler sind das ideologisch angemessene, zentrale Opernwerk der Festspiele von 1938. Am anschaulichsten illustriert jedoch eine *Zauberflöte*-Inszenierung die Entwicklung vom Barock zum Nationalsozialismus nach 1938, als Hofmannsthal aus dem Spielplan verbannt ist.

Mit der *Zauberflöte* versucht Mozart, die Kluft zwischen Oper und Volkstheater zu überbrücken; daher hat sie als einzige Oper aus dem Spätwerk einen deutschen Text. Die Handlung – es geht um die Neuweihung eines Priesterordens und die Wiederherstellung von Recht und Ordnung, nachdem die Herrschaft des Bösen zu (nicht näher erklärten) chaotischen gesellschaftlichen und

Arturo Toscanini, 1937

Le Nozze di Figaro, 1938. Marta Rohs als Cherubino, Maria Cebotari als Gräfin

Hitler besucht am 14. August 1939 „Die Entführung aus dem Serail" im Stadttheater

7. Kapitel: Das Festspielrepertoire im Kontext 1920–1943   209

moralischen Zuständen geführt hat – wird nicht von einem so umfassenden Happy-End gekrönt wie *Die Frau ohne Schatten*, die der *Zauberflöte* im 20. Jahrhundert nacheifert. Beide Opern stellen ein adliges Paar einem Paar aus dem Volk gegenüber, doch *Die Zauberflöte* vereint die vier Hauptfiguren nicht in einer gemeinsamen moralischen Läuterung; als der adlige Held Tamino schließlich zum neuen weltlichen Herrscher und – in Sarastros Nachfolge – zum Anführer des Priesterordens ernannt wird, ist das Paar aus dem Volk nicht mehr dabei. Dieses Zeremoniell beschwört mehr die Welt von Monsalvat, Gurnemanz und Parsifal herauf als die der Aufklärung.

„Zauberflöte" als gemeinsamer Nenner zwischen Barockkult und völkischer Ideologie

Damit bietet sich *Die Zauberflöte* als gemeinsamer Nenner zwischen dem Salzburger Mozart- und Barockkult und der völkischen Ideologie des Dritten Reiches geradezu an. 1941 wird sie anlässlich von Mozarts 160. Todestag in den Spielplan aufgenommen. In diesem Zusammenhang entwickelt sich ein ästhetischer und ideologischer Disput zwischen den beiden tonangebenden Salzburger Dirigenten Clemens Krauss und Karl Böhm. Beide haben 1940 – Krauss in München, Böhm in Dresden – eine in der Presse vielbeachtete Neuproduktion der *Zauberflöte* dirigiert. Im Winter 1941 bringen Herbert von Karajan, Gustaf Gründgens und Traugott Müller in Berlin eine moderne Inszenierung mit stilisierten Bühnenbildern und Kostümen heraus. Die Produktion gastiert in Wien und ist für Salzburg geplant. Karl Böhm legt gegen den Modernisierungstrend, vor allem im Hinblick auf das laufende Gedenkjahr, vehementen Protest ein und bietet eigene Regisseure auf: die konservativen Heinz Arnold und Ludwig Sievert. Clemens Krauss sympathisiert mit Gründgens. Weder Kosten noch Mühen scheuend, einigt man sich schließlich auf zwei Produktionen: die erste, mit Böhm am Pult, in der Regie von Arnold und einem Bühnenbild von Sievert, wird 1941 gezeigt, die zweite, von Krauss dirigiert und (im Stil von Gründgens) inszeniert, steht 1943 auf dem Programm.[32]

Die Böhm/Arnold/Sievert-Produktion möchte den unschuldigen Märchencharakter von Text und Partitur wiederbeleben und streicht alle ägyptischen und freimaurerischen Elemente, die allzu offensichtliche politische Anspielungen zulassen. Krauss hingegen möchte die Volkstheaterelemente betonen und stellt den künstlichen Charakter der Theatermittel aus: Umbauten bei offenem Vorhang, Donnermaschinen und so weiter. Doch als er seine Münchner *Zauberflöte* von 1940 drei Jahre später in Salzburg präsentiert, hat sie sich so stark verändert, dass sie sich nicht mehr drastisch von Böhms Fassung unterscheidet. Sarastro, der Isis-Priester und aufgeklärte Herrscher, ist wie gewohnt ein weiser alter Mann. 1940 hatte Krauss die Oper als Sonnenmythos, der eine neue Rasse begründet, inszeniert und Sarastro als Führer eines Apollo-Kults gezeigt: jung, bartlos, heroisch, mit Schild und Speer.[33]

Aus diesen Vorgängen lassen sich meines Erachtens zwei Schlüsse ziehen. Erstens: Mozart kann zum Gegenstand ideologischer Interpretation und Diskussion werden, ein Schicksal, das man normalerweise mit Wagner verbindet. Dass Mozarts Opern wesentlich weiter von ideologisch ausbeutbarer Dogmatik entfernt sind als die Richard Wagners, hindert die Interpreten nicht daran, in ihnen genau das zu finden, was sie suchen. *Die Zauberflöte* will „hohe" und „niedrige" Musik und Kultur zu einer Aufklärungs-utopie vereinen, ein Anspruch, der angesichts der Entstehungszeit der Oper – 1791, kurz nach dem Tode Josephs II., des aufgeklärtesten Habsburger-Monarchen und Förderer Mozarts[34] – besonderes Gewicht hat. Doch abgesehen vom Problem des aufgeklärten Tyrannen ist das aufklärerische Prinzip der Überwindung gesellschaftlicher Unterschiede nicht mit dem ideologischen Prinzip ihrer Leugnung gleichzusetzen. Wie in meinen Ausführungen zur *Zauberflöte*-Handlung angedeutet, ist die Frage, welches Prinzip auf das Werk eher zutrifft, eine Frage der Interpretation. Selbst wenn man *Die Zauberflöte* als ernst gemeintes Hohelied auf das Aufklärungsideal der Überwindung gesellschaftlicher Unterschiede verteidigt, gelingt es der völkischen Ideologie des 19. Jahrhunderts, die mit der Kategorie des Volkes soziale Unterschiede gerade leugnet, problemlos, die ideologische Botschaft der Oper für sich in Beschlag zu nehmen. Die Salzburger Festspielideologie beruht von Anfang an auf dem Postulat eines geschlossenen Gesellschafts-körpers – auch wenn diese Vorstellung eine barocke und keine völkische ist; nach 1938, als die Festspiele in nationalsozialistischer Hand sind, wird *Die Zauberflöte* zum idealen Werk, um die Einheit von Österreich und Deutschland in der vorgeblichen Harmonie von barocker und völkischer Gesellschaftsideologie zu bekräftigen. Der Übergang von barocker zu völkischer Totalität ist ein fließender.

Das bedeutet, dass beide Inszenierungskonzepte der *Zauberflöte*, der völkische Militarismus von Gründgens und Krauss ebenso wie der unschuldige Burgtheaterstil von Sievert und Böhm, dem beabsichtigten ideologischen Programm gedient hätten – und letztlich gedient haben. Zwar entschärft Clemens Krauss, der der Oper 1940 in München – den Vorlieben des Dritten Reiches entsprechend – eine „Heiliger Krieg"-Ästhetik à la Stefan George überstülpt, sein Konzept für die Salzburger Produktion erheblich; doch die Verwandlung Sarastros vom Krieger zum weisen alten Ratgeber hat weniger zu bedeuten als man annehmen möchte. Vielleicht führt Salzburgs Aura heiliger Unschuld, für die Krauss – erklärter Nazi der ersten Stunde und illegitimer „Habsburger" – besonders empfänglich ist, zu dieser Änderung.[35] Desungeachtet spielt seine Salzburger *Zauberflöte* von 1943 dieselbe Rolle wie die Konkurrenzproduktion: Beide bekräftigen den endgültigen Abstieg der Salzburger Festspiele wie der offiziellen deutsch-österreichischen Kultur in den Kitsch.[36]

Abstieg in den Kitsch

ZUSAMMENFASSUNG: TRANSFORMATIONEN DES BAROCK

Die Geschichte der Salzburger Festspiele und ihrer Bedeutung zeigt, wie ein vieldeutiges System kultureller Repräsentation unter dem Druck ideologischer Ansprüche verarmt und verflacht. Dies war Thema der vorausgehenden sieben Kapitel. Als Beispiel für die Verflechtung von Ideologie und Repräsentation in der folgenreich gescheiterten Ersten Republik des Reststaates Österreich – einer Epoche, die mit dem Übergang von der Monarchie über den „Austrofaschismus" zum Nationalsozialismus bleibende historische Bedeutung hat –, illustrieren die Festspiele, wie Ideologie und brutale Simplifizierung über kritische Kultur und mehrdeutige Repräsentation triumphieren. Ich will damit nicht behaupten, dass es nach 1938 in Österreich keinen – politischen oder kulturellen – Widerstand gegen den Nationalsozialismus gab oder dass die Kultur in der Nazizeit frei von Konflikten und Streitpunkten war. Aber die offizielle Nazikultur war es; und die Salzburger Festspiele, eine Institution der offiziellen Kultur, stellten sich in den Dienst der nationalsozialistischen Ideologie.

Auch wenn es Kennzeichen der kulturellen Barbarei selbst ist, jede Mehrdeutigkeit zu verneinen, ist es nicht angebracht, sie ihrerseits als einen mehrdeutigen Prozess zu relativieren; sie muss eindeutig benannt werden. Das Jahr 1938 markiert für Österreich den Eintritt in eine Epoche, die eine klare Stellungnahme erfordert, und selbst wenn die Kategorien Gut und Böse für den analytischen Beobachter schwer auszumachen sind, muss bei einer historischen Deutung die Frage der Komplizenschaft oder Nicht-Komplizenschaft untersucht werden. Es erscheint obszön, das Böse mit einem angeblichen kulturellen oder nationalen Ausnahmezustand Österreichs zu erklären, der sich seinerseits auf kulturelle, nationale oder auch moralische Mehrdeutigkeit beruft.

Wie wir gesehen haben, sind die Festspiele und ihr kultureller, intellektueller und politischer Kontext zugleich weltbürgerlich und nationalistisch, aufklärerisch und gegenaufklärerisch, barock und völkisch, katholisch und jüdisch. Dies schlägt sich indes nicht in einer kulturellen Vielfalt nieder, die 1938 von außen zerstört worden wäre; Vielschichtigkeit und Mehrdeutigkeit werden vielmehr durch die einsetzende Ideologisierung von innen ausgehöhlt. Und die vielleicht sensibelste Gestalt des österreichischen Geisteslebens trägt die größte Verantwortung für die kulturelle Simplifizierung. Hofmannsthal macht sich ganz bewusst zum Ideologen, und sein eigenes Denken und Schaffen leidet als erstes darunter. Wenn seine intellektuelle Biografie sich denn tatsächlich im paradigmatischen Konfliktfeld von kritischer Moderne und ideologischem Konservativismus, symbolischer Offenheit und allegorischer Geschlossenheit bewegt, so führen seine Aktivitäten nach 1914 zur gleichermaßen paradigmatischen Niederlage der Moderne und ihrer Formenvielfalt, die Hofmannsthal zuvor selbst ausgelotet hat.

Hofmannsthal trägt zu einem ideologischen Klima bei, das seine ureigene kulturelle Mehrdeutigkeit („Dekadenz" im Nazijargon) schließlich für zerstörenswert erklärt. Der katholische Konservativismus österreichischer Prägung ist kein Nationalsozialismus; wäre Hofmannsthal nicht 1929 gestorben, wäre er wie sein katholisch-konservativer Mitstreiter Franz Rehrl beim Anschluss mit größter Wahrscheinlichkeit entsetzt gewesen – ganz zu schweigen von der Rolle, die seine jüdische Abstammung gespielt hätte. Ob ihn die politischen Ereignisse bewogen hätten, sein Österreichbild zu überdenken, bleibt eine andere Sache. Bei Max Reinhardt, der lange genug lebt, um von den österreichischen Nazis verfolgt und ins Exil getrieben zu werden (er stirbt 1943 in New York), gibt es keine Hinweise in diese Richtung. Seine Mirakelspiele – einschließlich der im Exil in den USA inszenierten – beweisen einen ungebrochenen Glauben an Theatralität und Totalität. Der Hang zu kultureller Totalität und die Abwehr von Fragmentierung und Mehrdeutigkeit, die Hofmannsthal und Reinhardt trotz enormer anderer Differenzen verbinden, erweisen sich als gemeinsamer Nenner zwischen Barock und Faschismus, zwischen dem *Salzburger großen Welttheater* (als Text und historischem Kontext) und dem politischen Theater des Nürnberger Reichsparteitags von 1934.

Im Triumph einer politisierten ästhetischen Ideologie über die kritische Moderne bestätigt sich Walter Benjamins berühmte Unterscheidung zwischen der Ästhetisierung des Politischen und der Politisierung des Ästhetischen. Übernimmt die ästhetisierte Politik die Macht, wird die politisierte Ästhetik zum Prinzip kritischer Auseinandersetzung mit ihr; dies gilt auch für eine kritische Geschichtsschreibung, die die Wechselwirkung von politischer und ästhetischer Ideologie zu ergründen sucht. Die Verbannung von Mehrdeutigkeit und kritischer Moderne aus Österreich treibt viele überlebende Intellektuelle ins Exil. Hermann Broch und Arnold Schönberg, um nur zwei Figuren zu nennen, die über die Auseinandersetzung mit dem österreichischen Neobarock zur kritischen Moderne fanden, sterben im amerikanischen Exil. Unter dem Eindruck der politischen Realität in Europa arbeiten sie dort an ihren ästhetisch-kritischen Programmen weiter. Bei beiden führt die Erfahrung einer ästhetischen Ideologie der Totalität zu starken Zweifeln, was ästhetische Repräsentation überhaupt vermag. Broch reagiert auf dieses Dilemma, indem er die ästhetische Produktion immer wieder zugunsten rationalistischer Sozialwissenschaft aufgibt; Schönberg, indem er immer wieder auf alttestamentarische Themen zurückgreift.

Die vielleicht profundeste Auseinandersetzung mit barocker Ideologie, Totalität und politischer Ästhetik erarbeitet Walter Benjamin zwischen 1924 und seinem Tod 1940. Daher möchte ich mit einer Betrachtung der in unserem Zusammenhang relevanten historisch-kritischen Prinzipien schließen, mit denen Benjamin einen Weg aus der Ideologie des Barock weist.

1924 macht sich Hugo von Hofmannsthal zum Förderer des unbekannten Walter Benjamin, indem er dessen Aufsatz zu Goethes *Wahlverwandtschaften* in zwei Folgen (April 1924 und Januar 1925) in der von ihm herausgegebenen Literaturzeitschrift *Neue deutsche Beiträge* veröffentlicht. In der Benjamin-Forschung gilt dies als Beweis, dass Hofmannsthal dem 32-jährigen sich abstrampelnden Intellektuellen, der seinen Eltern noch immer auf der Tasche liegt, unter die Arme greifen möchte.[1] Doch damit ist noch nicht alles gesagt; wir müssen untersuchen, welche Bedeutung die in Hofmannsthals Zeitschrift vertretene Ideologie, mithin Hofmannsthals Verhältnis zum Barock für das kritische Werk des jungen Benjamin hat, insbesondere für die zwischen Mai 1924 und April 1925 entstehende Abhandlung *Ursprung des deutschen Trauerspiels.*[2]

Hofmannsthals Zeitschrift, die 1922 zum ersten Mal erscheint, vertritt dasselbe ideologische Programm wie die Salzburger Festspiele und andere zeitgenössische Literaturprojekte, etwa die „Österreichische Bibliothek". Hofmannsthal erläutert es in zwei Stellungnahmen des Herausgebers; die erste beruft sich auf den

„geistigen Besitz der Nation", die zweite spricht von einem Wunschtraum: „In der einsamsten Stunde unseres Gemütes weicht die Gewalt des allzunahen Geschehens und ein liebendes und hoffendes Erkennen spannt unser Bewusstsein weit, dass wir in hohen Fernen noch Geweihtes und Vergängliches erspähen."[3] Dieses „liebende und hoffende Erkennen" besteht in der Wiederbelebung einer Ästhetik, die das konservative Programm, das er 1927 in seiner Rede „Das Schrifttum als geistiger Raum der Nation" skizzieren wird, vorwegnimmt. Sie drückt sich in einem Bekenntnis zum österreichischen Barock aus, das die meisten in den *Neuen deutschen Beiträgen* veröffentlichten Aufsätze bekräftigen. In der ersten Ausgabe stellt Hofmannsthal seinem neuen Text *Das Salzburger große Welttheater* einen Aufsatz des Kritikers Florens Christian Rang über den „norddeutsch-protestantischen Geist" (Hofmannsthal) von Goethes *Selige Sehnsucht* gegenüber. Die zweite Nummer enthält die ersten beiden Akte von Hofmannsthals *Turm* nach Calderón sowie einen Aufsatz von Rudolf Kassner, „Das Gottesmenschtum und der Einzelne". Eine spätere Ausgabe druckt den Text von Max Mells *Apostelspiel* ab.[4]

Hofmannsthal begreift Benjamins Aufsatz zu Goethes *Wahlverwandtschaften* vermutlich als Bestätigung des eigenen ästhetischen Programms. Bernd Witte hält dies sogar für berechtigt, da Benjamin in der Tat ein literaturkritisches Modell als Instrument zur gesellschaftspolitischen Einbindung des deutschen Bildungsbürgertums vorschlage.[5] Benjamin beginnt seinen Aufsatz mit der Unterscheidung zwischen dem philologischen Interesse am „Sachgehalt" und seinem eigenen kritischen Interesse am „Wahrheitsgehalt".[6] Daraus lässt sich – wie bei Hofmannsthal wahrscheinlich der Fall – theoretisch ein konservatives Kulturprogramm herauslesen, doch das ist ein Trugschluss.

Obgleich Benjamin Hofmannsthal und den *Neuen deutschen Beiträgen* für die Veröffentlichung seines Aufsatzes sehr dankbar ist, steht er dem feierlichen Bekenntnis zur barocken Kultur und Ideologie kritisch gegenüber. Seine in dieser Zeit entstehende kritische Haltung zur barocken Theatralität, veröffentlicht unter dem Titel *Ursprung des deutschen Trauerspiels*, muss als Ergebnis der Auseinandersetzung mit der barocken Ideologie Hofmannsthals und seines intellektuellen Kreises gewertet werden.

Für Benjamin unterscheidet sich das barocke Genre des „Trauerspiels" dadurch von der Tragödie, dass es einer historischen, nicht einer mythischen Kosmologie verpflichtet ist. Die barocke

Trauer um die Vergangenheit versteht Geschichte als fortwähren-
den Verfallsprozess. Dieses Verständnis von barocker Kultur impli-
ziert historischen Verfall, nicht mythische (oder mythengeschichtli-
che) Totalität. Im Gegensatz zur Tragödie – für Benjamin ein
Repräsentationssystem, das ohne Publikum auskommt – beinhaltet
sein Begriff der Trauer, wie George Steiner bemerkt, das Zeremoniell des Jammerns und Wehklagens, also ein Publikum.[7] Der rituelle und zeremonielle Kontext des Trauerspiels ist ein höfischer.
Für Benjamin findet der Prozess der Allegorisierung im Barockdrama mittels öffentlicher Aneignung eines göttlichen Repräsenta-
tionsmodells statt – das Welttheater imitiert die Welt –, ein Prozess, durch welchen der Verfall ebendieses Modells dargestellt und
erinnert wird. Das Barockdrama versteht nach Benjamin historische Wirklichkeit als Verfall von vorgestellten Modellen. Allerdings sei darauf hingewiesen, dass es sich bei den Stücken, die er in
diesem Zusammenhang analysiert, um norddeutsche, protestantische Werke handelt, die in einem völlig anderen Kontext als dem
affirmativen des österreichisch-katholischen Barock entstanden.

Obwohl Benjamin die Unterschiede zwischen protestantischem
und katholischem Barock in Bezug auf Kultur und Repräsentation
wohl bewusst sind, ist er der Auffassung, dass das Trauerspiel als
Gattung in beiden Kulturen existiert, und er interpretiert Hofmannsthals „Trauerspiel in fünf Aufzügen" *Der Turm* von 1925 als
moderne Version der von ihm untersuchten Gattung. Zuvor
schreibt er allerdings an Gershom Scholem, er habe „das Ding"
noch nicht gelesen, an seinem persönlichen Urteil habe sich nichts
geändert.[8] Die in den *Neuen deutschen Beiträgen* publizierte Haltung Hofmannsthals und seiner Mitstreiter zum Barock führt bei
Benjamin anscheinend zu der Annahme, dass er das Stück nicht
mögen wird; seine Rezension, die im August 1926 in der *Literarischen Welt* erscheint, deutet jedoch auf einen Sinneswandel hin.
Dort bezeichnet er das Werk, mit dem sich Hofmannsthal jahrelang herumgequält hat, als gelungene Wiederbelebung der Trauer-
spiel-Gattung. Er beginnt mit der Feststellung: „Mit seinem neuen
Trauerspiel ‚Der Turm' greift Hofmannsthal auf die Gestaltenfülle
des Barock zurück."[9] Benjamin bestätigt die Legitimität moderner
Bearbeitungen des klassischen Dramas; anschließend schildert er
die ödipale, von Calderón stammende Handlung, in der ein Prinz
im Turm gefangen gehalten wird, nachdem eine Weissagung prophezeit hat, er würde den Vater/König ermorden. Den erzähleri-
schen und thematischen Mittelpunkt von Calderóns Vorlage bildet

ein Traum, in dem der Prinz den Willen Gottes, dem sein elendes irdisches Schicksal unterliegt, als erklärende und Gerechtigkeit übende Macht erkennt. Indem Calderón den Traum als narrative Totalität einsetzt, die zwischen der Welt und Gott vermittelt, umreiße der Spanier, so Benjamin, „die ganze, höchst barocke Spannung". Hofmannsthals Bearbeitung enthalte eine Umdeutung des Traumbegriffs. Wie das Barock an sich vermittle der Traum in der modernen Welt nicht mehr zwischen der Welt und dem Göttlichen, sondern bleibe weltimmanent. „Das alte Trauerspiel schlug seinen Bogen zwischen Kreatur und Christ. In dessen Scheitelhöhe steht der vollkommene Prinz. Wo Calderóns christlicher Optimismus den sah, da zeigt sich der Wahrhaftigkeit des neueren Autors Untergang. Sigismund geht zugrunde. Die dämonischen Gestalten des Turms werden seiner Herr. Die Träume steigen aus der Erde auf und der christliche Himmel ist längst aus ihnen gewichen. … Im Geist des Trauerspiels hat der Dichter den Stoff des Romantischen entkleidet und uns blicken die strengen Züge des deutschen Dramas daraus entgegen."

Im Turm findet Benjamin sein eigenes Verständnis vom Barocktheater als ritueller Gedenkfeier historischen Verfalls gespiegelt. (In seiner Besprechung des Stücks nennt er das Ritual „das Vortragische": „Das ist allein die Spannung des Rituals, die zwischen Tun und Rede selber, im Polaren, überspringt.") Benjamin bleibt bei dieser Idee des Barock und bei seinem pessimistischen Geschichtsverständnis – Hofmannsthal fehlen dazu die kritische Rigorosität oder der Mut. Das barocke Weltbild des *Turms* geht in der Ideologie des *Jedermann*, des *Salzburger großen Welttheaters* und der Salzburger Festspiele auf. (Auf Max Reinhardts Betreiben arbeitet Hofmannsthal die *Turm*-Fassung von 1925 zur schlankeren, „spielbareren" Fassung von 1927 um.)[10] Andererseits zahlt Benjamin mit seinem Pessimismus einen hohen Preis: „Der Untergang, dessen Kenntnis Benjamin den Blick in die Zukunft versperrt und ihm Zukünftiges nur noch dort zu sehen erlaubt, wo es schon vergangen ist, ist nicht nur Benjamins eigener. Es ist der Untergang seiner Zeit."[11]

Jenes Verständnis von Geschichte als Verfallsprozess allerdings mündet bei Benjamin über die Trauerspiel-Studie in eine ästhetische Kritik, die (mehr wegen als trotz ihres fragmentarischen Charakters) zu einer der einflussreichsten und bewährtesten kritischen Theorien zu Geschichte und Moderne im 20. Jahrhundert wird. In seinem unvollendeten, über weite Strecken unausgearbeiteten

Passagen-Werk, das hauptsächlich im Pariser Exil entsteht, befasst sich Benjamin mit dem französischen Second Empire, in dem er den Beginn der Moderne entdeckt.[12] Er löst sich also von der deutschen Kultur, bewahrt aber zugleich die kritische Potenz ihrer ästhetischen Theorie.[13]

Die 1936 entstandene Abhandlung *Das Kunstwerk im Zeitalter seiner technischen Reproduzierbarkeit* zum Beispiel kritisiert die barocke Ideologie auf zwei Ebenen. Allgemein gesehen lässt sich Benjamins Forderung nach einer Entsakralisierung ästhetischer Erfahrung als Polemik gegen die Ideologie des Ästhetizismus deuten, also gegen eine ideologisch gefärbte Etablierung bindender ästhetischer Kriterien. Die Polemik wird im berühmten Schluss der Abhandlung besonders deutlich: „Die Menschheit, die einst bei Homer ein Schauobjekt für die olympischen Götter war, ist es nun für sich selbst geworden. Ihre Selbstentfremdung hat jenen Grad erreicht, der sie ihre eigene Vernichtung als ästhetischen Genuß ersten Ranges erleben läßt. So steht es mit der Ästhetisierung der Politik, welche der Faschismus betreibt. Der Kommunismus antwortet ihm mit der Politisierung der Kunst."[14] Es ist anzunehmen, dass Benjamin hier auch auf Hofmannsthal reagiert. Werner Fuld meint, einige Formulierungen gingen auf einen Aufsatz Hofmannsthals zum Film aus dem Jahre 1921 zurück: In „Der Ersatz für Träume" vertritt er die These, das Publikum ströme massenweise in Stummfilme, um der eigenen Entfremdung zu entfliehen; das Medium des Stummfilms biete einen nichtsprachlichen ästhetischen Zufluchtsort, der den Alltag transzendiere und dem Publikum helfe, dasselbe zu tun.[15] Wenn sich Benjamin tatsächlich auf diesen Aufsatz bezieht, dann als Gegenentwurf; für Hofmannsthal bietet der (Stumm)film genau das, was Benjamin im „Kunstwerk" als Aura bezeichnet – jene Sakralisierung ästhetischer Erfahrung, die laut Benjamin durch technisch reproduzierte Kunst verloren geht.

Betrachtet man das Werk Benjamins und Hofmannsthals als Ganzes, so entfernen sich der moderne Geschichtskritiker und der konservative Ideologe immer weiter voneinander; dies mindert freilich nicht die Bedeutung der kritischen Auseinandersetzung mit dem Barock und seiner Ideologie von Theatralität und Totalität, die die beiden Denker am stärksten verbindet. Selbst nach dem Tode Hofmannsthals, als dessen zentrales Anliegen (und Benjamins eigenes aus den 20er Jahren) mehr und mehr der Vergangenheit angehört, bleibt Benjamins tiefe Sympathie für ihn bestehen. Sympathie, gepaart mit Distanz, ist auch der Grundton in einer Reihe von Briefen, die Benjamin 1939/40 aus Paris an Theodor und Gretel Adorno schreibt, als es um Adornos Absicht geht, den Briefwechsel zwischen Hofmannsthal und Stefan George zu veröffentlichen. Einer dieser Briefe enthält einen Satz, der die Perspektive einer kritischen deutschen Moderne im Exil fassbar macht: „Il paraît qu'un millésime nous sépare des temps où ces lettres (que je ne connais pas encore) ont été échangées." – „Es scheint, als trenne uns ein Jahrtausend von der Zeit, als diese Briefe (die ich noch nicht kenne) gewechselt wurden."[16]

NACHWORT DES HERAUSGEBERS

Bücher haben, wie Festspiele, ihre Geschichte. Michael P. Steinbergs bahnbrechende Studie zur Entstehung der Salzburger Festspiele, *The Meaning of the Salzburg Festival. Austria as Theater and Ideology, 1890–1938*, liegt schon seit zehn Jahren vor, doch ihre breite Rezeption und Wirkung stehen bei uns noch aus. Steinberg, Kulturhistoriker an der Cornell University, sucht darin Antworten auf Fragen, die in Österreich und in Europa bislang nicht in dieser Konsequenz gestellt worden sind: Warum fällt die Gründung der Festspiele nach so vielen Anläufen davor ausgerechnet ins Jahr 1920, also in ein kulturelles Vakuum und zugleich eine Epoche wirtschaftlicher Not? Warum greifen die Gründer Hugo von Hofmannsthal und Max Reinhardt auf das barocke katholische Welttheater zurück, und warum sind es ausgerechnet zwei Österreicher mit jüdischen Wurzeln, die ein kosmopolitisch gedachtes, aber im Wesen katholisch-restauratives Projekt verwirklichen?

Um solche Fragen zu stellen, bedarf es offenbar der Distanz, und nicht nur der geografischen. Michael P. Steinberg, der nachgeborene amerikanische Ostküsten-Intellektuelle, ist vom Buch eines österreichischen Emigranten auf sein Thema gebracht worden: von Hermann Brochs im amerikanischen Exil entstandener Studie *Hofmannsthal und seine Zeit*, die Steinberg übersetzt und zusammen mit einem Vorwort 1984 ediert hat; der Österreicher Freud gab ihm das Instrument an die Hand, den latenten Gehalt von ideologischen Manifestationen aufzuspüren; und stützen konnte sich Steinberg auf die Analysen seines akademischen Lehrers Carl E. Schorske in Princeton, des brillanten Kenners des Wiener Fin de siècle, das nicht nur die ästhetische Moderne, sondern auch den Wahn Adolf Hitlers hervorbrachte. Hinzu kommt schließlich noch der Einfluss Walter Benjamins: Steinberg erinnert an den Gedankenaustausch über die barocke Allegorie, den es in den 20er Jahren zwischen Hofmannsthal und diesem luziden Denker gab; der Titel von dessen 1925 entstandener Studie über das deutsche Barockdrama, „Ursprung des deutschen Trauerspiels", gab den Anstoß, Steinbergs Buch auf deutsch *Ursprung und Ideologie der Salzburger Festspiele* zu nennen, als Reverenz an Benjamin, aber auch zum

Zeichen, dass das Salzburg-Buch in eine große Tradition europäischer Kulturkritik gehört.

Bücher haben, wie Festspiele, ihre Geschichte. Warum kommt Steinbergs 1990 veröffentlichte Studie erst jetzt, zehn Jahre später, auf deutsch heraus, obwohl ihr herausragender Rang von Kennern sogleich erkannt wurde? Es gibt bei anspruchsvollen Übersetzungsprojekten, die ohne öffentliche Förderung nicht möglich sind, immer akzidentielle Gründe, und es mag bei den unbequemen Thesen des Buches auch eine mehr oder minder bewusste Abwehr im Spiel gewesen sein. Feststeht, dass der Salzburger Pustet Verlag, als er sich im Herbst 1999 spontan zu dem Projekt entschloss, sogleich auf große Offenheit und Bereitschaft stieß: Die Übersetzung ist von der Stadt und vom Land Salzburg sowie von den Festspielen selbst gefördert worden.

Der „konservative Revolutionär" Hofmannsthal entwarf die Festspiele in einer Zeit des Umbruchs: als Modell für Österreichs Rolle in Europa. Der Entwurf, so Steinbergs These, fiel zwiespältig aus: kosmopolitisch und zugleich deutschösterreichisch-national. Als zeitlos gültige Charta, als umstandslos anwendbares Rezept für heute taugt Hofmannsthals Gründungsmanifest nicht, es bedarf der genauen historischen Lektüre und Interpretation. Dann schärft es den Blick für die Alternativen der Gegenwart und Zukunft, die der Festspiele wie der Österreichs. Dies leistet Steinbergs Buch, und insofern könnte seine Geschichte jetzt richtig beginnen.

Andres Müry

Verlag und Herausgeber danken dem Historiker Ernst Hanisch für hilfreiche Hinweise.

ANMERKUNGEN

Vorwort zur deutschen Ausgabe

1 Josef Kaut, *Die Salzburger Festspiele 1920–1981*, Salzburg 1982. Hier findet man eine genaue Dokumentation sowie ein vollständiges Verzeichnis aller aufgeführten Werke und mitwirkenden Künstler von 1920 bis 1980, zusammengestellt von Hans Jaklitsch, dem Leiter des Festspielhausarchivs. Stephen Gallups *Die Geschichte der Salzburger Festspiele*, Wien 1989, gibt vor allem über die Zeit nach 1945 Aufschluss, mit der ich mich hier nicht beschäftige.

2 Carl E. Schorske, *Wien. Geist und Gesellschaft des Fin de Siècle*, München 1994.

Die Ideologie des Barock 1860–1938

1 Hermann Broch, *Hugo von Hofmannsthal und seine Zeit*. Eine Studie. Frankfurt 1974.

2 Broch, S. 43.

3 Vgl. Broch, Kapitel 1, „Kunst und ihr Un-Stil am Ende des 19. Jahrhunderts".

4 Eric Hobsbawm, „Introduction: Inventing Tradition", in: *The Invention of Tradition*, hg. von Eric Hobsbawm und Terence Ranger, Cambridge 1983, S. 1–2 (Übersetzung M. K.).

5 Leo Spitzer, „The Spanish Baroque", in: Leo Spitzer, *Representative Essays*, hg. von Albert Forcione, Herbert Lindenberger und Madeline Sutherland, Stanford 1988, S. 125–6, 128 (Übers. M. K.).

6 Ebd., S. 129–30.

7 Ebd., S. 131, 134, 138.

8 José Antonio Maravall, *The Culture of the Baroque*, Minneapolis 1986, S. 3–15. Maravall verwendet das Barock als „Epochenkonzept".

9 Die These, die Ringstraße sei Ausdruck eines triumphierenden Liberalismus stammt von Carl Schorske; vgl. das Kapitel „Die Ringstraße, ihre Kritiker und die Idee der modernen Stadt", in: *Wien*, München 1994, S. 23–109. Broch bezeichnet die Ringstraße als historistisch und damit anti-bourgeois, eine Schlussfolgerung, die für ihn essentiell und damit, in meinen Augen, essentialistisch ist. Vgl. Broch, S. 1ff.

10 Nietzsches Position zu diesem Thema muss natürlich im Hinblick auf seine Wandlung vom Wagnerianer *(Die Geburt der Tragödie aus dem Geiste der Musik)* über eine ambivalente Haltung („Richard Wagner in Bayreuth") bis zum vehementen Wagner-Gegner *(Jenseits von Gut und Böse* und *Der Fall Wagner)* betrachtet werden. Vgl. auch Theodor W. Adorno, *Versuch über Wagner*, Frankfurt am Main 1971, und Broch, Kap. 1 und 4.

11 Rossinis Erfolg in Paris mag als Beweis dafür genommen werden, dass die italienische Präsenz dort so stark ist wie in Wien. Doch es muss auch gesagt werden, dass Rossini erfolgreich war, weil er als Royalist Opern im französischen Stil schrieb, mit Balletteinlagen, die jeder italienische Komponist einbauen musste, um in Paris angenommen zu werden.

12 Der Anlass bot Gelegenheit, das Genre der Nationaloper wieder zu beleben. Der Architekt wurde auf die gleiche Weise ausgewählt wie 1860 für das Palais Garnier: durch einen offenen Wettbewerb. Gewinner war allerdings ein Uruguayaner, Carlos Ott. Die Entlassung von Daniel Barenboim als Leiter der Bastille-Oper durch die sozialistische Regierung im Januar 1989 war bereits ein Hinweis darauf, welches Programm gewünscht wurde: Barenboim beabsichtigte einen programmatischen Schwerpunkt auf Mozart und

Wagner. Und tatsächlich eröffnete die Bastille-Oper dann mit Berlioz' *Les Troyens*, einer Oper, in der es um die Schaffung einer Nation geht.

13 Zitiert in Jean Gourret, *Histoire de l'opéra de Paris,* 1669–1971, Paris 1977, S. 16.

14 Ebd.

15 Gemeint ist der *Brief an d'Alembert über das Theater* von 1758, (Jean-Jacques Rousseau, *Schriften*, hg. v. H. Ritter, Bd. 1, München/Wien 1978), eine Erwiderung auf einen Artikel in der Enzyklopädie, in dem d'Alembert die Gründung eines Theaters in Genf empfiehlt. Die Doppelbedeutung des französischen Begriffs *représentation* als „Repräsentation" und „Aufführung" ausnützend, zitiert Rousseau die platonische Unterscheidung zwischen echter (durch Philosophie erworbener) und falscher Erkenntnis (als „Abbild" der Erkenntnis) – das Vergehen, dessen sich das Theater angeblich schuldig macht. Der hohe Stellenwert, den der gebürtige Genfer Rousseau dem Thema beimisst, beweist, dass der calvinistische Moralismus im katholischen Konvertiten überlebt hat; dasselbe gilt für seine Kampagne gegen den Erzfeind des Calvinismus – das Barocktheater und seinen Repräsentationsanspruch.

16 Vgl. Jane Fulcher, *The Nation's Image: French opera as Politics and Politizised Art*, Cambridge 1987, S. 2, 8.

17 Monika Steinhauser, *Die Architektur der Pariser Oper*, München 1969, S. 174.

18 Vgl. Wilhelm Beetz, *Das Wiener Opernhaus*, 1869 bis 1945, Zürich 1949.

19 Der politische Stellenwert des *Don Giovanni* und der Status der Oper als Vermittler zwischen deutschen und italienischen Aspekten der österreichischen Kultur ist ein wichtiges und langlebiges Thema, das in der Geschichte der Salzburger Festspiele weiterhin Bedeutung behalten wird. Das Werk wurde oft in deutscher Übersetzung aufgeführt, unter dem Titel *Don Juan*. Auf den Plakaten für die Vorstellung am 25. Mai 1869 stand *Don Juan*, daher darf angenommen werden, dass die Oper auf deutsch gegeben wurde.

20 Es sei hier angemerkt, dass die neue Börse, die weder architektonisch noch ideologisch zur Barockwelt gehört, auch auf der „Barockseite" der Ringstraße errichtet wurde. Sie lag jedoch weit im Westen der hufeisenförmigen Straße, abseits des einheitlichen Ensembles aus Hofburg, Burgtheater und Opernhaus.

21 Broch, S. 102.

22 Vgl. Broch, S. 130. Zur Aufführungstradition des Burgtheaters, vgl. Fred Hennings, *Heimat Burgtheater: Wie ich ans Burgtheater kam, 1906–1923,* Wien 1972, S. 24 und passim, und Friedrich Schreyvogel, *Das Burgtheater*, Wien 1965. Stefan Zweigs Erinnerung *Die Welt von gestern*, Stuttgart 1981, enthält den treffenden Bericht: „Als das ‚alte' Burgtheater, in dem Mozarts *Hochzeit des Figaro* zum erstenmal erklungen, demoliert wurde, war die ganze Wiener Gesellschaft wie bei einem Begräbnis feierlich und ergriffen in den Räumen versammelt; kaum war der Vorhang gefallen, stürzte jeder auf die Bühne, um wenigstens einen Splitter von den Brettern, auf denen ihre geliebten Künstler gewirkt, als Reliquie mit nach Hause zu bringen; und in Dutzenden von Bürgerhäusern sah man noch nach Jahrzehnten diese unscheinbaren Holzsplitter in kostbarer Kassette bewahrt, wie in den Kirchen die Splitter des heiligen Kreuzes." S. 31.

23 Vgl. Leo Botstein, „Music and Its Public: Habits of Listening and the Crisis of Musical Modernism in Vienna, 1870–1914"; der Band erscheint demnächst bei University of Chicago Press.

24 Philip G. Nord, *Paris Shopkeepers and the Politics of Resentment*, Princeton 1986, S. 71, 74 (Übers. M. K.). Der erwähnte Roman von Emile Zola ist auf deutsch unter dem Titel *Paradies der Damen*, dt. von H. Westphal, in: *Die Rougon-Macquart*, Bd. 11, München 1976, erschienen.

25 Broch, S. 95.

26 Broch, S. 43.

27 Zur Analyse der wechselseitigen Abhängigkeit von Bohème und Bourgeoisie vgl. Jerrold Seigel, *Bohemian Paris: Culture, Politics, and the Boundaries of Bourgeois Life, 1830–1930*, New York 1986. Siegel beginnt mit dem Satz: „Bohème und Bourgeois waren – und sind – Teile ein und desselben Kraftfeldes: sie bedingen einander und ziehen sich

gegenseitig an." (S. 5, übers. M. K.). Die profundesten mir bekannten Auseinandersetzungen mit dieser Thematik sind Walter Benjamins Schrift *Charles Baudelaire. Ein Lyriker im Zeitalter des Hochkapitalismus*, besonders der Aufsatz „Das Paris des Second Empire bei Baudelaire", Gesammelte Werke, Band I, 2, Frankfurt 1980, und sein *Passagen-Werk*, Bd. V, 1 u. 2.

28 Sigmund Freud, „Über eine Weltanschauung". *Neue Folge der Vorlesungen zur Einführung in die Psychoanalyse*, Gesammelte Werke, London 1940, Nachdruck Frankfurt am Main o. J., Bd. 15, S. 170/1.

29 Ich beziehe mich hier auf Brochs frühe kulturkritische Essays. Vgl. meine Einführung zu Hermann Broch, *Hugo von Hofmannsthal and His Time*, S. 7.

30 Zur ausführlichen Diskussion dieser These, vgl. Kari Grimstad, *Masks of the Prophet*, Toronto 1983.

31 Hugo von Hofmannsthal, „Die Salzburger Festspiele", Gesammelte Werke in 10 Einzelbänden, Bd. IX, *Reden und Aufsätze* II. 1914–1924. Frankfurt am Main 1979, S. 258–263.

32 Ich benütze die Begriffe „Volk" und „völkisch", um die ideologische Projektion einer vorindustriellen, vor-städtischen, harmonischen und homogenen christlichen Bevölkerung zu beschreiben. Für eine eingehende Darstellung dieser Ideologie verweise ich auf die zu Klassikern gewordenen Werke von Fritz Stern, *Kulturpessimismus als politische Gefahr. Eine Analyse nationaler Ideologie in Deutschland*, Bern/Stuttgart u. a. 1963, und George Mosse, *Ein Volk, ein Reich ein Führer. Die völkischen Ursprünge des Nationalismus*, Königstein/Ts. 1979.

33 Vgl. George L. Mosse, *Die Nationalisierung der Massen*, Frankfurt am Main, 1976: „Das hehre nationale Selbstbewußtsein sollte nicht in barockem Schwung oder hübscher Munterkeit ausgedrückt werden." S. 82. Die gängige Gegenüberstellung deutscher Schwermütigkeit und österreichischer Verspieltheit übersieht den oben besprochenen, zentralen Repräsentationszweck des Barockstils.

34 Friedrich Nietzsche, *Die Geburt der Tragödie aus dem Geiste der Musik*, 1872, Richard Wagner gewidmet. Nietzsche bezieht sich hier auf den vorbayreuther Wagner; 1876 überwirft er sich mit Wagner, hauptsächlich aufgrund seiner Einwände gegen die Bayreuther Festspiele.

35 Zitiert in Robert Gutman, *Richard Wagner. Der Mensch, sein Werk, seine Zeit*, München 1970, S. 365.

36 Thomas Mann, „Leiden und Größe Richard Wagners". Leiden und Größe der Meister, *Gesammelte Werke*, hg. von Peter de Mendelssohn, Frankfurt am Main 1982, S. 719.

37 Gutman, S. 459 und 536f.

38 Vgl. Michael P. Steinberg, „Portrait of the Artist: Wotan and Amfortas Reflect Wagner", *Opera News*, 9. April 1983.

39 Gutman, S. 155.

40 Gutman, S. 273.

41 Zitiert ebd., S. 301.

42 „friedsam treuer Sitten … in Deutschlands Mitten", Hans Sachs im „Wahnmonolog", *Die Meistersinger*, 3. Aufzug. Vgl. Kap. 3, Anm. 7.

43 Gutman, S. 306.

44 Ebd., S. 317f.

45 Ebd., S. 327.

46 Ebd., S. 380.

47 Winfried Schüler, *Der Bayreuther Kreis von seiner Entstehung bis zum Ausgang der Wilhelminischen Ära: Wagnerkult und Kulturreform im Geiste völkischer Weltanschauung*, Münster 1971. S. 268–78.

48 Dass der ideologische Gehalt von Bayreuth so explizit ist wie der Salzburger latent (ungeachtet des religiösen Bayreuther Eklektizismus), bestätigt sich in der Geschichte der beiden Festspielunternehmungen nach dem Zweiten Weltkrieg. Ohne

hier bereits die schwierige Frage des ideologischen Verhältnisses von Bayreuth bzw. Salzburg zum Nationalsozialismus bzw. zu Deutschland und Österreich zwischen 1933 und 1945 diskutieren zu wollen, möchte ich darauf hinweisen, dass die Begründer des neuen Nachkriegsbayreuth, unter der Leitung der Wagnerenkel Wieland und Wolfgang, sich erklärtermaßen bemühten, alle völkischen Bilder und Assoziationen aus den Produktionen zu beseitigen. Damit bestätigten sie stillschweigend, dass die „erfundene Tradition" des Wagnertums neu erfunden werden musste, wenn Wagner und Bayreuth künstlerisch überleben wollten. Natürlich wurden nach wie vor dieselben Werke aufgeführt, doch man entwickelte einen völlig anderen, minimalistischen und ahistorischen Stil, um Wagner von der germanischen Mythologie, die für die nationalsozialistische Ideologie so wichtig war, loszulösen. Mit Ausnahme der *Meistersinger* wurden die Opern von ihrem für die Vorkriegszeit charakteristischen, mythisch-historischen Beiwerk befreit, von den klassizistischen Bühnenbildern bis zur naturalistischen Darstellung der Natur. (Die *Meistersinger*, explizit völkisch und naturalistisch, ließen sich nicht enthistorisieren.) Dies war in Salzburg nicht der Fall, wo die Latenz des ideologischen Gehalts absolute stilistische Kontinuität erlaubte, im Dienste des Mythos einer österreichischen Geschichtskontinuität.

Festspielplanung und Kulturplanung

1 Hermann Broch vermutet, das Tragen „mittelalterlicher Trachten" geschehe in der Absicht, die Mysterienspiel-Atmosphäre zu unterstreichen, vor allem bei Vorstellungen von *Jedermann* und *Das Salzburger große Welttheater*. Sein Sohn, Hermann Friedrich Broch de Rothermann, der die Festspiele besucht hat, bestätigte mir, dass Broch damit österreichische Volkstrachten meinte.

2 Theodor W. Adorno, *Versuch über Wagner*, in: Gesammelte Schriften, Bd. 13, Die musikalischen Monographien. Hg. von Gretel Adorno und Rolf Tiedemann, Frankfurt am Main 1971, S. 57 u. 119.

3 Vgl. Nietzsche, *Jenseits von Gut und Böse*, Sämtliche Werke, Bd. 5, Aphorismus 240, 245.

4 G. W. F. Hegel, *Vorlesungen über die Philosophie der Geschichte*, in: Werke in 20 Bdn., Bd. 12, Frankfurt am Main 1986, S. 500.

5 *Österreichische Rundschau*, 17. Juli 1921, S. 781ff.

6 Auch wenn das Projekt in keinem expliziten politischen Zusammenhang steht, ist 1870 das Jahr, in dem das kleindeutsche Deutsche Reich entsteht, gegen das sich das jüngst gedemütigte Österreich gegebenenfalls behaupten möchte.

7 „Das Mozart-Festspielhaus in Salzburg", Salzburg: Selbstverlag des Actions-Comités, 1890, S. 1.

8 Ebd., S. 4, 8, 11.

9 Hermann Bahr, „Die Hauptstadt von Europa: eine Phantasie in Salzburg", in: *Essays*, Leipzig 1911, S. 235.

10 Oskar Holl, „Dokumente zur Entstehung der Salzburger Festspiele: Unveröffentlichtes aus der Korrespondenz der Gründer", in: *Maske und Kothurn* 13 (1967), S. 151, 159.

11 Vgl. J. L. Styan, *Max Reinhardt*, Cambridge 1982, S. 10.

12 Die Korrespondenz ist in Holl, S. 148–179, veröffentlicht.

13 Zitiert ebd., S. 152.

14 Vgl. ebd., S. 156.

15 Zitiert ebd., S. 164.

16 Zitiert ebd., S. 161.

17 Zitiert ebd., S. 173.

18 Ebd., S. 174–78. Der Brief ist umso wertvoller, als Reinhardt selten Briefe schrieb und daher nur wenige Dokumente zu seinen Ideen hinterließ. (Nach Aussage des Reinhardtforschers Rudolf Hirsch hatte Reinhardt Schwierigkeiten, sich auszudrücken und

daher besondere Hemmungen, dem Dichter Hofmannsthal zu schreiben. Es existiert fast keine Korrespondenz zwischen ihnen. Rudolf Hirsch, persönliche Auskunft.)

19 Ebd., S. 178.

20 Der in Kapitel 1 besprochene Aufsatz „Die Salzburger Festspiele".

21 Andrian hatte nach der Jesuitenschule Jura studiert und seine gesamte berufliche Laufbahn im diplomatischen Dienst verbracht, in Rio de Janeiro, Buenos Aires, St. Petersburg, Bukarest, Athen und zuletzt in Warschau, wo er den Ersten Weltkrieg verbrachte.

22 Vgl. Hofmannsthal und Andrian, *Briefwechsel*, hg. von Walter Perl, Frankfurt am Main 1968.

23 Vgl. Styan, S. 55. In einem Artikel mit der Überschrift „Der Zauberer von Leopoldskron" schreibt der Reinhardt-Anhänger und Kollege Rudolf Kommer über die Premiere 1905: „Es schien ein völlig neues Stück … es hatte eine Botschaft, die an einem Abend das ganze Schwelgen in Pessimismus und Schmutz der vorherigen fünfzehn oder zwanzig Jahre Naturalismus beseitigte." Vgl. Oliver Sayler (Hg.), *Max Reinhardt and His Theater*, New York 1924, S. 1–15.

24 Erwin Piscator bezeichnete die Berliner Theaterwelt vor 1918 – die Zeit, bevor er selbst nach Berlin kam – als Reinhardts Blütezeit. Er wollte damit ausdrücken, dass er, entgegen gängiger Vermutung, von Reinhardts Theater weder beeinflusst noch sich dafür interessiert habe. Erwin Piscator, *Das politische Theater*, Reinbek bei Hamburg 1979 [1929].

25 Broch, S. 95.

26 Der Beitrag ist mit „W." unterzeichnet.

27 Rudolf Holzer, „Der neue Kurs", in: *Mitteilungen der Salzburger Festspielhausgemeinde*, I, Nr. 2 (Oktober 1918), S. 20–23. Archiv des Musikvereins, Wien (vgl. Anmerkung 35).

28 *Neue Freie Presse*, 3. August 1918, S. 1.

29 Unveröffentlichtes Flugblatt, Festspielhausarchiv Salzburg. Die hervorgehobenen Passagen sind original. Das Archiv ist nicht katalogisiert. Zu einem bestimmten Zeitpunkt waren zwei Festspielhäuser vorgesehen, ein kleines und ein großes. Beide sollten im Hellbrunner Park errichtet werden, wo 1618 die erste Oper in einem deutschsprachigen Land aufgeführt wurde, ein Meilenstein in der Salzburger Geschichtsmythologie.

30 Ernst Ehrens, „Das Salzburger Festspielhaus", in: *Schaubühne*, 7. März 1918. Festspielhausarchiv, Salzburg.

31 „Kundgebungen zur Errichtung des deutschösterreichischen Festspielhauses in Salzburg", Festspielhausarchiv, Salzburg.

32 Die erste Aufführungsreihe mit Mozartopern, die 1921 in Salzburg stattfand, bestand tatsächlich aus Wiener Gastspielen. Dies war jedoch keine programmatische Entscheidung, sondern ein Ergebnis aktueller Umstände.

33 „Festspielhaus in Salzburg", unveröffentlichte Schrift des Vereins „Salzburger Festspielhaus-Gemeinde", Festspielhausarchiv, Salzburg.

34 Unbetitelte, unveröffentlichte Flugschrift des Vereins der Salzburger Festspielhaus-Gemeinde, Festspielhausarchiv, Salzburg.

35 Kopien der *Mitteilungen der Salzburger Festspielhaus-Gemeinde* befinden sich im Archiv des Wiener Musikvereins.

36 *Mitteilungen*, I, 4.

37 „Das Erste", nachgedruckt in: *Mitteilungen der Salzburger Festspielhaus-Gemeinde*, II, 2 (Februar 1919), S. 8–9. Archiv des Musikvereins, Wien.

38 Mitteilungen, I, 1.

39 Vgl. *Deutsches Biographisches Archiv*, hg. Von Bernhard Fabian, München 1982.

40 *Mitteilungen* II (Januar 1919), S. 1–5.

41 Paul Marsop, „Auf dem Wege zum Salzburger Festspielhause", *Mitteilungen* II, 2 (Februar 1919), 1–8 (Teil 1); II, 9 (September 1919), 1–8 (Teil II); II, 11 (November 1919) (Teil III, unzugänglich).

42 *Mitteilungen* II, 3–4.

43 Alfred Roller, „Festspielhaus in Salzburg", *Mitteilungen* II, 6 (Juni 1919), 1–4; Hans Poelzig, „Festrede anlässlich der III. ordentlichen Generalversammlung der Salzburger Festspielgemeinde in Salzburg," *Mitteilungen* III, 9–10 (September – Oktober 1920), 1–10.

44 Karl Ceroni, „Der Entwurf Poelzigs für das Mozart-Festspielhaus", *Mitteilungen* III, 9–10 (September – Oktober 1920), 10–11.

45 Joseph Ridler, „Geistliche Schauspiele", *Mitteilungen* II, 3 (April 1919) und 7 (Juli 1919); Anton Schittenhelm, „Parsifal", *Mitteilungen* II, 6 (Juni 1919) und 7 (Juli 1919). Schittenhelm besprach die Bayreuther Uraufführung von 1882, die bis 1934 gezeigt wurde, als Alfred Roller neuer Bühnenbildner wurde.

46 „Aufruf" und „Die kulturelle, volkswirtschaftliche und politische Bedeutung des Festspielhauses in Salzburg", *Mitteilungen* II, 10 (Oktober 1919) S. 1–7.

47 *Salzburger Wacht*, 23. August 1920, S. 4. Bericht über die Sitzung der Festspielgemeinde vom 21. August. Vgl. auch *Salzburger Volksblatt*, 23. August 1920, S. 2–3.

48 *Neue Freie Presse*, 18. August 1921, S. 3. Die Unterscheidung zwischen Kultur und Zivilisation operiert mit einem Prinzip der deutschnationalistischen Ideologie des 19. Jahrhunderts, die in Kapitel 3 diskutiert wird.

49 Eine Kopie des Pergaments liegt in der Theatersammlung der Nationalbibliothek Wien.

50 Kaut, *Die Salzburger Festspiele*, S. 40–41.

51 Briefwechsel zwischen Hofmannsthal und Kerber, 20 undatierte Briefe zwischen Januar 1926 und Juni 1928: Frankfurt, Hofmannsthal-Archiv, Freies Deutsches Hochstift, Frankfurt. Katalog-Nr. 106 – Kerber-1-20, Brief 2.

52 Briefwechsel Hofmannsthal–Kerber, Brief 15. Dass dies Hofmannsthals generelle Meinung über Reinhardt war, wurde mir von Rudolf Hirsch in einem persönlichen Gespräch bestätigt.

53 Freies Deutsches Hochstift, dritter von drei Briefen D. Coopers an H. v. Hofmannsthal (Übers. M. K.).

54 Diese und alle folgenden Listen befinden sich im Hofmannsthal-Archiv, Freies Deutsches Hochstift, Frankfurt. Seit meinen Recherchen ist vieles davon in *Hofmannsthal – Zifferer, Briefwechsel*, hg. von Hilde Burger, Wien 1984, veröffentlicht worden.

55 Franckenstein, *Facts and Features of My Life*, S. 321 (Übers. M. K.).

56 Zum Unterschied zwischen (deutschem) Weltbürgertum und (nicht-deutschem) Internationalismus, siehe Kapitel 3.

57 *Salzburger Volksblatt*, 17. August 1920, S. 1.

58 Ernst Hanisch, „Franz Rehrl – Sein Leben", in: *Franz Rehrl, Landeshauptmann von Salzburg 1922–1938*, hg. von Wolfgang Huber, Salzburg 1975, S. 5–42; Zitat S. 5.

59 Zitiert ebd., S. 5.

60 *Musical Courier*, New York, 15. April 1926, S. 46.

61 Vgl. Albin Rohrmoser, „Der Kulturpolitiker Franz Rehrl", *Franz Rehrl*, S. 169–213.

62 Hans Spatzenegger, „Erzbischof Rieder und Max Reinhardt", unveröffentlichter Bericht, Konsistorialarchiv Salzburg.

63 Rieders Brief vom 16. Januar 1922, Hofmannsthal-Archiv, Freies Deutsches Hochstift, Frankfurt.

64 Hofmannsthal, Brief an Franckenstein vom 6. Februar 1922, Konsistorialarchiv Salzburg, veröffentlicht in den *Salzburger Nachrichten*, 25. Juli 1970, S. 3.

65 Ebd.

66 Hofmannsthal an Franckenstein, 10. März 1922. „Was ist das Leben für ein Mysterium", Unveröffentlichte Briefe von Hugo von Hofmannsthal, mitgeteilt und kommentiert von Rudolf Hirsch, *Neue Zürcher Zeitung*, 5. August 1983, Fernausgabe Nr. 179, S. 21–22. Ich danke Fritz Fellner für diesen Hinweis.

67 Eine österreichische Diplomarbeit behandelt die zunehmende Verwendung Hofmannsthalscher Werke im österreichischen Gymnasialunterricht. Die Untersuchung lässt in diesem Zusammenhang zwei Fragen unbeantwortet: die mögliche Verbindung zwi-

schen dem erhöhten Stellenwert Hofmannsthals und der Verbreitung und Übernahme der „Salzburger Ideologie" als geeignetes Programm für den Gymnasialunterricht, sowie die Möglichkeit einer parallel wachsenden Beachtung Salzburger Autoren und Werke – zum Beispiel Grillparzers. (Gerlinde Huber, „Hugo von Hofmannsthal, der Österreicher in den Lesebüchern der Ersten und Zweiten Republik", Diplomarbeit, Klagenfurt 1970.)

68 Vgl. Kapitel I, Abschnitt III.

69 Die ersten drei werden in Fritz Stern, *Kulturpessimismus als politische Gefahr*, behandelt. Auf Ernst Bertram und Rudolf Pannwitz gehe ich in den folgenden Kapiteln ein.

70 Vgl. Karl Mannheim, *Mensch und Gesellschaft im Zeitalter des Umbaus*, Darmstadt 1958. S. 310 u. 401. Es ist bemerkenswert, dass das Bedürfnis, die Phänomene der Massengesellschaft und der Massenhysterie zu verstehen, drei österreichische Romanciers dazu veranlasste, sozialtheoretische Schriften zu verfassen: Broch in *Massenwahntheorie*, Canetti in *Masse und Macht* und Musil in mehreren kurzen Aufsätzen.

71 Diese These wird wahrscheinlich viele heutige österreichische Beobachter vor den Kopf stoßen, die die langgehegte Vorstellung einer Trennung von (heiliger) Kultur und (profaner) Politik pflegen, besonders der Trennung zwischen österreichischer Kultur und deutscher Nazipolitik. Diese Verbindung wurde zwischen 1933 und 1945 jedoch häufig aufrechterhalten (natürlich zu einem anderen Zweck). So preist der langjährige Leiter des Instituts für Theaterwissenschaft der Universität Wien, Heinz Kindermann, 1933 im Vorwort zu *Des deutschen Dichters Sendung in der Gegenwart*, Leipzig 1933, die Kontinuität von Moeller van der Bruck über Stefan George und Hofmannsthal bis zum Nationalsozialismus. Moellers Vorstellung vom „Dritten Reich", Georges Vorstellung vom „Neuen Reich", Hofmannsthals „konservative Revolution" und Hitlers „deutsche Erhebung" verbanden, so Kindermann, Ideale der Religion, Kunst und Wirtschaft „im Dienst des geistigen Gesamtorganismus unsere Nation". (S. 7) Kindermann (dessen Karriere bis in die 80er Jahre andauerte) verkörpert selbst die Kontinuität zwischen österreichisch-katholischem Konservativismus und österreichischem Nationalsozialismus, doch diese Kontinuität darf in keinem Fall so verstanden werden, als impliziere sie einen impliziten Determinismus bzw. Kausalzusammenhang, der von einer Form des kulturellen Glaubensbekenntnisses zum anderen geführt hätte.

72 Hofmannsthal, „Das Schrifttum als geistiger Raum der Nation", Rede, gehalten im Auditorium Maximum der Universität München am 10. Januar 1927. *Werke X*, S. 24–41.

73 Vgl. Ernst Bertram, *Nietzsche: Versuch einer Mythologie*, Bonn 1918.

74 Ernst Bertram, *Über Hugo von Hofmannsthal*, Dortmund 1907, S. 343.

75 Hofmannsthal und Andrian, *Briefwechsel*, Brief vom 27. September 1927, S. 252.

76 Brief vom 3. Oktober 1917, in: Hugo von Hofmannsthal und Max Mell, *Briefwechsel*, hg. von Margret Dietrich und Heinz Kindermann, Heidelberg 1982, S. 139.

77 Die Korrespondenz liegt im Deutschen Literaturarchiv, Marbach. Ich danke Werner Volke vom Literaturarchiv für die Genehmigung, daraus zu zitieren.

78 Briefwechsel zwischen Hofmannsthal und Pannwitz, Deutsches Literaturarchiv, Marbach: Hofmannsthals Briefe an Pannwitz sind archiviert unter dem Stichwort „H:Pannwitz", Archivnummer 70.630 bis 70.634. Es handelt sich um eine nicht freigegebene Signatur. Pannwitz' Briefe an Hofmannsthal sind unter „P:Hofmannsthal" archiviert, Archivnummer 60:742a-d. Diese Nummer ist zugänglich. Alle nachfolgenden Zitate aus dem Briefwechsel stammen aus diesem Ordner, daher erfolgen keine einzelnen Quellennachweise mehr.

79 Pannwitz, Brief vom 1. August 1917.

80 Pannwitz, Brief vom 11. August 1917.

81 Pannwitz, Brief vom 24. Oktober 1917.

82 Pannwitz, Brief vom 4. November 1919.

83 Pannwitz, Brief vom 28. Februar 1920.

84 Pannwitz, Brief vom Oktober 1920.

85 Zum Zusammenhang zwischen dem Welttheater-Topos und der damaligen konservativen Staats- und Literaturtheorie in Österreich, vgl. Walter Weiss, „Salzburger Mythos? Hofmannsthals und Reinhardts Welttheater", *Zeitgeschichte* 2 (Februar 1975), S. 109–19. Die Thematik und der Aufsatz von Weiss werden in Kapitel 4 behandelt.

Nationalistisches Weltbürgertum

1 Friedrich Meinecke, *Weltbürgertum und Nationalstaat*, Berlin 1907.

2 Friedrich Meinecke, *Die deutsche Katastrophe*, in: *Autobiographische Schriften*, Werke Bd. VIII, hg. von Eberhard Kessel, Stuttgart 1969, S. 443. Die folgende Passage verrät, dass Meineckes nationalistisches Weltbürgertum überlebt hat: „Aber immer stand es dabei so, daß eine spezifisch und echt deutsche Geistesleistung zu einer universal abendländischen Wirkung zu gelangen vermochte. Was gibt es Deutscheres, als Goethes Faust, und wie gewaltig war seine Ausstrahlung auf das Abendland. Und diese Erfahrung, daß etwas aus eigenstem Volksgeist Entsprungenes und darum Unnachahmliches zu universaler Wirkung gelangte, ist nicht nur etwa auf das Verhältnis des deutschen zum abendländischen Geiste beschränkt, sondern bringt ein Grundgesetz zum Vorschein." S. 441.

3 Heiko A. Oberman, *Wurzeln des Antisemitismus. Christenangst und Judenplage im Zeitalter von Humanismus und Reformation*, Berlin 1981, S. 23, 48, 50, 51.

4 Stuart Hall, „The Rediscovery of ‚Ideology': Return of the Repressed in Media Studies", in: *Culture, Society and the Media*, hg. V. Michael Gurevitch, Tony Bennett, James Curran und Janet Woollacott, London 1982, S. 56–60.

5 Karl Weintraub, *The Value of the Individual*, Chicago 1977, S. 339 (Übers. M. K.).

6 Johann Wolfgang Goethe, *Dichtung und Wahrheit*. Sämtliche Werke in 18 Bänden, 2. Auflage, Zürich 1961–66; Bd. 10, S. 54.

7 Hans Sachs beginnt den dritten und letzten Aufzug der *Meistersinger von Nürnberg* mit einem „partikularistischen" Lobspruch auf Nürnberg und schließt ihn mit einer nationalistischen Verteidigung der deutschen Werte gegen den Westen (speziell Frankreich, auch wenn Wagner seine Attacke maskiert). Der erste Satz lautet: „Wie friedsam treuer Sitten, getrost in Tat und Werk, liegt mitten in Deutschlands Mitten mein liebes Nürenberg!" Sachs hält die Schlussrede vor den versammelten Bürgern der Stadt: „Habt acht! Uns dräuen üble Streich, zerfällt erst deutsches Volk und Reich in falscher, welscher Majestät, kein Fürst bald mehr sein Volk versteht; und welschen Dunst mit welschem Tand sie pflanzen uns in deutsches Land; was deutsch und echt wußt, keiner mehr, lebt's nicht in deutscher Meister Ehr." Wagner schafft den Schritt vom Lokalpartikularismus zum Reichsnationalismus innerhalb eines Aufzugs.

8 Jonathan Knudsen, *Justus Möser and the German Enlightenment*, Cambridge 1986, S. 149. Im folgenden vgl. S. xi, 154, 158, 53 (Übers. M. K.). Das Zitat von Justus Möser ist aus: „Von den Nutzen einer Geschichte der Aemter und Gilden", in: Justus Möser, *Patriotische Phantasien*, Erster Theil, hg. J. W. J. v. Voigt, Berlin⁴ 1820, VII, S. 66.

9 Immanuel Kant, „Ideen zu einer allgemeinen Geschichte in weltbürgerlicher Absicht", in: *Schriften zur Anthropologie, Geschichtsphilosophie, Politik und Pädagogik* 1, Werkausgabe Bd. XI, Hg. von Wilhelm Weischedel, Frankfurt am Main 1977, S. 44.

10 Norbert Elias, *Über den Prozeß der Zivilisation*, Frankfurt am Main 1976. Bd. 1, S. 8.

11 Ebd., S. 23.

12 Ebd., S. 14.

13 Vgl. Abschnitt 2, „Von den Gründen a priori zur Möglichkeit der Erfahrung", in: Immanuel Kant, *Kritik der reinen Vernunft* 1, Werkausgabe Bd. III, hg. von Wilhelm Weischedel, Frankfurt am Main 1974, S. 160–172.

14 Leonard Krieger hat dieses Prinzip in der Entwicklung des liberalen Denkens in Deutschland im 19. Jahrhundert in seinem Buch *The German Idea of Freedom*, Chicago 1957, verfolgt.

15 Jeffrey Sammons, „Heine as Weltbürger? A Skeptical Inquiry", *Modern Language Notes* 101:3 (1986), S. 609–28; Zitate auf S. 611, 623, 624, 626. Vgl. auch Sammons, *Heinrich Heine: A Modern Biography*, Princeton 1979, und S. S. Prawer, *Heine's Jewish Comedy*, Oxford 1983 (Übers. M. K.).

16 Jürgen Habermas, *Philosophisch-politische Profile*, Frankfurt am Main 1987, S. 43–44.

17 Hermann Cohen, *Die dramatische Idee in Mozarts Operntexten*, Berlin 1915, S. 9–10. Cohens Kreuzzug für ein wiedererstarktes deutsches Weltbürgertum im Geiste Kants wird von seinem berühmtesten Studenten, Ernst Cassirer, in dem einflussreichen und höchst ambivalenten Werk *Philosophie der Aufklärung* von 1932 fortgeführt. Cassirer sagt in der Einführung deutlich, dass eine aufgeklärte, menschliche Politik als letztes Mittel gegen die vordringende Barbarei seiner eigenen Zeit bietet. Cassirers Porträt der Aufklärung ist einerseits Modell für eine multinationale Geschichte, in der besonders Frankreich und Deutschland, *philosophes* und *Aufklärer*, in dialogischer Form dargestellt werden. Dies macht nach wie vor den besonderen analytischen Wert des Werks aus. Auf der anderen Seite kulminiert alles in Kant, und Cassirer neigt immer wieder dazu, die Tradition der multinationalen Aufklärung als teleologische Weiterentwicklung via Rousseau zu Kant zu verstehen. Selbst Cassirer ist also 1932 gegen das nationalistische Weltbürgertum nicht völlig immun.

18 Thomas Mann, *Betrachtungen eines Unpolitischen*, Gesammelte Werke, Bd. XII, Frankfurt 1960, S. 111, 113ff, 77.

19 Ebd., S. 28, 121, 114f.

20 Hofmannsthal, Prosa III, S. 376.

21 Ebd., S. 376 u. 377.

22 Vgl. Werner Volke, *Hugo von Hofmannsthal*, Reinbek bei Hamburg 1967, S. 140, 142.

23 Hofmannsthal, IX, S. 407. Hofmannsthals Verständnis von Grillparzers politischem Stellenwert ist im Hinblick auf den zweiten Kontext interessant, in dem Grillparzer für ihn wichtig war – als Vermittler zwischen dem spanischen Barockschauspiel und dem österreichischen Theater.

24 Werner Volke, *Hofmannsthal*, S. 143–44.

25 Hugo von Hofmannsthal und Josef Redlich, *Briefwechsel*, hg. von Helga Fussgänger, Frankfurt am Main 1971, Brief vom 24. Juli 1915, S. 17.

26 Josef Redlich, *Schicksalsjahre Österreich, 1908–1919:* Das politische Tagebuch Josef Redlichs, hg. von Franz Fellner, Graz 1953, I:13.

27 Hofmannsthal, *Prosa III*, S. 352f.

28 Ebd., S. 353.

29 Hofmannsthal, IX, S. 356.

30 Hofmannsthal, IX, S. 384.

31 Vgl. Arthur J. May, *The Passing of the Hapsburg Monarchy*, Philadelphia 1966, I:490–91.

32 Hofmannsthal, *Prosa III*, S. 407–409.

33 Hofmannsthal, IX, S. 390.

34 H. Wickham Steed, *The Hapsburg Monarchy*, London 1913.

35 May, S. 233ff.

36 Hofmannsthal, IX, S. 393 u. 394.

37 Ebd., S. 457.

38 Hofmannsthal, IX, S. 418, 419.

39 Hofmannsthal, „Das Publikum der Salzburger Festspiele", IX, S. 183–186 (Zitat S. 185) und „Zum Programm der Salzburger Festspiele 1928", X, S. 187ff.

Deutsche Kultur und österreichische Kulturpolitik

1 Vgl. Günter Fellner, *Antisemitismus in Salzburg 1918–1938*, Wien 1979.

2 Dass Rehrl entschiedener Gegner der Nationalsozialisten war und den Krieg im Gefängnis verbrachte, deutet auf einen mangelnden deutschen Kulturchauvinismus in seiner Pro-Anschluss-Politik hin.

3 Franz Borkenau, *Austria and After*, London 1938, S. 119–120 (Übers. M. K.).

4 Der erbitterte Streit um diese nationale Kulturpolitik innerhalb der Sozialdemokratischen Partei, ganz zu schweigen außerhalb der Partei, ist ein entscheidender Grund für die Auflösung des österreichischen Sozialismus und ein Faktor, der meines Erachtens in der umfangreichen Geschichtsschreibung zu diesem Thema übersehen worden ist (mit Ausnahme von J. L. Talmons Studie, auf die ich später eingehe).

5 Vgl. Martin Kitchen, *The Coming of Austrian Fascism*, London 1980, und Anson Rainbach, *The Crisis of Austrian Socialism*, Chicago 1983.

6 *Illustrierte Kronenzeitung*, 3. April 1938. In einem Kommentar, der auf englisch veröffentlicht wird, antwortet Renner auf die Frage, warum er für den Anschluss sei, er fühle sich zuerst der Nation und dann der Partei verpflichtet: „Nationen leben in Jahrhunderten, Parteien kommen und gehen in Generationen." Karl Renner, „Warum ich mit Ja gestimmt habe", in: *Karl Renner in Dokumenten und Erinnerungen*, hg. von Siegfried Nasko, Wien 1982, S. 133–37.

7 J. L. Talmon, *The Myth of the Nation and the Vision of Revolution*, London 1981.

8 Ebd., S. 137–165. Die Grundannahme, dass die Positionen von Marx und Engels supranational waren, wurde von Walker Connor in *The National Question in Marxist-Leninist Theory and Strategy*, Princeton 1984, in Frage gestellt.

9 Vgl. Talmon, S. 142.

10 Otto Bauer, *Die Nationalitätenfrage und die Sozialdemokratie*, in: Werkausgabe Bd. 1, hg. von der Arbeitsgemeinschaft für die Geschichte der österreichischen Arbeiterbewegung, Wien 1975, S. 49–622. Die zitierten Stellen stehen auf den Seiten 189, 190, 194/5.

11 Paul Sweet betont in „Democracy and Counterrevolution in Austria", *Journal of Modern History* 22 (1950), S. 52–58, dass die Bedeutung der deutschnationalen Haltung der Sozialdemokraten von der Geschichtsschreibung der Ersten Republik vernachlässigt wurde. Dies scheint für die heutige Forschung noch immer zuzutreffen.

12 Vgl. Bottomore, S. 12.

13 Friedrich Heer, *Der Kampf um die österreichische Identität*, Wien 1981, S. 335. Heer weist darauf hin, dass das Wort „Gau", ein Lieblingswort der Nationalsozialisten, ein „mythischer Begriff" sei, der „einer deutsch-völkischen Ideologie, jedoch keiner staatsrechtlichen Realität" entspreche: „Nie verstanden sich Bayern, Preußen, Hannover etc. als Gaue."

14 Ernst Hanisch, „Franz Rehrl – Sein Leben", in: *Franz Rehrl*, S. 13.

15 Zitiert in Heer, S. 354.

16 Heer, S. 368.

17 Ignaz Seipel: *Mensch, Christ, Priester*. In seinem Tagebuch. Hg. von Rudolf Bluml, Wien 1933, S. 164.

18 Vgl. hierzu Alfred Diamant, *Austrian Catholics and the First Republic*, Princeton, N.J. 1960, S. 105–16.

19 Siehe auch Kurt Schuschnigg, *Mein Österreich*, Wien 1938, sowie Dorothy Thompsons Einführung zur 1938 in New York erschienenen englischsprachigen Ausgabe *My Austria*.

20 Hier handelt es sich nicht um den SDAP-Chef Otto Bauer, sondern um einen Linzer Metallarbeiter, der durch sein Buch *Ziele und Wege der religiösen Sozialisten Österreichs*, Wien 1930, landesweit bekannt wurde.

21 Vgl. Diamant, S. 189ff.

22 Vgl. Kitchen, S. 181. Kitchen sieht hier eine Parallele zum italienischen Faschismus.

23 Engelbert Dollfuß, *Dollfuß an Österreich. Eines Mannes Wort und Ziel.* Hg. von Edmund Weber, Wien 1935, S. 31.

24 Vgl. Diamant, S. 203ff.

25 Walter Weiss, „Der Salzburger Mythos". *Zeitgeschichte* 2, Nr. 5 (Februar 1975), S. 114.

26 Diamant, S. 235. Vgl. auch Arnulf Rieber, *Vom Positivismus zum Universalismus. Untersuchungen zur Entwicklung und Kritik des Ganzheitsbegriffs von Othmar Spann,*

Berlin 1971, und Klaus-Jörg Siegfried, *Universalismus und Faschismus. Das Gesellschaftsbild Othmar Spanns. Zur politischen Funktion seiner Gesellschaftslehre und Ständestaatskonzeption*, Wien 1974.

27 Vgl. Weiss, S. 114.

28 Heinrich von Srbik, *Deutsche Einheit: Idee und Wirklichkeit vom Heiligen Reich bis Königgrätz*, München 1935.

29 Heer, S. 380; Suval, S. 67–68, 174–175.

30 Suval, S. 68 (Übers. M. K.).

31 Otto Brunner und Friedrich Walter bildeten mit Srbik ein Triumvirat pro-nationalsozialistischer, katholisch-österreichischer Historiker. Otto Brunner verteidigt seine Haltung in einer Studie zur besonderen, antiwestlichen Mission der österreichischen Geschichtswissenschaft: „Das österreichische Institut für Geschichtsforschung und seine Stellung in der deutschen Geschichtswissenschaft" in: *Mitteilungen des österreichischen Instituts für Geschichtsforschung*, hg. v. Wilhelm Bauer und Otto Brunner, Innsbruck, September 1938, S. 385–416.

32 Ignaz Rieder, *Denkschrift über eine katholische Universität des deutschen Volkstums in Salzburg*. Die von mir herangezogene Kopie im Salzburger Landesarchiv ist nicht datiert und enthält keine Angaben, wo sie erschienen ist. Sie umfasst neunzehn Seiten und erschien nach 1923. Zitate auf S. 1 und 11.

33 Der unveröffentlichte Brief vom 18. Dezember 1916 liegt im Bahr-Nachlass, Theatersammlung der Nationalbibliothek Wien.

34 Max Weber, „Eine katholische Universität in Salzburg", *Frankfurter Zeitung und Handelsblatt* v. 10. Mai 1917, Erstes Morgenblatt, S. 2.

35 Schorske, *Wien*, S. 111f.

36 Seipel, Brief an Bahr vom 18. Juli 1923, Theatersammlung.

37 C. E. Williams, *The Broken Eagle: The Politics of Austrian Literature from Empire to Anschluss*, New York 1974, S. 35 (Übers. M. K.).

38 Hermann Bahr, *Dalmatinische Reise*, Berlin 1912, S. 52.

39 Bahr an Hofmannsthal, 13. September 1914, Schuber 38, Bahr-Nachlass, Theatersammlung.

40 Bahr an Hofmannsthal, 16. Juni 1916, Schuber 38, Theatersammlung.

41 Brief an Josef Redlich vom 14. August 1920, in: Fritz Fellner (Hg.), *Dichter und Gelehrter: Hermann Bahr und Josef Redlich in ihren Briefen 1896–1934*, Salzburg 1980, S. 421.

42 Eine detaillierte Beschreibung der Reise findet sich in Heinz Lunzer, *Hofmannsthals politische Tätigkeit in den Jahren 1914–1917*, Frankfurt am Main 1981, S. 240–54.

43 Hofmannsthals Kontakt und Korrespondenz mit Kvapil und Eisner, Franz Spina und Ottokar Winicki ist durch Martin Stern in drei Teilen in den *Hofmannsthal-Blättern*, Frankfurt, Heft 1, 1968, Heft 2, 1969, und Heft 3, 1969 dokumentiert. Ich zitiere im folgenden nach Stern 1, Stern 2, Stern 3.

44 Kvapil, Brief vom 19. November 1914. Stern 1, S. 13.

45 Kvapil, Brief vom 11. Januar 1915. Stern 1, S. 19–21.

46 Kvapil, Brief vom 9. Februar 1918. Stern 1, S. 26.

47 Eisner, Brief vom 9. Januar 1918. Stern 3, S. 198–200.

48 Spina, Brief vom 26. Januar 1918. Stern 3, S. 202–4.

49 Hofmannsthal, Brief an Pannwitz vom 17. September 1917. Deutsches Literaturarchiv, Marbach.

50 Pannwitz, Brief vom 24. September 1917. Marbach. Pannwitz verzichtet in seinen Briefen weitgehend, in seinem gedruckten Werk vollständig auf Interpunktion und Großschreibung.

51 Pannwitz, Brief an Hofmannsthal vom 9. November 1917. Marbach.

52 Pannwitz an Hofmannsthal, 16. Dezember 1917. Marbach.

53 Pannwitz an Bahr, 26. Oktober 1917. Theatersammlung.

54 Pannwitz an Bahr, 30. Oktober 1917. Theatersammlung.

55 Pannwitz an Bahr, 31. Mai 1918. Theatersammlung.

56 Pannwitz an Bahr, 26. Mai 1919. Theatersammlung.

57 Pannwitz, Brief an Redlich vom 21. Januar 1920. Marbach. Redlich scheint den Vorfall Hofmannsthal gegenüber nie erwähnt zu haben. Er kommt im Briefwechsel zwischen Redlich und Hofmannsthal (hg. von Helga Fussgänger, Frankfurt 1971) nicht vor. Da Pannwitz durch Hofmannsthal mit Redlich Kontakt aufgenommen hatte, wollte Redlich ihn vielleicht nicht mit dem Zwischenfall belasten.

58 Redlich, Brief an Bahr vom 31. Januar 1920, Nr. 493, in: Fritz Fellner (Hg.), *Dichter und Gelehrter*, S. 395–97.

59 Ebd.

Allegorie und Autorität im Werk Hugo von Hofmannsthals

1 Walter Benjamin, *Ursprung des deutschen Trauerspiels*, Gesammelte Schriften I,1, S. 351.

2 Vgl. Michael P. Steinberg, Introduction to Hermann Broch, *Hofmannsthal and His Time*, Chicago 1984, S. 4.

3 Rudolf Hirsch – persönliche Auskunft.

4 Broch, S. 95.

5 Broch, S. 76.

6 Carl Schorske, „Die Seele und die Politik: Schnitzler und Hofmannsthal", in: *Wien,* S. 3–21.

7 Broch, S. 95.

8 Broch, S. 93.

9 Vgl. Michael Hamburger, Introduction to Hofmannsthal, *Plays and Libretti*, S. ix–lxxii.

10 Ebd., S. xv.

11 Broch, S. 122.

12 Hugo von Hofmannsthal, *Elektra*, in: Sämtliche Werke Bd. VII, Dramen 5. Hg. v. Klaus E. Bohnenkamp u. Mathias Mayer. Frankfurt am Main 1997, S. 63.

13 Zur Zusammenarbeit zwischen Hofmannsthal und Strauss, vgl. *Richard Strauss – Hugo von Hofmannsthal. Briefwechsel. Gesamtausgabe.* Im Auftrag von Franz und Alice Strauss herausgegeben von Willi Schuh, Zürich 1964. Vgl. auch Michael P. Steinberg, „Metaphor of Dance: The Meaning of the Waltzes in *Elektra* and *Der Rosenkavalier*", *Opera News*, Januar 1980. Zur Gegenüberstellung der weiblichen Idealtypen in *Elektra* und *Ariadne auf Naxos* vgl. Michael P. Steinberg, „Death or Transfiguration", *Opera News* 1979.

14 Ich behaupte nicht, dass dieses Modell zum Verhältnis von Wort und Musik in den Opern von Hofmannsthal und Strauss zwangsläufig auf die Oper allgemein zutrifft. Es ist vielmehr spezifisch für die Hofmannsthalschen Libretti, deren generelle Problematik in der Schwäche des Worts liegt. Arnold Schönberg zum Beispiel reagiert diametral entgegengesetzt auf das Problem, das Ergebnis ist seine Oper *Moses und Aaron* (1930–32), auf die ich in Kapitel 6 eingehe. Auf die biblische Vorstellung vom Wort als Wahrheit zurückgreifend, macht er die Partie des Moses zur Sprechrolle. Moses Bruder Aaron, der Ideologe, der das goldene Kalb errichtet, singt melodiös. Schönberg will damit zum Ausdruck bringen, dass die Musik (bzw. aus seiner Sicht vielleicht die traditionelle Musik) ein lügnerischer Deckmantel ist, der die Macht des Wortes verbirgt und blockiert – eine Schlussfolgerung, die dem unausgesprochenen Arbeitsprinzip von Hofmannsthal und Strauss direkt entgegengesetzt ist.

15 Redlich an Hermann Bahr, 13. Juli 1918, in: *Dichter und Gelehrter*, hg. v. Fritz Fellner, S. 353.

16 Vgl. Schorske, S. 15: „Aber von Anfang an war die ästhetische Haltung problematisch für Hofmannsthal. Wer im Tempel der Kunst verweilt, das wußte er, war verdammt, den Sinn des Lebens nur in seiner eigenen Seele zu suchen."

17 Manfred Hoppe, *Literatentum, Magie und Mystik im Frühwerk Hugo von Hofmannsthals*, Berlin 1968, S. 2.

18 Hans Mayer, „Die Frau ohne Schatten", in: *Versuche über die Oper*, Frankfurt 1981, S. 139. Mayer glaubt, die Problematik des „einsamen Ästhetentums des Künstlers" gehe auf Hofmannsthals frühes lyrisches Drama *Der Kaiser und die Hexe* von 1897 zurück – S. 137. Es ist nicht völlig von der Hand zu weisen, dass der Abstieg aus der kaiserlichen Welt in die Niederungen des Färberhauses als Anspielung auf Hofmannsthals dichterischen „Abstieg" in die Zusammenarbeit mit dem Tondichter (i. e. Koloristen) Richard Strauss gewertet werden kann. In jedem Falle zeigen *Die Frau ohne Schatten* und die anderen, in diesem Kapitel besprochenen Werke Hofmannsthals Vorliebe, weibliche Figuren mit autobiographischer Bedeutung zu versehen.

19 Vgl. dazu Mayer, S. 127–29.

20 Mayer, S. 152.

21 Hugo von Hofmannsthal, *Der Schwierige,* in: Sämtliche Werk XII. Dramen 10. Hg. v. Martin Stern, Frankfurt am Main 1993, S. 159.

22 Vgl. William Johnston, *The Austrian Mind*, Berkeley, California 1972, S. 212–13.

23 Vgl. Rudolf Hirsch, „Paul Eisners Volkslieder der Slawen, Eine Quelle für *Arabella*", Hofmannsthal-Blätter 4 (1970), S. 287–88. Es ist üblich, dass der Bariton, der die Partie des Mandryka singt, sich einen leicht slawischen Akzent zulegt.

24 Manfred Hoppe, „Hofmannsthals ‚Ruinen von Athen': Das Festspiel als ‚konservative Revolution'", in: *Jahrbuch der deutschen Schillergesellschaft* 26 (1982), S. 325–56, bes. S. 335.

25 Nietzsche, *Die fröhliche Wissenschaft*, zitiert in Hoppe, S. 336.

26 Bertram, *Nietzsche*, S. 79, zitiert in Hoppe, S. 337.

27 Ebd., S. 337.

Die katholische Kultur der österreichischen Juden 1890–1938

1 Bisher ist es mir nicht gelungen, diesen Bericht eines in Salzburg geborenen Augenzeugen der Festspiele von 1920, den ich 1983 in Österreich kennenlernte, zu erhärten. Ich wäre für jede Bestätigung bzw. Widerlegung dankbar.

2 Günter Fellner, *Antisemitismus in Salzburg 1918–1938*, Wien 1979, S. 78, 58, 61.

3 *Der Kyffhäuser*, 12. August 1888, und *Salzburger Chronik*, 8. Oktober 1906, zitiert in: Fellner, S. 63.

4 Ebd., S. 72–73. *Salzburger Chronik*, 28. Mai 1918, zitiert in: Fellner, S. 83.

5 *Salzburger Chronik*, 4./5. Februar 1923; *Salzburger Chronik*, 25. April 1924; *Salzburger Volksblatt*, 23. März 1921; zitiert in: Fellner, S. 101–3.

6 *Deutscher Volksruf*, 19. März 1921; *Deutscher Volksruf*, 26. August 1922; *Freie Salzburger Bauernstimme*, 17. August 1922; *Der Eiserne Besen*, 10. September 1923; *Der Eiserne Besen*, 22. März 1924; zitiert in: Fellner, S. 103–4.

7 Else Lasker-Schüler, Brief an Herwarth Walden, in: dies., *Dichtungen und Dokumente*, München o. J., S. 518.

8 Styan, *Max Reinhardt*, S. 101 (Übers. M. K.).

9 Broch, *Hofmannsthal und seine Zeit*, S. 70.

10 Vgl. Nikolaus Vielmetti et. al. (Hg.), *Das österreichische Judentum. Voraussetzungen und Geschichte*, Wien 1974.

11 Vgl. Wittgenstein, *Vermischte Bemerkungen*, Frankfurt 1977.

12 Für beide Positionen gibt es zahlreiche Beispiele. Die antisemitische Moderne ist zum Beispiel durch Ernest Ansermet *Les fondements de la musique dans la conscience humaine*, Neuchâtel 1961, vertreten. Ansermet begründet seine Ablehnung der Musik des 20. Jahrhunderts ab Schönberg mit der Behauptung, die atonale Musik negiere die natürliche Ordnung, auf der alle abendländische Musik aufbaue; Schönberg, der an dieser Verirrung schuld sei, habe „das Abstrakte mit dem Konkreten verwechselt, eine jüdi-

sche Marotte, die auch die Marotte der Intellektuellen ist" (I, 512). Für Ansermet ist die kulturelle „Abstraktion" das jüdische Dilemma, das Schönberg mit Spinoza, Marx, Freud und Einstein verbindet (I, 516,26. Übers. M. K.). Das philosemitische Argument, mit spezifischer Bezugnahme auf das Wien des Fin de siècle, wird durch George Steiner repräsentiert, der die These vertritt, die talmudische Prädisposition zum Rationalismus, zur Skepsis gegenüber der Sprache und zur Ablehnung bildlicher Darstellung habe die österreichische Moderne hervorgebracht und sei daher für sie charakteristisch. Vgl. Steiner, „Le langage et l'inhumain", in: *Revue d'esthétique* 9 (1958), S. 65–70.

13 Broch, *Hofmannsthal und seine Zeit*, S. 96–103.

14 Ebd., S. 99.

15 Hugo v. Hofmannsthal, *Gesammelte Werke*, Bd. 9/I, Frankfurt 1975, S. 232.

16 „Ein neuer Ton in der Politik. Ein österreichisches Trio." Schorske, *Wien*, S. 151.

17 Herzl, Tagebuch, I:8, zitiert in: Schorske, S. 152.

18 Bernard Avishai, *The Tragedy of Zionism*, New York 1985, S. 38–39 (Übers. M. K.).

19 Zur zentralen Bedeutung der Hannibal-Phantasie, vgl. Carl Schorske,„Politik und Vatermord in Freuds ‚Traumdeutung'", in: ders., *Wien*, S. 169–193. William McGrath bezieht sich in *Freud's Discovery of Psychoanalysis*, Ithaca 1986, auf Schorskes Interpretation, allerdings räumt er der jüdischen Dimension einen höheren Stellenwert ein.

20 Ernest Jones, *Das Leben und Werk von Sigmund Freud*, Bd. 1, Bern 1960, S. 344.

21 Martin Freud, „Who Was Freud", in: *The Jews of Austria: Essays on Their Life, History and Destruction*, London 1967, S. 197–212. Siehe auch: Sigmund Freud, *Briefe 1873–1939*, Frankfurt am Main 1960, S. 362.

22 Ernest Jones (*Freud*, S. 43) und Carl Schorske vertreten die These, die Episode aus der Kindheit, in der Freud die Geschichte von seinem Vater erfährt, habe wesentlich zur Hannibal-Phantasie beigetragen. Schorske schreibt: „Freud-Hannibal als ‚semitischer General' würde seinen schwachen Vater an Rom rächen, einem Rom, das die ‚Organisation der katholischen Kirche' symbolisierte und die Herrschaft der Habsburger, die sie unterstützten." in: ders., *Wien*, S. 178f.

23 Vgl. Martin Freud, S. 201.

24 Jones, *Freud*, Bd. 1, S. 361.

25 Ebd., S. 364.

26 Henri Louis de la Grange, *Mahler*, Garden City (N.Y.) 1973. Bd. 1, S. 390, 411, 412 (Übers. M. K.).

27 Ebd., S. 414.

28 Vgl. Donald Mitchell, *Gustav Mahler: The Wunderhorn Years*, Boulder, Colo., 1975, S. 168ff.

29 Ich habe eine Strophe von Mahler weggelassen, wie mit „…" gekennzeichnet.

30 Vgl. David B. Greene, *Mahler: Consciousness and Temporality*, New York 1984, S. 127, 249, 274.

31 Leon Botstein, persönliche Auskunft.

32 Vgl. Kurt Blaukopf, *Gustav Mahler oder der Zeitgenosse der Zukunft*, Wien 1969, S. 114-19. Zur detaillierten Diskussion der Dritten Symphonie vgl. William J. McGrath, *Dionysian Art and Populist Politics in Austria*, New Haven, Conn., 1974, S. 120–62. (William McGrath hält hier die Fünfte Symphonie für wichtiger als ich.)

33 De la Grange, S. 596.

34 Ebd., S. 507.

35 H. H. Stuckenschmidt, *Schönberg. Leben – Umwelt – Werk*, Zürich/Freiburg i. B. 1974, S. 38.

36 Ebd., S. 183.

37 Arnold Schönberg, „Brahms, der Fortschrittliche", in: *Stil und Gedanke*, Leipzig 1989, S. 99.

38 Schönberg, „Vier Stücke für Gemischten Chor", in: *Sämtliche Werke, Chorwerke I*, Mainz 1980, S. 42–43.

Das Festspielrepertoire im Kontext 1920–1943

1 Eine vollständige Liste der zwischen 1920 und 1944 aufgeführten Werke findet sich im Anhang.

2 Vgl. Cynthia Walk, *Hofmannsthals „Grosses Welttheater". Drama und Theater*, Heidelberg 1980, S. 26.

3 Ebd.

4 Broch, *Hugo von Hofmannsthal und seine Zeit*, S. 56.

5 „Salzburger Festspieltage", *Deutsche Tageszeitung*, 25. August 1920. Reinhardt war in Baden bei Wien zur Welt gekommen, hatte die Kindheit jedoch in Pressburg verbracht, der ehemaligen ungarischen Hauptstadt, die nach 1918 unter dem Namen Bratislava tschechisch wurde. Er hatte tatsächlich bis 1918 die tschechische Staatsbürgerschaft, ebenso sein Sohn Gottfried. Vgl. Gottfried Reinhardt, *Der Liebhaber. Erinnerungen an Max Reinhardt*, München 1973, S. 26.

6 *Neue Freie Presse*, 18. August 1921.

7 *Salzburger Volksblatt*, 16. August 1921.

8 Rudolf Hirsch äußerte mir gegenüber, das Bühnenbild für das Bankett sei Rollers und nicht Reinhardts Idee gewesen. Es liefere dem Publikum ein getreues, tableau-artiges Bild von den handelnden Figuren und verstärke zudem die Parallele zwischen dem Schicksal Jedermanns und Don Giovannis, den der Tod auch bei einem Bankett ereilt.

9 Rudolf Hirsch, persönliche Auskunft. Im September 1922 äußerte Hofmannsthal den Wunsch, dass ihm „die Aufführung in einem profanen schönen Raum ungleich erwünschter wäre". Brief an Helene Thimig, 3. September 1922, zitiert in Walk, S. 126–27.

10 Hofmannsthal, Brief an Franckenstein vom 10. März 1922. *Neue Zürcher Zeitung* v. 5. August 1983, S. 22, zitiert in Franckenstein, *Facts and Features of my Life*, S. 242.

11 Nietzsche, Der Fall Wagner, Aphorismus 3; in: ders., *Sämtliche Werke*, Bd. 6, S. 16/17.

12 Karl Kraus, „Vom großen Welttheaterschwindel", *Die Fackel*, Nr. 601–7 (November 1922), S. 2.

13 Th. Mayrhofer in *Neue Freie Presse*, 4. August 1922. Josef Gregor, „Weltheater", *Neue Freie Presse*, 1. August 1922, S. 1–3. Gregor (1888–1960, vor allem bekannt als Librettist von Richard Strauss, den die Nazis nach 1933 daran hindern, mit Stefan Zweig zusammenzuarbeiten) ist, neben Kindermann, der zweite Fall eines katholisch-konservativen Theaterwissenschaftlers und Ideologen, der den Übergang zum Nationalsozialismus nach 1938 problemlos vollzieht. Im Zweiten Weltkrieg ist er Leiter der Theatersammlung der österreichischen Staatsbibliothek. 1943 veröffentlicht er *Das Theater des Volkes* (Wien 1943) und widmet es Baldur von Schirach, dem Führer der Hitlerjugend und Sohn eines Weimarer Theatermannes. Die Kapitelüberschriften des Werks geben Aufschluss über die Ideologisierung seines Theaterverständnisses und intellektuellen Biografie: „Das Theater des germanischen Mythos", „Das Theater des christlichen Mythos", „Das Volkstheater der Ostmark als Welttheater", „Der Wiener Aufstieg des Ostmark-Volkstheaters", „Wandlungen des Volkstheaters und die Rückkehr zur Nation".

14 *London Mercury* 7 (November 1922), S. 85–86; *Theatre Arts* 7, (Januar 1923): S. 17–20 (Übers. M. K.).

15 Hofmannsthal, *Das Salzburger große Welttheater*, in: Sämtliche Werke X, Bd. 8. Cynthia Walk meint zum Stück und seiner Entstehung, Hofmannsthal habe zu viel gestrichen und das Stück dadurch schwächer gemacht. S. 69f.

16 Walk, S. 146, 150–51.

17 Kraus, „Vom großen Welttheaterschwindel", S. 5.

18 *Salzburger Chronik*, 12. August 1922. Vgl. Walk, S. 117.

19 Proben und Zusatzvorstellung werden am 2. August bzw. 23. August 1922 in der *Salzburger Wacht* bekanntgegeben.

20 „Die Festspielpreistreiberei", *Salzburger Wacht*, 11. August 1922.

21 Diana Cooper, zwei Briefe an Hofmannsthal, unveröffentlicht. Frankfurt, Freies Deutsches Hochstift; Brief an Duff Cooper in: *A Durable Fire. Letters of Duff and Diana Cooper*, New York 1984, S. 196 (Übers. M. K.).

22 Hugo von Hofmannsthal und Max Mell, *Briefwechsel 1907–1929*, hg. v. Margret Dietrich und Heinz Kindermann, Heidelberg 1982.

23 C. E. Williams, *The Broken Eagle*, New York 1974, S. 10 (Übers. M. K.).

24 Siehe Kindermann, Einführung zu Hofmannsthal und Mell, *Briefwechsel*, S. 40.

25 Williams, S. 28 (Übers. M. K.).

26 Vgl. Hans Conrad Fischer, „Die Idee der Salzburger Festspiele und ihre Verwirklichung". Diss., Universität München 1954, S. 27.

27 Hofmannsthal, Brief vom 4. September 1922, in: Strauss und Hofmannsthal, *Briefwechsel*, Zürich 1964, S. 481–82.

28 Hofmannsthal, *Das Salzburger große Welttheater*, in: Sämtliche Werke X. Dramen 8. Hg. v. Hans-Harro Lendner, Frankfurt am Main 1977, S. 10.

29 Fischer, S. 196.

30 „Steigender Besuch in der Festspielstadt Salzburg", *Neue Freie Presse*, 1. August 1933.

31 „Salzburg als Fremdenstadt", *Neue Freue Presse*, 16. August 1933.

32 Gudrun Letz, „Die Mozart-Inszenierungen bei den Salzburger Festspielen", Diss., Universität Wien, 1963, S. 133–48; Hans Jaklitsch, „Verzeichnis der Werke und der Künstler des Theaters und der Musik bei den Salzburger Festspielen 1920–1982", in: Josef Kaut, *Die Salzburger Festspiele*, S. 241–499.

33 Letz, S. 143, 146.

34 Der Hohepriester Sarastro lässt sich als aufgeklärter Herrscher beschreiben, in dem sich die Probleme und Widersprüche aufgeklärten politischen Denkens spiegeln. Vgl. Isaiah Berlins Aufsatz „Two Concepts of Liberty": Section V, „The Temple of Sarastro", in: *Four Essays on Liberty*, Oxford 1969, S. 145–54. Die vielleicht bekannteste Kritik an der *Zauberflöte* als Feier der Aufklärung formuliert Theodor W. Adorno in seinem Aufsatz „Über den Fetischcharakter in der Musik und die Regression des Hörens": „Die ‚Zauberflöte', in der die Utopie der Emanzipation und das Vergnügen am Singspielcouplet genau koinzidieren, ist ein Augenblick selber. Nach der ‚Zauberflöte' haben ernste und leichte Musik sich nicht mehr zusammenzwingen lassen." (*Gesammelte Schriften*, Bd. 14: Dissonanzen – Einleitung in die Musiksoziologie. Hg. v. Rolf Tiedemann, Frankfurt am Main 1973, S. 17.) Doch die beiläufige Bemerkung zur *Zauberflöte* wird durch Adornos eigene These widerlegt, hohe Kultur („ernste Musik") sei niedriger Kultur („leichter Musik") moralisch überlegen, weil sie den Zuhörer zwinge, ein ästhetisches Ganzes wahrzunehmen, anstatt fetischistisches Vergnügen am Augenblick zu empfinden. Adorno ignoriert nicht nur die Tatsache, dass die „E-Musik" längst zur Ware geworden ist; er scheint auch die politischen Konsequenzen einer solchen Ideologie der Totalität zu ignorieren – Konsequenzen, die ja gerade die Probleme der politischen und musikalischen Umsetzung aufklärerischen Gedankenguts in der *Zauberflöte* bezeugen.

35 Krauss war 1935 von Göring als Nachfolger für den in Ruhestand tretenden Wilhelm Furtwängler an die Berliner Oper geholt worden. Seine Berufung hat zum Teil politische Gründe; als Mitglied der verbotenen österreichischen Nazipartei ist Krauss in Österreich in Gefahr. Als er Wien im November 1935 verlässt, wird seine Wiener Wohnung von der Polizei durchsucht. Mehr zu diesem Thema in der exzellenten Studie zum Musikleben im Dritten Reich von Fred K. Prieberg, *Musik im NS-Staat*, Frankfurt 1982, S. 68.

36 Zum Kitsch als Darstellungsform, die aufgrund ästhetischer Minderwertigkeit und sittlicher wie politischer Schädlichkeit zu verurteilen ist, vgl. Hermann Broch „Einige Bemerkungen zum Problem des Kitsches", in: *Schriften zur Literatur 2*, hg. v. P. M. Lützeler, Frankfurt 1975, S. 158–73; und ders., *Hugo von Hofmannsthal und seine Zeit*.

Zusammenfassung: Transformationen des Barock

1 Vgl. Gershom Sholem, *Walter Benjamin. Die Geschichte einer Freundschaft*, Frankfurt am Main 1975, S. 183–85; Werner Fuld, *Walter Benjamin. Zwischen den Stühlen*, Frankfurt am Main 1981, S. 148–64; Bernd Witte, *Walter Benjamin – Der Intellektuelle als Kritiker. Untersuchungen zu seinem Frühwerk*, Stuttgart 1976, S. 99–106.

2 Walter Benjamin, Ursprung des deutschen Trauerspiels, in: ders., *Gesammelte Schriften*, Band I,3. Hg. v. Rolf Tiedemann und Hermann Schweppenhäuser, Frankfurt am Main 1980.

3 Vorwort, *Neue deutsche Beiträge* 1, Nr. 1 (Juli 1922), S. 4; Anmerkung des Herausgebers, *Neue deutsche Beiträge* 1, Nr. 3 (Juli 1923), S. 123.

4 Vgl. Witte, S. 102, 213.

5 Ebd., S. 101.

6 Walter Benjamin, „Goethes Wahlverwandtschaften", in: *Gesammelte Schriften*, Band I,1, S. 125.

7 Vgl. George Steiner, *Introduction to Walter Benjamin, The Origin of German Tragic Drama*, London 1977, S. 17.

8 Vgl. Scholem, S. 159. In der von Scholem und Theodor W. Adorno veröffentlichten Briefausgabe heißt es: „Hofmannsthal forderte ein privates, persönliches Gutachten über den ‚Turm', eine Umdichtung von Calderóns ‚Leben ein Traum', die er herausbrachte; die Absolvierung dieser Arbeit plane ich mit einer publizistischen zu verbinden. Eine neue Revue für literarische Kritik bei Rowohlt erbittet meine ständige Mitarbeit und ich gedenke zunächst eine Rezension des ‚Turms' einzuliefern …" Vgl. Benjamin, *Briefe*, hg. von Gershom Scholem und Theodor W. Adorno, Frankfurt 1978, S. 377.

9 Benjamin, „Hugo von Hofmannsthal, *Der Turm. Ein Trauerspiel in fünf Aufzügen* (München, Verlag der Bremer Presse 1925)", in: Gesammelte Werke III, S. 29–33. Man beachte, dass Hofmannsthal den Begriff „Trauerspiel" verwendet.

10 Vgl. Alfred Schwarz, Introduction to Hugo von Hofmannsthal, *Three Plays*, Detroit 1966, S. 39.

11 Peter Szondi, *Hoffnung im Vergangenen. Über Walter Benjamin*, in: ders., Satz und Gegensatz. Sechs Essays, Frankfurt am Main 1964, S. 91.

12 Walter Benjamin, *Das Passagen-Werk*, in: Gesammelte Schriften, Band 6, hg. v. Rolf Tiedemann, Frankfurt 1982.

13 Vgl. meine Untersuchung *Walter Benjamin and the Demands of History*, Ithaca 1995.

14 Walter Benjamin, *Das Kunstwerk im Zeitalter seiner technischen Reproduzierbarkeit*, in: Gesammelte Schriften, Band I,2, hg. v. Rolf Tiedemann, Frankfurt 1980, S. 469.

15 Fuld, S. 273.

16 Der gesamte Brief ist auf französisch verfasst. Benjamin, *Briefe*, S. 837.

ANHANG

Festspielrepertoire
1920–1944

1920
Hofmannsthal, *Jedermann*

1921
Hofmannsthal, *Jedermann*
Mozart, *Bastien und Bastienne*

1922
Hofmannsthal, *Das Salzburger große Welttheater*
Mozart, *Don Juan* (deutsch)
Mozart, *Così fan tutte*
Mozart, *Die Hochzeit des Figaro*
Mozart, *Die Entführung aus dem Serail*

1923
Molière, *Der eingebildete Kranke*

1924
Keine Festspiele

1925
Hofmannsthal, *Das Salzburger große Welttheater*
Vollmöller, *Das Mirakel*
Mell, *Das Apostelspiel*
Mozart, *Don Juan* (deutsch)
Mozart, *Die Hochzeit des Figaro*
Donizetti, *Don Pasquale*
Muffat, *Das Leben hängt an einem Faden*
(Marionettentheater)
Hofmannsthal, *Die grüne Flöte* (Ballettpantomi-
me zur Musik von Mozart)

1926
Hofmannsthal, *Jedermann*
Goldoni, *Der Diener zweier Herren*
Gozzi/Vollmöller, *Turandot*
Mozart, *Die Entführung aus dem Serail*
Mozart, *Don Juan* (deutsch)
S. Strauß, *Die Fledermaus*
R. Strauss, *Ariadne auf Naxos*
Gluck, *Don Juan*
Pergolesi, *La serva padrona*
Mozart, *Les petits riens*

1927
Hofmannsthal, *Jedermann*
Shakespeare, *Ein Sommernachtstraum*
Schiller, *Kabale und Liebe*
Mozart, *Die Hochzeit des Figaro*
Mozart, *Don Juan* (deutsch)
Beethoven, *Fidelio*

1928
Hofmannsthal, *Jedermann*
Goethe, *Iphigenie auf Tauris*
Schiller, *Die Räuber*
Billinger, *Das Perchtenspiel*
Mozart, *Così fan tutte*
Mozart, *Die Zauberflöte*
Beethoven, *Fidelio*

1929
Hofmannsthal, *Jedermann*
Mozart, *Don Juan* (deutsch)
Beethoven, *Fidelio*
R. Strauss, *Der Rosenkavalier*

1930
Hofmannsthal, *Jedermann*
Schiller, *Kabale und Liebe*
Goldoni, *Der Diener zweier Herren*
Maugham, *Victoria*
R. Strauss, *Der Rosenkavalier*
Mozart, *Don Juan* (deutsch)
Mozart, *Die Hochzeit des Figaro*
Beethoven, *Fidelio*
Donizetti, *Don Pasquale*
Gluck, *Iphigenie in Aulis*

1931
Hofmannsthal, *Jedermann*
Goldoni, *Der Diener zweier Herren*
Hofmannsthal, *Der Schwierige*
Goethe, *Stella*
R. Strauss, *Der Rosenkavalier*
Mozart, *Don Juan* (deutsch)
Mozart, *Die Hochzeit des Figaro*

Mozart, *Die Zauberflöte*
Mozart, *Die Entführung aus dem Serail*
Mozart, *Così fan tutte*
Gluck, *Orpheus und Eurydike*
Beethoven, *Fidelio*
Rossini, *Il barbiere di Siviglia*
Donizetti, *Don Pasquale*
Cimarosa, *Il matrimonio segreto*

1932
Hofmannsthal, *Jedermann*
R. Strauss, *Der Rosenkavalier*
Mozart, *Die Entführung aus dem Serail*
Gluck, *Orpheus und Eurydike*
Mozart, *Così fan tutte*
Mozart, *Die Zauberflöte*
Weber, *Oberon*
Mozart, *Die Hochzeit des Figaro*
R. Strauss, *Die Frau ohne Schatten*
Beethoven, *Fidelio*

1933
Hofmannsthal, *Jedermann*
Goethe, *Faust* (Teil I)
Beethoven, *Fidelio*
Gluck, *Orpheus und Eurydike*
R. Strauss, *Der Rosenkavalier*
Mozart, *Die Hochzeit des Figaro*
Wagner, *Tristan und Isolde*
Mozart, *Così fan tutte*
Weber, *Oberon*
Mozart, *Die Zauberflöte*
R. Strauss, *Die ägyptische Helena*
R. Strauss, *Die Frau ohne Schatten*

1934
Hofmannsthal, *Jedermann*
Goethe, *Faust* (Teil I)
Beethoven, *Fidelio*
Wagner, *Tristan und Isolde*
R. Strauss, *Der Rosenkavalier*
Mozart, *Die Hochzeit des Figaro*
Mozart, *Don Giovanni* (italienisch)
R. Strauss, *Die ägyptische Helena*
Weber, *Oberon*
R. Strauss, *Elektra*
Mozart, *Così fan tutte*

1935
Hofmannsthal, *Jedermann*
Goethe, *Faust* (Teil I)
Wagner, *Tristan und Isolde*
Verdi, *Falstaff*
R. Strauss, *Der Rosenkavalier*

Mozart, *Don Giovanni* (italienisch)
Mozart, *Così fan tutte*
Beethoven, *Fidelio*
Mozart, *Die Entführung aus dem Serail*
Mozart, *Die Hochzeit des Figaro*

1936
Hofmannsthal, *Jedermann*
Goethe, *Faust* (Teil I)
Beethoven, *Fidelio*
Mozart, *Die Hochzeit des Figaro*
Mozart, *Don Giovanni* (italienisch)
Mozart, *Così fan tutte*
Verdi, *Falstaff*
Gluck, *Orpheus und Eurydike*
Wagner, *Die Meistersinger von Nürnberg*
Wolf, *Der Corregidor*
Wagner, *Tristan und Isolde*

1937
Hofmannsthal, *Jedermann*
Goethe, *Faust* (Teil I)
Beethoven, *Fidelio*
Verdi, *Falstaff*
R. Strauss, *Der Rosenkavalier*
Mozart, *Die Zauberflöte*
Gluck, *Orpheus und Eurydike*
Mozart, *Don Giovanni* (italienisch)
Wagner, *Die Meistersinger von Nürnberg*
R. Strauss, *Elektra*
Mozart, *Le nozze di Figaro* (italienisch)
Weber, *Euryanthe*

1938
Kleist, *Amphitryon*
Goethe, *Egmont*
Wagner, *Die Meistersinger von Nürnberg*
Mozart, *Don Giovanni* (italienisch)
R. Strauss, *Der Rosenkavalier*
Wagner, *Tannhäuser*
Beethoven, *Fidelio*
Mozart, *Le nozze di Figaro* (italienisch)
Verdi, *Falstaff*

1939
Shakespeare, *Viel Lärm um nichts*
Molière, *Der Bürger als Edelmann*
R. Strauss, *Der Rosenkavalier*
Weber, *Der Freischütz*
Verdi, *Falstaff*
Mozart, *Die Entführung aus dem Serail*
Mozart, *Don Giovanni* (italienisch)
Mozart, *Le nozze di Figaro* (italienisch)
Rossini, *Il barbiere di Siviglia*

1940
Zehn Orchester- und Kammerkonzerte

1941
Shakespeare, *Viel Lärm um nichts*
Mozart, *Die Zauberflöte*
R. Strauss, *Der Rosenkavalier*
Mozart, *Die Hochzeit des Figaro*
Mozart, *Don Juan* (deutsch)

1942
Goethe, *Iphigenie auf Tauris*
Nestroy, *Einen Jux will er sich machen*
Mozart, *Die Hochzeit des Figaro*
R. Strauss, *Arabella*

1943
Goethe, *Iphigenie auf Tauris*
Anzengruber, *Der G'wissenswurm*
Anzengruber, *Der Meineidbauer*
Mozart, *Die Zauberflöte*
R. Strauss, *Arabella*

1944
(geplante Saison, von Goebbels abgesagt)
Lessing, *Emilia Galotti*
Nestroy, *Lumpazivagabundus*
Mozart, *Così fan tutte*
Mozart, *Die Zauberflöte*
R. Strauss, *Die Liebe der Danae*

Aus: Hans Jaklitsch, „Verzeichnis der Werke und der Künstler des Theaters und der Musik bei den Salzburger Festspielen 1920–1981", in: Josef Kaut, *Die Salzburger Festspiele* (Salzburg 1982), S. 241–469. Die Liste umfasst Opern- und Sprechtheateraufführungen, ohne Orchester- und Kammerkonzerte und Liederabende.

BIBLIOGRAFIE

Archiv-Quellen

Archiv des Musikvereins, Wien
Deutsches Literaturarchiv, Marbach
    Hofmannsthal-Nachlass
    Hofmannsthal-Pannwitz-Briefe
Festspielhausarchiv, Salzburg
Freies Deutsches Hochstift, Frankfurt
    Hofmannsthal-Archiv
Konsistorialarchiv, Salzburg
Landesarchiv, Salzburg
Theatersammlung, Österreichische Nationalbibliothek, Wien
    Hermann-Bahr-Nachlass

Bücher und Beiträge

Adler, Gusti. *Aber vergessen Sie nicht die chinesischen Nachtigallen: Erinnerungen an Max Reinhardt.* München: Albert Langen, 1980.

Althaus, Horst. *Zwischen Monarchie und Republik.* München: Wilhelm Fink, 1976.

Anstett, Jean-Jacques. „Les idées sociales de Hugo von Hofmannsthal." *Revue germanique* 8, Nr. 22 (1931): 15–24.

Ara, Angelo und Claudio Magris. *Trieste. Un identità di frontiera.* Turin: Einaudi, 1982.

Aspetsberger, Friedbert. „Hofmannsthal und D'Annunzio: Formen des späten Historismus." *Hofmannsthal-Forschungen* 1 (1971): 5–15.

– (Hg.). *Staat und Gesellschaft in der modernen österreichischen Literatur.* Wien: Österreichischer Bundesverlag, 1977.

Ausstellung: Salzburg im Vierjahresplan. Kultur und Wirtschaftsschau vom 27. Mai bis 4. Juni 1939. Salzburg: NS-Gauverlag, 1939.

Auswirkung der Salzburger Festspiele auf Wirtschaft und Arbeitsmarkt. Salzburg: Presse- und Informationszentrum des Landes Salzburg, 1981.

Bäck, Helga. „Entwicklungsgeschichte des Salzburger Freilichttheaters." Diss., Universität Wien, 1964.

Baernreither, Josef. *Fragments of a Political Diary.* Hg. v. Josef Redlich. London: Macmillan, 1930.

Bauer, Roger. „Hofmannsthals Konzeption der Salzburger Festspiele." *Hofmannsthal Forschungen* 2 (1972): 131–39.

Bauer, Rudolf (Hg.). *Entwicklung der altkatholischen Kirche in Salzburg.* Salzburg: o. V., 1923.

Baumgartner, Eduard. *Die Arbeit der Sozialdemokraten im Salzburger Landtag.* Salzburg: o. V., 1932.

–. *Die Arbeit der Sozialdemokraten in den Gemeinden Salzburgs und die Hemmnisse dieser Arbeit.* Salzburg: o. V., 1931.

Beneš, Eduard. *Das Problem Mitteleuropas und die Lösung der österreichischen Frage.* Prag: Orbis, 1932.

Benz, Richard. *Ein Kulturprogramm: Die Notwendigkeit einer geistigen Verfassung.* Jena: Diederichs, 1920.

Bergsträsser, Arnold. *Hofmannsthal und der europäische Gedanke.* Kiel: Kieler Universitätsreden, 1951.

–. „The Holy Beggar: Religion and Society in Hugo von Hofmannsthal's *Great World Theater of Salzburg.*" *Germanic Review* 20, No. 4 (1945): 261–86.

Bernhard, Thomas. *Der Atem.* Salzburg: Residenz, 1976.

–. *Der Keller.* Salzburg: Residenz, 1978.

–. *Die Ursache.* Salzburg: Residenz, 1976.

Bertram, Ernst. *Nietzsche: Versuch einer Mythologie.* Berlin: G. Bondi, 1918.

–. *Über Hugo von Hofmannsthal.* Dortmund: Ruhfus, 1907.

Binder-Johnson, Hildegard. *Die Haltung der Salzburger in Georgia zur Sklaverei (1734–1750).* Salzburg: Gesellschaft für Salzburger Landeskunde, 1939.

Blaukopf, Kurt. *Gustav Mahler oder der Zeitgenosse der Zukunft.* Wien: Fritz Molden, 1969.

Boberski, Heinrich. *Das Theater der Benediktiner an der alten Universität Salzburg.* Wien: Verlag der österreichischen Akademie der Wissenschaften, 1978.

Borkenau, Franz. *Austria and After.* London: Faber & Faber, 1938.

Bottomore, Tom und Patrick Goode (Hg.). *Austro-Marxism.* Oxford: Oxford University Press, 1978.

Boyer, John W. *Political Radicalism in Late Imperial Vienna.* Chicago: University of Chicago Press, 1981.

Brantley, R. L. „The Salzburgers in Georgia." *Georgia Hirstorical Quarterly* 14 (1930): 214–24.

Brecht, Bertolt. „Salzburg Dance of Death." Übers. v. Eric Bentley. *Encore* 11, No. 5 (1964): 26–30.

Broch, Hermann. *Hugo von Hofmannsthal and His Time: The European Imagination, 1860–1920.* Hg. u. übers. v. Michael P. Steinberg. Chicago: University of Chicago Press, 1984.

Brockhausen, Carl. *Deutschösterreich: Kulturpolitik, Wirtschaft.* Hg. v. Maria L. Klausberger. Halberstadt: H. Meyer, 1927.

Bullock, Alan. *Hitler: A Study in Tyranny.* New York: Harper & Row, 1964.

Bunzl, John und Bernd Marin. *Antisemitismus in Österreich: Sozialhistorische und soziologische Studien.* Innsbruck: Inn-Verlag, 1983.

Bury, J. B. *History of the Papacy in the Nineteenth Century.* London: Macmillan, 1930.

Butler, E. M. „Hofmannsthal's *Elektra*: A Graeco-Freudian Myth." *Journal of the Warburg Institute* 2 (1938): 164–75.

Canetti, Elias. *Die Fackel im Ohr.* München: Carl Hanser, 1980.

Carsten, F. L. *Fascist Movements in Austria: From Schönerer to Hitler.* London: Sage, 1977.

Coghlan, Brian. *Hofmannsthal's Festival Dramas.* Melbourne: Melbourne University Press, 1964.

Cooper, Artemis (Hg.). *A Durable Fire: Letters of Duff and Diana Cooper.* New York: Watts, 1984.

Damisch, Heinrich. „Zur Geschichte der Salzburger Festspiele." *Neueste Musiknachrichten,* 22. Juli 1933.

Diamant, Alfred. *Austrian Catholics and the First Republic.* Princeton: Princeton University Press, 1960.

–. *Austrian Catholics and the Social Question, 1918–1933.* Gainesville: University of Florida Press, 1959.

Doblhoff-Dier, Joseph Freiherr von. *Zur Erhebung des Fremdenverkehrs in Salzburg.* München: o. V., 1888.

Doswald, Herman K. „The Reception of *Jedermann* in Salzburg, 1920–1966." *German Quarterly* 40 (1967): 212–25.

Dowden, Stephen (Hg.). *Hermann Broch: Language, Philosophy, Politics: The Yale Broch Symposium, 1986.* Columbia, S.C.: Camden House, 1988.

Ehalt, Hubert, Gernot Heiss und Hannes Stekl (Hg.). *Glücklich ist, wer vergißt …? Das andere Wien um 1900.* Wien: Böhlau, 1986.

Fellner, Fritz (Hg.). *Dichter und Gelehrter. Hermann Bahr und Josef Redlich in ihren Briefen 1896–1934.* Salzburg: Wolfgang Neugebauer, 1980.

–. „Österreich und die deutsche Frage im 19. und 20. Jahrhundert." *Wiener Beiträge zur Geschichte der Neuzeit IX.* Wien: Verlag für Geschichte und Politik, 1982.

Fellner, Günter. *Antisemitismus in Salzburg 1918–1938.* Wien: Geyer, 1979.

Festführer zum dritten Verbandsturnfest der Christlich Deutschen Turnerschaft Österreichs, Salzburg, 10.–13. Juli 1930. Salzburg: Turnerschaft Österreichs, 1930.

Fick, Richard. *Auslandsdeutschtum und Kulturpolitik.* Neumünster: o. V., 1920.

Fiedler, Leonhard. „Drama und Regie im gemeinsamen Werk von Hugo von Hofmannsthal und Max Reinhardt." *Modern Austrian Literature,* 7 (1974): 183–208.

–. *Festschrift für Rolf Badenhausen.* München: o. V., 1977.

Fischer, Hans Conrad. „Die Idee der Salzburger Festspiele und ihre Verwirklichung." Diss., Universität München, 1954.

Fraenkel, Josef (Hg.). *The Jews of Austria: Essays on Their Life, History, and Destruction.* London: Vallentine & Mitchell, 1967.

Franckenstein, Georg von. *Facts and Features of My Life.* London: Cassell, 1939.

Fuchs, Albert. „L'idée nationale, l'européanisme, et l'entente planétaire chez Hofmannsthal." In: *Hommages strasbourgeois à Hofmannsthal.* Straßburg: o. V., 1959.

Fuhrich-Leisler, Edda. *Hugo von Hofmannsthal auf dem Theater seiner Zeit.* Salzburg: Max Reinhardt-Forschungs- und Gedenkstätte, 1974.

–. *Jedermann in Europa.* Salzburg: Max Reinhardt-Forschungs- und Gedenkstätte, 1978.

–. *Max Reinhardt in Europa und Amerika.* Salzburg: Max Reinhardt-Forschungs- und Gedenkstätte, 1976.

–. *Max Reinhardt: Regisseur und seine Schauspieler.* Salzburg: Max Reinhardt-Forschungs- und Gedenkstätte, 1973.

–. *Die Reinhardt-Bühnen.* Salzburg: Max Reinhardt-Forschungs- und Gedenkstätte, 1971.

Gallup, Stephen. *A History of the Salzburg Festival.* London: Weidenfeld & Nicolson, 1987. Deutsch: *Die Geschichte der Salzburger Festspiele,* Wien 1989.

Gebert, Erich. *Die wirtschaftlichen Auswirkungen des Fremdenverkehrs für Salzburg.* Salzburg: o. V., 1923.

Geissler, Klaus. *Zur Literatur und Literaturgesellschaft Österreichs um die Jahrhundertwende.* Weimarer Beiträge XX, 1974.

Gerlach, Hans Hartmut. *Politik und Gesellschaft im Essaywerk Hugo von Hofmannsthals.* Ann Arbor: University Microfilms, 1967.

Gregor, Josef. *Meister und Meisterbriefe um Hermann Bahr.* Wien: Bauer, 1947.

–. *Theater des Volkes.* Wien: Deutscher Verlag für Jugend und Volk, 1943.

Griffiths, Richard. *Fellow Travellers of the Right: British Enthusiasts for Nazi Germany, 1933–1939.* Oxford: Oxford University Press, 1983.

Gutman, Robert W. *Richard Wagner: The Man, His Mind, and His Music.* New York: Harvest, 1968.

Haas, Willy. *Die literarische Welt.* München: List, 1958.

Hadamovsky, Franz. *Ausstellung: Hugo von Hofmannsthal.* Salzburg: Amt der Salzburger Landesregierung, 1959.

–. *Richard Strauss und Salzburg.* Salzburg: Residenz, 1964.

Hamburger, Michael. *Hofmannsthal: Three Essays.* Princeton: Princeton University Press, 1972.

Hanisch, Ernst. *Die Ideologie des politischen Katholizismus in Österreich 1918–1938.* Wien: Geyer, 1977.

–. *Nationalsozialistische Herrschaft in der Provinz Salzburg im Dritten Reich.* Salzburg: Schriftenreihe des Landespressebüros, 1983.

–. „Provinz und Metropole: Gesellschaftsgeschichtliche Perspektiven der Beziehungen des Bundeslandes Salzburg zu Wien (1918–1938).“ In: *Beiträge zur Föderalismusdiskussion*. Hg. v. Alfred Edelmayer. Salzburg: Salzburg Dokumentationen Nr. 59, 1981.

–. „Die sozialdemokratische Fraktion im Salzburger Landtag 1918–1934.“ In: *Bewegung und Klasse*. Hg. v. G. Botz. Wien: Europa, 1978, S. 247–68.

–. „Zur Frühgeschichte des Nationalsozialismus in Salzburg (1913–1925).“ *Mitteilungen der Gesellschaft für Salzburger Landeskunde* 117 (1977): 371–410.

Hanisch, Ernst und Ulrike Fleischer. *Im Schatten berühmter Zeiten: Salzburg in den Jahren Georg Trakls (1887–1914)*. Salzburg: Otto Müller, 1986.

Haupt, Jürgen. *Konstellationen Hugo von Hofmannsthals: Harry Graf Kessler, Ernst Stadler, Bertolt Brecht*. Salzburg: Residenz, 1970.

Heer, Friedrich. *Gottes erste Liebe: Die Juden im Spannungsfeld der Geschichte*. Esslingen: Bechtle, 1967.

–. *Der Kampf um die österreichische Identität*. Wien: Hermann Böhlau, 1981.

Hess, Konrad. *Von Nietzsche zu Pannwitz*. Langnau: Buchdruckerei Emmenthaler Blatt, 1963.

Heuss, Theodor. *Hugo von Hofmannsthal: Eine Rede*. Tübingen: Wunderlich, 1954.

Heyworth, Peter. *Otto Klemperer: His Life and Times*. Vol. I. Cambridge: Cambridge University Press, 1983.

Hofmannsthal, Hugo von. *Deutsche Epigramme*. München: Bremer Presse, 1923.

–. *Gesammelte Werke in Einzelausgaben*. Hg. v. Herbert Steiner. Frankfurt am Main: S. Fischer, 1945–1955.

–. „Vienna Letter“. *The Dial*, February 1923: 281–88.

–. *Wert und Ehre der deutschen Sprache*. München: Bremer Presse, 1927.

Hofmannsthal, Hugo von und Leopold von Andrian. *Briefwechsel*. Hg. v. Walter H. Perl. Frankfurt am Main: S. Fischer, 1968.

– und Max Mell. *Briefwechsel 1907–1929*. Hg. v. Margret Dietrich und Heinz Kindermann. Heidelberg: Lampert Schneider, 1982.

– und Helene von Nostitz. *Briefwechsel*. Hg. v. Oswald von Nostitz. Frankfurt am Main: S. Fischer, 1965.

– und Josef Redlich. *Briefwechsel*. Hg. v. Helga Fussgänger. Frankfurt am Main: S. Fischer, 1971.

– und Paul Zifferer. *Briefwechsel*. Hg. v. Hilde Burger. Wien: Verlag der Österreichischen Staatsdruckerei, 1984.

Hugo von Hofmannsthal in der österreichischen Nationalbibliothek: Katalog der Ausstellung. Wien: Österreichische Nationalbibliothek, 1971.

The Hofmannsthal Collection in the Houghton Library. Heidelberg: Lothar Stiehm, 1974.

Holl, Oskar. „Dokumente zur Entstehung der Salzburger Festspiele: Unveröffentlichtes aus der Korrespondenz der Gründer.“ *Maske und Kothurn* 13 (1967): 148–80.

Holzer, Rudolf. *Das Salzburger Festspielhaus*. Salzburg: Verlag der Salzburger Festspielhaus-Gemeinde, 1926.

Hoppe, Manfred. „Hofmannsthals ‚Ruinen von Athen‘: Das Festspiel als ‚konservative Revolution‘.“ *Jahrbuch der deutschen Schillergesellschaft* 26 (1982): 325–56.

–. *Literatentum, Magie und Mystik im Frühwerk Hugo von Hofmannsthals*. Berlin: Walter de Gruyter, 1968.

Hubalek, Elisabeth. „Hermann Bahr im Kreise Hofmannsthals und Reinhardts.“ Diss., Universität Wien, 1953.

Huber, Gerlinde. „Hugo von Hofmannsthal, der Österreicher in den Lesebüchern der Ersten und Zweiten Republik.“ Diplomarbeit, Universität Klagenfurt, 1970.

Huber, Wolfgang (Hg.). *Franz Rehrl, Landeshauptmann von Salzburg 1922–1938*. Salzburg: SN-Verlag, 1975.

Hurdes, Felix. *Österreichische Kulturpolitik*. Wien 1948.

Innes, C. D. *Modern German Drama: A Study in Form.* Cambridge: Cambridge University Press, 1979.

Jakob, Waltraut. *Salzburger Zeitungsgeschichte.* Salzburg: Salzburg Dokumentationen, 1979.

Janik, Allan und Stephen Toulmin. *Wittgenstein's Vienna.* New York: Simon & Schuster, 1973.

Jászi, Oscar. *The Dissolution of the Habsburg Monarchy.* Chicago: University of Chicago Press, 1929 (Nachdruck 1971).

Jelavich, Peter. *Munich and Theatrical Modernism: Politics, Playwriting, and Performance, 1890–1914.* Cambridge: Harvard University Press, 1985.

Johnston, William. *The Austrian Mind.* Berkeley: University of California Press, 1972.

Jones, Ernest. *The Life and Work of Sigmund Freud.* New York: Basic, 1953.

Kahofer, Gertrude. „Hugo von Hofmannsthals Beziehungen zu den Vorlagen seiner Dramen ‚Jedermann‘, ‚Das Salzburger Große Welttheater‘, ‚Der Turm‘.“ Diss., Universität Wien, 1950.

Kaindl-Hönig, Max (Hg.). *Resonanz: Fünfzig Jahre der Salzburger Festspiele.* Salzburg: SN-Verlag, 1971.

Karbach, Oscar. „Die politischen Grundlagen des deutsch-österreichischen Antisemitismus.“ *Zeitschrift für die Geschichte der Juden* I (1964): 1–178.

Die katholische Universität in Salzburg. Bericht über den akademischen Festakt vom 15. August mit der Ansprache des Bundespräsidenten Wilhelm Miklas und der Festrede des Univ. Prof. Wilhelm Schmidt S.V.D. Salzburg: Katholischer Universitäts-Verein, 1934.

Kaut, Josef. *Die Salzburger Festspiele 1920–1981.* Salzburg: Residenz, 1982.

–. *Der steinige Weg. Geschichte der Sozialistischen Arbeiterbewegung im Lande Salzburg.* Salzburg: Graphia Druck- und Verlagsanstalt, 1982.

Kerber, Erwin (Hg.). *Ewiges Theater: Salzburg und seine Festspiele.* München: Piper, 1935.

Kerekes, Lajos. „Zur Außenpolitik Otto Bauers 1918/19: Die ‚Alternative‘ zwischen Anschlußpolitik und Donaukonfederation.“ *Vierteljahrschrift für Zeitgeschichte* 22 (1947): 18–45.

Kern, Peter Christoph. *Zur Gedankenwelt des späten Hofmannsthal.* Heidelberg: Carl Winter, 1969.

Kindermann, Heinz. *Die deutsche Gegenwartsdichtung in der Aufbauzeit der Nation.* Berlin: Junge Generation, 1936.

–. *Die europäische Sendung des deutschen Theaters.* Wien: Verlag der Ringbuchhandlung, 1944.

–. *Der großdeutsche Gedanke in der Dichtung.* Münster: Coppenrath-Verlag, 1941.

–. *Heimkehr ins Reich: Großdeutsche Dichtung aus Ostmark und Sudetenland 1866–1938.* Leipzig: P. Reclam jun., 1939.

–. *Hugo von Hofmannsthal und die Schauspielkunst.* Wien: Böhlau, 1969.

–. *Max Reinhardts Weltwirkung: Ursachen, Erscheinungsformen und Grenzen.* Wien: Böhlau, 1969.

–. *Rufe über Grenzen der Dichtung und Lebenskampf der Deutschen im Ausland.* Berlin: Junge Generation, 1938.

– (Hg.). *Des deutschen Dichters Sendung in der Gegenwart.* Leipzig: P. Reclam jun., 1933.

Kitchen, Martin. *The Coming of Austrian Fascism.* London: Croom Helm, 1980.

Klaus, Josef. *Salzburgs Kulturausgabe.* Salzburg: o. V., 1950.

Klemperer, Klemens von. *Ignaz Seipel: Christian Statesman in a Time of Crisis.* Princeton: Princeton University Press, 1972.

Kohn, Hans. *Karl Kraus, Arthur Schnitzler, Otto Weininger: Aus dem jüdischen Wien der Jahrhundertwende.* Tübingen: J. C. B. Mohr, 1962.

Kolakowski, Leszek. „Der Mythos der menschlichen Einheit.“ *Der Mensch ohne Alternative.* München: Piper, 1976.

Kopal, Pawel. *Das Slawentum und der deutsche Geist.* Jena: Eugen Diederichs, 1914.

Kraus, Jakob. *Hofmannsthals Wege zur Oper „Die Frau ohne Schatten": Rücksichten und Einflüsse auf die Musik.* Berlin: Walter de Gruyter, 1971.

Kraus, Karl. *Auswahl aus dem Werk.* München: Kösel-Verlag, 1957.

–. *Die letzten Tage der Menschheit.* Wien: Die Fackel, 1926.

– (Hg.). *Die Fackel VIII (1919–1922).* München: Kösel-Verlag, 1968–76.

Kunisch, Hermann. „Hofmannsthals ‚Politisches Vermächtnis'." *Jahrbuch der Grillparzer Gesellschaft* (1976): 97–124.

Kutscher, Artur. *Vom Salzburger Barocktheater zu den Salzburger Festspielen.* Düsseldorf: Pflugschar, 1939.

Lach, Robert. „Die großdeutsche Kultureinheit in der Musik." *Die Anschlußfrage.* Hg. v. Kleinwächter, Paller. Wien: Braumüller, 1930.

Lamprecht, Carl. *Über auswärtige Kulturpolitik.* Stuttgart: W. Kohlhammer, 1913.

Leichter, Otto. *Otto Bauer: Tragödie oder Triumph.* Wien: Europa, 1970.

Lendl, Egon. *Salzburgs Stellung im österreichischen Raum: Inaugurationsrede vom 14. November 1964.* Salzburg: Salzburger Festreden, 1966.

Letz, Gudrun. „Die Mozart-Inszenierungen bei den Salzburger Festspielen." Diss., Universität Wien, 1963.

Loewenberg, Peter. „Austrian Portraits." In: *Decoding the Past.* Berkeley: University of California Press, 1982.

Loos, Adolf. *Ins Leere gesprochen.* Zürich, 1921 (Nachdruck Wien: Georg Prachner, 1981).

–. *Die potemkinsche Stadt.* Wien: Georg Prachner, 1983.

–. *Trotzdem.* Innsbruck, 1921 (Nachdruck Wien: Georg Prachner, 1982).

Low, Alfred D. *The Anschluss Movement, 1918–1919 and the Paris Peace Conference.* Philadelphia: American Philosophical Society, 1974.

Luft, David S. *Robert Musil and the Crisis of European Culture.* Berkeley: University of California Press, 1980.

Lunzer, Heinz. *Hofmannsthals politische Tätigkeit in den Jahren 1914–1917.* Frankfurt am Main: Peter D. Lang, 1981.

Lützeler, Paul Michael und Michael Kessler (Hg.). *Brochs theoretisches Werk.* Frankfurt am Main: Suhrkamp, 1988.

Luza, Radomir. *Österreich und die großdeutsche Idee in der NS-Zeit.* Wien: Böhlau, 1977.

–. *The Resistance in Austria: 1938–1945.* Minneapolis: University of Minnesota Press, 1984.

McGrath, William J. *Dionysian Art and Populist Politics in Austria.* New Haven: Yale University Press, 1974.

Magris, Claudio. *Lontano da dove: Joseph Roth e la tradizione ebraico-orientale.* Turin: Einaudi, 1971.

–. *Il mito absburgico nella letteratura austriaca moderna.* Turin: Einaudi, 1963.

Mann, Heinrich. *Ein Zeitalter wird besichtigt.* Berlin und Weimar: Aufbau, 1982.

Mann, Thomas. „Leiden und Größe Richard Wagners". In: *Leiden und Größe der Meister,* GW, hg. von Peter de Mendelssohn. Frankfurt 1982.

Mannheim, Karl. *Ideologie und Utopie.* Darmstadt 1958.

–. *Mensch und Gesellschaft im Zeitalter des Umbaus.* Darmstadt 1958.

Maravall, José Antonio. *The Culture of the Baroque.* Übers. v. Terry Cochran. Minneapolis: University of Minnesota Press, 1986.

Marin, Louis. *Portrait of the King.* Übers. v. Martha M. Houle. Minneapolis: University of Minnesota Press, 1988.

Matejka, Viktor. *Grundlinien der Kulturpolitik in Österreich.* Wien: Typographische Anstalt, 1938.

Mauelshagen, Carl. *The Salzburg Lutheran Expulsion and Its Impact.* New York: Vantage, 1962.

Mauser, Wolfgang. *Hugo von Hofmannsthal: Kritische Information.* München: Wilhelm Fink, 1977.

Mayer, Hans. „Die Frau ohne Schatten." In: *Versuche über die Oper.* Frankfurt am Main: Suhrkamp, 1981.

–. *Outsiders: A Study in Life and Letters.* Übers. v. Denis M. Sweet. Cambridge: MIT Press, 1982.

Mayrhuber, Alois. *Hugo von Hofmannsthal und die Kultur im steirischen Salzkammergut.* Frankfurt am Main: Freies Deutsches Hochstift, 1979.

Meister, Richard. *Salzburg, sein Boden, seine Geschichte und Kultur; Festgabe der 57. Versammlung deutscher Philologen und Schulmänner in Salzburg vom 25. bis 29. September.* Baden: Rohrer, 1929.

Meyer-Wendt, H. Jürgen. *Der frühe Hofmannsthal und die Gedankenwelt Nietzsches.* Heidelberg: Quelle & Meyer, 1973.

Mika, Emil. „Hugo von Hofmannsthal und die österreichische Idee." Die Furche: *Jahrbuch,* 1947: 277–81.

Mis, Léon. „De Nietzsche (Naissance de la tragédie) à Hofmannsthal (Electre)." *Revue germanique* 29 (1938): 337–61.

Mommsen, Hans. *Die Sozialdemokratie und die Nationalitätenfrage im Habsburgischen Vielvölkerstaat.* Wien: Europa, 1963.

Nadler, Josef. „Hermann Bahr und das katholische Österreich." *Neue Rundschau* 34 (1923): 490–502.

Naef, Karl J. „Das Salzburger große Welttheater." *Zeitschrift für deutsche Geistesgeschichte* 2 (1936): 251–59.

Nasko, Siegfried (Hg.). *Karl Renner in Dokumenten und Erinnerungen.* Wien: Österreichischer Bundesverlag, 1982.

Neuwirth, Rudolfine. *Hermann Bahr und Österreich.* Diss., Universität Wien, 1946.

Newman, Karl J. *European Democracy between the Wars.* London: George Allen & Unwin, 1970.

Nikisch, Martin. „Richard Beer-Hofmann und Hugo von Hofmannsthal. Zu Beer-Hofmanns Sonderstellung im ‚Wiener Kreis'." Diss., Universität München, 1980.

Ott, Brigitte. *Die Kulturpolitik der Gemeinde Wien 1919–1934.* Diss., Universität Wien, 1968.

Oxaal, Ivar, Michael Pollak und Gerhard Botz (Hg.). *Jews, Antisemitism, and Culture in Vienna.* London: Routledge & Kegan Paul, 1987.

Pannwitz, Rudolf. *Die deutsche Lehre.* Nürnberg: Hans Carl, 1919.

–. *Die Krisis der europäischen Kultur.* München: Hans Carl, 1917.

Pantle, Sherrill Hahn. *Die Frau ohne Schatten: An Analysis of Text, Music, and Their Relationship.* Bern: Peter Lang, 1978.

Pauley, Bruce F. *Hitler and the Forgotten Nazis: A History of Austrian National Socialism.* Chapel Hill: University of North Carolina Press, 1981.

Pawlowsky, Peter. „Die Idee Österreichs bei Hugo von Hofmannsthal." Diss., Universität Wien, 1960.

Pfabigan, Alfred (Hg.). *Ornament und Askese im Zeitgeist des Wien der Jahrhundertwende.* Wien: Christian Brandstätter, 1985.

Pirker, Max. *Die Salzburger Festspiele.* Zürich: Amalthea, 1922.

Piscator, Erwin. *Das politische Theater.* Reinbek bei Hamburg: Rowohlt, 1979 [1929].

Pogatschnigg, Gustav Adolf. *Salzburgs Leistung und Aufbau.* Salzburg: o. V., 1939.

Praxmarer, Konrad. *Revolution der Kulturpolitik.* Wien: Zeitschriftenverlag Ployer, 1957.

–. *Salzburg und der deutsche Festspielgedanke.* Wien: Braumüller, 1937.

Prieberg, Fred K. *Musik im NS-Staat.* Frankfurt am Main: S. Fischer, 1982.

Prossnitz, Gisela. *Das Salzburger Theater von 1892 bis 1944.* Diss., Universität Wien, 1965.

Pulzer, Peter G. J. *Die Entstehung des politischen Antisemitismus in Deutschland und Österreich 1867–1914.* Gütersloh: Moehn, 1966.

Rabinbach, Anson. *The Crisis of Austrian Socialism: From Red Vienna to Civil War, 1927–1934.* Chicago: University of Chicago Press, 1983.

Read, Herbert. *The Politics of the Unpolitical.* London: Routledge, 1946.

Reich, Willi. *Arnold Schönberg oder der konservative Revolutionär.* Wien: Fritz Molden, 1968.

Reinhardt, Gottfried. *Der Liebhaber. Erinnerungen an Max Reinhardt.* München: Knaur, 1973.

Reinhardt, Max und Arthur Schnitzler. *Briefwechsel.* Hg. v. Renate Wagner. Salzburg: O. Müller, 1971.

Rieber, Arnulf. *Vom Positivismus zum Universalismus: Untersuchungen z. Entwicklung und Kritik d. Ganzheitsbegriffs von Othmar Spann.* Berlin: Duncker & Humblot, 1971.

Ritter, Frederick. *Hugo von Hofmannsthal und Österreich.* Heidelberg: Lothar Stiehm, 1967.

Rozenblit, Marsha L. *The Jews of Vienna, 1867–1914: Assimilation and Identity.* Albany: State University of New York Press, 1983.

Rudolph, Hermann. *Kulturkritik und konservative Revolution. Zum kulturell-politischen Denken Hofmannsthals und seinem problemgeschichtlichen Kontext.* Tübingen: Max Niemeyer, 1971.

Die Salzburger Festspiele 1842–1960: Ihre Vorgeschichte und Entwicklung. Salzburg: Internationale Stiftung Mozarteum, 1960.

Sayler, Oliver Martin (Hg.). *Max Reinhardt and His Theatre.* New York: Brentano's, 1924.

Schaefer, Rudolph Heinrich. *Hugo von Hofmannsthal's „Arabella".* Bern: Peter Lang, 1967.

Schlereth, Thomas J. *The Cosmopolitan Ideal in Enlightenment Thought.* Notre Dame: University of Notre Dame Press, 1977.

Schönberg, Arnold. „Brahms the Progressive." In *Style and Idea.* Berkeley: University of California Press, 1984 [1951].

Schorske, Carl E. *Fin-de-siècle Vienna: Politics and Culture.* New York: Alfred A. Knopf, 1980. Deutsch: *Wien. Geist und Gesellschaft im Fin de siècle.* Frankfurt 1982.

–. „Mahler and Klimt: Social Experience and Artistic Revolution." *Daedalus* 3, no. 3 (1982): 29–49.

Schüler, Winfried. *Der Bayreuther Kreis von seiner Entstehung bis zum Ausgang der Wilhelminischen Ära: Wagnerkult und Kulturreform im Geiste völkischer Weltanschauung.* Münster: Aschendorff, 1971.

Schumann, Detlev W. „Gedanken zu Hofmannsthals Begriff der ‚konservativen Revolution'." *PMLA* 54 (1939): 853–99.

Schuschnigg, Kurt. *My Austria.* New York: Alfred A. Knopf, 1938.

Schwarz, Egon. *Hofmannsthal and Calderón.* Cambridge: Harvard University Press, 1962.

Siegfried, Klaus-Jörg. *Universalismus und Faschismus. Das Gesellschaftsbild Othmar Spanns. Zur politischen Funktion seiner Gesellschaftslehre und Ständestaatskonzeption.* Wien: Europa, 1974.

Sofer, Johann. *Die Welttheater Hugo von Hofmannsthals und ihre Voraussetzung bei Heraklit und Calderón.* Wien: Mayer, 1934.

Spann, Othmar. *Der wahre Staat.* Leipzig: Quelle & Meyer, 1921.

Spenlé, Jean-Edouard. „La magie d'Elektra." *Revue d'Allemagne* 8 (1929): 948–56.

Srbik, Heinrich von. *Deutsche Einheit: Idee und Wirklichkeit vom Heiligen Reich bis Königgrätz.* München: F. Bruckmann, 1935.

Steiner, Herbert. „Erinnerungen an Hofmannsthal." In *Deutsche Beiträge.* Chicago: University of Chicago Press, 1947.

Stendel, Wolfgang. *Hofmannsthal und Grillparzer: Die Beziehungen im Weltgefühl und im Gestalten.* Würzburg: Konrad Triltsch, 1935.

Stuckenschmidt, H. H. *Schoenberg: His Life, World, and Work.* Übers. v. Humphrey Searle. New York: Schirmer, 1977.

Styan, J. L. *Max Reinhardt.* Cambridge: Cambridge University Press, 1982.

Suval, Stanley. *The Anschluss Question in the Weimar Era: A Study of Nationalism in Germany and Austria, 1918–1932.* Baltimore: Johns Hopkins University Press, 1974.

Talmon, Jacob L. *The Myth of the Nation and the Vision of Revolution.* London: Secker & Warburg, 1981.

Tenschert, Roland. *Salzburg und seine Festspiele.* Wien: Österreichischer Bundesverlag, 1947.

Thür, Hans. *Salzburg und seine Festspiele.* München: Wilhelm Andermann, 1961.

Timms, Edward. *Karl Kraus. Apocalyptic Satirist: Culture and Catastrophe in Habsburg Vienna.* New Haven: Yale University Press, 1986.

Timms, Edward und Naomi Segal (Hg.). *Freud in Exile: Psychoanalysis and Its Vicissitudes.* New Haven: Yale University Press, 1988.

Tünkl, Heinz. „Goethe und Salzburg unter besonderer Berücksichtigung des Theaters und der Festspiele." Diss., Universität Wien, 1953.

Vielmetti, Nikolaus u. a. *Das österreichische Judentum: Voraussetzungen und Geschichte.* Wien: Jugend & Volk, 1974.

Waitz, Sigismund. *Zur Sache der katholischen Universität in Salzburg.* Salzburg: o. V., 1935.

Walk, Cynthia. *Hofmannsthals „Grosses Welttheater": Drama und Theater.* Heidelberg: Carl Winter Universitätsverlag, 1980.

Walter, Bruno. *Briefe, 1894–1962.* Frankfurt am Main: S. Fischer, 1969.

Warmuth, Margerita. *Hofmannsthals kulturpolitisches Engagement. Das Trauerspiel ‚Der Turm'.* Diplomarbeit, Universität Klagenfurt, 1978.

Weber, Max. „A Catholic University in Salzburg." In *Max Weber on Universities: The Power of the State and the Dignity of the Academic Calling in Imperial Germany.* Hg. v. Edward Shils. Chicago: University of Chicago Press, 1976.

Weinzierl, Erika und Kurt Skalnik (Hg.). *Österreich: 1918–1938.* Graz: Styria, 1983.

Weiss, Walter. „Salzburger Mythos? Hofmannsthals und Reinhardts Welttheater." *Zeitgeschichte* 2 (Februar 1975): 109–19.

Williams, C. E. *The Broken Eagle: The Politics of Austrian Literature from Empire to Anschluss.* New York: Harper & Row, 1974.

Zabrsa, Erika. „Die Opern von Richard Strauss bei den Salzburger Festspielen." Diss., Universität Wien, 1963.

Zaisberger, Friedcrike und Franz Heffeter. „Schriften zur Geschichte des Landes Salzburg 1960–1980." *Mitteilungen des Instituts für österreichische Geschichtsforschung.* Wien: Hermann Böhlau, 1982.

Ziegler, Philip. *Diana Cooper.* London: Penguin, 1983.

Zuckmayer, Carl. *Über die musische Bestimmung des Menschen: Rede zur Eröffnung der Salzburger Festspiele 1970.* Salzburg: Salzburger Festreden, 1970.

BILDNACHWEIS

PERSONENREGISTER

Thun, Johann Ernst Graf (Erz-
bischof) 49
Thurn und Taxis, Alexander
von 62, 72, 75
Tolstoi, Leo 105
Toscanini, Arturo 208
Treitschke, Heinrich von 105f.
Turner, W. J. 197

Uexküll, Edgar 74f.
Ursuleac, Viorica 151, 157, 172
Urtaria, Karl August 62

Velde, Henry van der 52
Vogelsang, Karl 167
Vollmöller, Karl 72, 200
Voltaire (François Arouet) 94,
105

Vossler, Karl 17

Wagner, Cosima 37–39, 42
Wagner, Otto 52, 168
Wagner, Richard 22f., 35–43,
48–51, 53, 62f., 67–69, 95,
104, 106, 184f., 196, 211
Waldau, Gustav 155
Walk, Cynthia 190, 198f.
Walter, Bruno 63f., 72, 104,
189
Weber, Max 20, 31, 83f., 129f.
Webern, Anton von 168
Weininger, Otto 176–179
Werfel, Franz 135
Wilamowitz, Ulrich von 159
Wildgans, Anton 63f., 108, 128
Williams, C. E. 132, 201

Wilson, Woodrow 31, 123
Winckelmann, Johann Joachim
49, 98, 158
Winter, Ernst 126
Witte, Bernd 216
Wittgenstein, Ludwig 30, 156,
169, 179
Wölfflin, Heinrich 17
Wolff, Christian 99f.
Wolff, Friedrich August 98

Yeats, William Butler 143

Zehentbauer, Franz 126
Zifferer, Paul 74–76
Zola, Emile 28, 104
Zweig, Stefan 108f., 168, 180,
190